普通高等学校"十四五"规划旅游管理类精品教材

国家级一流本科专业建设旅游管理类特色教材

旅游人力资源管理

Tourism human resource management

主　编◎周娜娜　吴佳妮

副主编◎钟　羽　程　雯　王媛媛　龙　婧

华中科技大学出版社
http://press.hust.edu.cn
中国·武汉

内 容 简 介

"旅游人力资源管理"是旅游管理本科专业的基础课程。本教材经过精心设计,旨在深度激发学生的学习兴趣,同时确保课程内容能够满足其未来工作的实际需求。

本教材深入探讨了旅游人力资源管理的理论知识与操作方法,不仅涵盖了旅游人力资源管理的相关理论,还详细讨论了旅游企业在人力资源开发利用方面的体系规划,通过实际案例和实践活动,引导读者灵活地将这些理论知识应用于旅游企业的实际运营管理中,以提升人力资源管理的效能,进而有效提升员工工作效率,激发其工作热情,并增强其对组织的认同感。本教材致力于全面培养学生的专业素养,使其深刻领悟旅游行业特有的人力资源管理方法。

图书在版编目(CIP)数据

旅游人力资源管理 / 周娜娜,吴佳妮主编 . -- 武汉 : 华中科技大学出版社,2024.12. -- (普通高等学校"十四五"规划旅游管理类精品教材). -- ISBN 978-7-5772-1482-5

Ⅰ . F590.6

中国国家版本馆 CIP 数据核字第 2024G9R763 号

旅游人力资源管理
Lüyou Renli Ziyuan Guanli

周娜娜　吴佳妮　主编

策划编辑:王雅琪　王　乾

责任编辑:张　琳

封面设计:原色设计

责任校对:李　琴

责任监印:周治超

出版发行:华中科技大学出版社(中国·武汉)　　　　电话:(027)81321913
　　　　　武汉市东湖新技术开发区华工科技园　　　　邮编:430223

录　排:孙雅丽

印　刷:武汉科源印刷设计有限公司

开　本:787mm×1092mm　1/16

印　张:14.5

字　数:309千字

版　次:2024年12月第1版第1次印刷

定　价:49.80元

普通高等学校"十四五"规划旅游管理类精品教材
国家级一流本科专业建设旅游管理类特色教材

出版说明

为深入落实全国教育大会和《加快推进教育现代化实施方案（2018—2022年）》文件精神，贯彻落实新时代全国高校本科教育工作会议和《教育部关于加快建设高水平本科教育 全面提高人才培养能力的意见》及"六卓越一拔尖"计划2.0系列文件要求，推动新工科、新医科、新农科、新文科建设，做强一流本科、建设一流专业、培养一流人才，全面振兴本科教育，提高高校人才培养能力，实现高等教育内涵式发展，教育部决定全面实施"六卓越一拔尖"计划2.0，启动一流本科专业建设"双万计划"，并计划在2019—2021年期间，建设143个旅游管理类国家级一流本科专业点。

基于此，建设符合旅游管理类国家级一流本科专业人才培养需求的教材，将助力高等教育旅游专业结构优化，全面打造一流本科人才培养体系，进而为中国旅游业在"十四五"期间深化文旅融合、持续迈向高质量发展提供有力支撑。

华中科技大学出版社一向以服务高校教学、科研为己任，重视高品质专业教材出版，"十三五"期间，在教育部高等学校旅游管理类专业教学指导委员会与全国高校旅游应用型本科院校联盟的大力支持和指导下，率先组织编纂出版"普通高等院校旅游管理专业类'十三五'规划精品教材"。该套教材自出版发行以来，被全国三百多所开设旅游管理类专业的院校选用，并多次再版。

为积极响应"十四五"期间国家一流本科专业建设的新需求，"国家级一流本科专业建设旅游管理类特色教材"项目应运而生。本项目依据旅游管理类国家级一流本科专业建设要求，立足"十四五"期间旅游管理人才培养新特征进行整体规划，邀请旅游管理类国家级一流本科专业建设院校国家教学名师、资深教授及中青年旅游学科带头人加盟编纂。

本套教材融入思政内容，助力旅游管理教学实现立德树人与专业人才培养有机融合；引导学生充分认识专业学习的重要性，培养学生的专业技能，并使其个人职业发展与国家建设紧密结合，树立正确的价值观。同时，本套教材基于旅游管理类国家级一流本科专业建设要求，在教材内容上体现"两性一度"，即高阶性、创新性和挑战度的高质量要求。此外,依托资源服务平台,打造新形态立体教材。华中科技大学出版社紧抓"互联网+"时代教育需求,自主研发并上线了华中出版资源服务平台,为本套系教材提供立体化教学配套服务,既为教师教学提供教学计划书、教学课件、习题库、案例库、教学视频等系列配套教学资源,又为教学管理构建集课程开发、习题管理、学生评论、班级管理等于一体的教学生态链,真正打造了线上线下、课内课外的新形态立体化互动教材。

　　本项目编委会力求通过出版一套兼具理论与实践、传承与创新、基础与前沿的精品教材,为我国加快实现旅游高等教育内涵式发展、建成世界旅游强国贡献一份力量,并诚挚邀请更多致力于中国旅游高等教育的专家学者加入我们!

前言
QIANYAN

党的二十大报告提出,坚持以文塑旅、以旅彰文,推进文化和旅游深度融合发展。坚持以习近平新时代中国特色社会主义思想为指导,贯彻落实党的二十大精神,持续推进文化和旅游深度融合发展,促进旅游业高质量发展这一核心观点为旅游业的发展指明了方向,同时也对旅游企业的人力资源管理提出了更高的标准和要求。

随着经济发展和人民生活水平的不断提高,旅游业作为第三产业的支柱力量,其重要地位不言而喻,人力资源作为产业发展的重要基础,探究和应用旅游企业人力资源管理尤为关键和迫切。

本教材全面贯彻党的二十大精神,深入阐述旅游人力资源管理的理论体系、实用策略和实战经验,致力于提升旅游管理专业学生的专业素养,推动旅游业向更高品质发展。本教材全面审视旅游行业的人力资源管理架构,详尽阐述了各个环节的操作流程,强调其实用性和操作性,旨在为学生及企业管理人员提供切实可行的实战指南。

根据旅游行业的特点及专业教学需求,本教材具有以下特色。

全面性:本教材深入探讨了旅游企业人力资源管理的多个方面,涵盖旅游人力资源管理概述、旅游企业人力资源战略与规划、工作分析与工作设计、员工招聘、员工培训、员工职业生涯规划与管理、员工绩效管理、员工薪酬管理、员工关系管理、国际人力资源管理等方面。

针对性:本教材专为高等院校旅游类专业学生及旅游企业管理人员开发编写,有较强的针对性。

实践性:本教材内容丰富,不仅详尽阐述了理论知识和实用案例研究,更融入了实际操作步骤,为旅游企业提供了一系列切实可行的人力资源管理策略和工具,以帮助企业有效应对市场竞争,提高管理效能。

本教材主要编写目的如下。

普及知识：全面传授旅游企业人力资源管理的核心原理与实践方法，旨在提升旅游从业人员对该领域的关注度和重视度。

指导实践：提供一套全面且先进的企业人力资源管理系统，以提升旅游企业的运营效率。

促进交流：强化旅游业界的互动与协作，积极探讨并分享旅游人力资源管理的创新经验和实践，从而协同推进整个旅游业的可持续与繁荣发展。

本教材经由精心策划与编撰，有幸会聚了多位兼具深厚教学背景与丰富实践经验的专家学者共同参与编写。具体分工如下：钟羽撰写第一章至第二章，吴佳妮撰写第三章至第四章，周娜娜撰写第五章至第六章，程雯撰写第七章，王媛媛撰写第八章，龙婧撰写第九章，雷丽撰写第十章。初稿完成后，由周娜娜、吴佳妮负责全书的整理与统稿工作。

在教材的编写过程中，主编积极组织并参与了与所有作者的深入沟通与细致讨论，共同致力于对教材内容的修订与完善。同时，为了切实提升教材的实用性和针对性，编写团队广泛征集了来自旅游行业企业的高层管理者及基层员工的宝贵意见与建议，力求使教材内容既紧密贴合行业实际，又能全面满足各类读者的具体需求。

由于时间和能力所限，书中难免存在不足之处，敬请同行与读者批评指正。

编　者

目录
MULU

Note

第一章
旅游人力资源管理概述

本章概要

　　人力资源是组织发展的核心驱动力,是组织提高其竞争力的关键力量,同时也是企业可持续发展的重要资源之一。本章将介绍人力资源管理的起源和发展历程、人力资源管理与组织战略和组织文化等方面的关系,以及人力资源在现代组织中的重要性和地位。

学习目标

知识目标

1. 掌握人力资源与人力资源管理的概念及作用。
2. 掌握人力资源、人口资源、劳动力资源和人才资源之间的关系。
3. 掌握人力资源管理相关理论。
4. 了解人力资源管理在企业发展中的重要性。

能力目标

1. 具备使用人力管理基础知识分析及解决问题的能力。
2. 培养创新意识和创新能力,关注行业动态和新兴领域,不断探索和创新人力资源管理的方法。

素质目标

1. 培养社会责任感和历史使命感。
2. 强调以人为本的管理理念。

本章导入

　　习近平总书记在中央人才工作会议上指出,人才是创新的第一资源,人才资源是我国在激烈的国际竞争中的重要力量和显著优势。创新驱动本质上是人才驱动,立足新发展阶段、贯彻新发展理念、构建新发展格局、推动高质量发展,必须把人才资源开发放在最优位置大力建设战略人才力量,着力夯实创新发展人才基础。

　　无论从宏观还是从微观角度,人力资源都是最活跃、最具创造力的因素。宏观层面上,通过加强人力资源的开发和培养,可以推动经济增长方式的转变、产业结构的优化升级、创新能力和竞争力的提升。微观层面上,人力资源不仅关乎企业战略的实现、企业活力的增强,还直接影响企业的核心竞争力、成本控制能力以及创新能力。因此,企业应高度重视人力资源管理,不断优化和完善相关制度和机制,以推动企业的持续健康发展。

第一节　人力资源与人力资源管理

一、人力资源的概念

(一)资源

　　资源是指一切可被人类开发和利用的物质、能量和信息的总称,它广泛存在于自然界和人类社会中,是一国或一个地区内拥有的人力、物力、财力等各种物质要素的总和。资源可分为自然资源和社会资源。自然资源指自然界中人类可以直接获得用于生产和生活的物质,如阳光、水、土地、动植物、矿产等。社会资源指人类通过自身劳动在开发利用自然资源过程中所提供的物质和精神财富的统称,如人力资源、信息资源、技术资源等。

(二)人力资源

　　1954年,管理学家彼得·德鲁克在《管理的实践》一书中提出"人力资源"这一概念,他认为人力资源区别于其他所有资源的核心在于它是以人为主体,承载着人独特的才能和潜力。

　　美国学者伊万·伯格认为,人力资源是人类可用于生产产品或提供各种服务的活力、技能和知识。

　　人力资源涵盖内容广泛,它涉及人口、劳动力、技能和知识等多个方面,是推动组织乃至整个社会发展的关键因素。本书将人力资源理解为推动社会和经济发展的现实的及潜在的人的智力劳动能力和体力劳动能力。

　　人力资源由智力劳动能力和体力劳动能力组成,它分为现实的人力资源及潜在的人力资源。现实的人力资源指的是已经具备劳动能力，并且正在从事社会劳动，并为社会创造价值的人口总和。而潜在的人力资源则是指处于待开发和培养阶段，逐步具备劳动能力的人口，包括尚在成长过程中、即将具备工作能力的个体，以及虽已具备工作能力但出于种种因素暂时未投入社会劳动中的人口。例如，在校的青年学生、失业者等都属于潜在的人力资源。现实的人力资源与潜在的人力资源之间存在一定的联系和转化关系。随着教育的普及和科技的发展，潜在的人力资源可以通过培养和成长转化为现实的人力资源。同时，现实的人力资源也可能因为各种原因退出劳动力市场，重新成为潜在的人力资源。

（三）人力资源的特点

人力资源具有多个显著的特点，这些特点不仅体现了人力资源的复杂性，也揭示了其在组织和社会中的关键地位。

1. 能动性

人力资源具有自我驱动和自我发展的能力。与物质资源不同，人力资源能够主动适应外部环境的变化，通过学习和创新不断提升自身的能力和价值。

2. 时效性

人力资源的形成、开发、利用都受到时间的限制。人的生命是有限的，每个人从幼年成长到成年，再到老年，每个阶段都具有不同的能力和潜力的。当人们处于黄金年龄阶段时，体力、智力和创造力都处于巅峰状态，这是人力资源最为宝贵的时期。若未能抓住这一关键期，个人的各项能力就会逐渐下降，从而导致人力资源的相对价值下降。因此，必须充分意识到人力资源的时效性，在合适的时机，充分发挥人的潜力，使其为社会创造最大的价值。

3. 再生性

人力资源的再生性是基于人口的自然再生产和劳动力再生产，这一过程通过人口总体和劳动力总体内每个个体的不断替换、更新及能力的恢复得以实现。人力资源的再生性不仅体现在新生劳动力的补充上，还体现在持续的教育培训等人力资本的增值投资中。随着社会生产方式的进步，人们越来越重视人的素质教育，从而推动人力资源质量稳步提升，同时数量得到更新与补充。尽管劳动力在工作过程中可能会经历一定程度的消耗，但通过适时的休息、体力的恢复、知识技能的提升，人力资源的素质不仅能够得到复原，甚至还有可能得到实质性的增强。

4. 社会性

人力资源是社会化的产物，其行为和价值观受到社会文化、政治、经济等多种因素的影响。人力资源的开发和管理需要考虑社会的需求和期望,同时确保各项活动符合社会道德规范及法律规定。

（四）人口、人力资源、劳动力和人才之间的关系

人口是人力资源、劳动力和人才的基础,没有人口就没有其他三者。人力资源是指人口中具有劳动能力的人的总和,它包括了现实的劳动力和潜在的劳动力。劳动力则是人力资源中实际参与劳动的人口,他们能够为社会创造价值。人才则是劳动力中的优秀者,他们不仅拥有较高的知识与技能,还具备很强的创新能力,是推动社会进步的关键力量。

人口、人力资源、劳动力和人才之间的关系如图1-1所示。

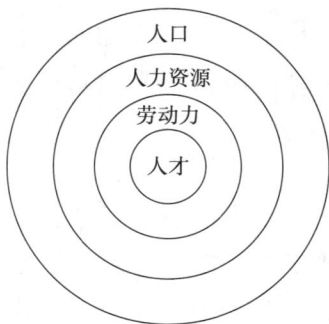

图1-1　人口、人力资源、劳动力和人才之间的关系

二、人力资源管理

人力资源管理指组织对其内外部的人力资源进行有效运用,以满足组织当前及未来发展的需要,确保组织发展目标与员工发展目标的最优化的一系列活动。这一管理过程包括企业通过招聘、培训、绩效管理、职业生涯管理等方式来达成既定的组织目标。

人力资源管理是一种以人为核心的管理理念和方法,旨在通过合理配置和有效利用人力资源,实现组织目标和追求个人价值的最大化。人力资源管理不仅仅是管理,更是一种战略思维,要求管理者具备前瞻性和创新性等素质。

人才是组织中最重要的资源,管理者需要发掘、培养和留住人才,以确保组织的长远竞争优势。在人才管理中,管理者需要关注员工的个人发展,提供职业发展机会,激发员工的创造力和创新能力,提高员工的工作满意度和忠诚度。

除了人才管理,人力资源管理还需要关注组织的战略规划和管理。管理者需要根据组织的战略目标和市场需求,制定合理的人力资源规划和管理策略,这要求管理者具备市场洞察力和前瞻性的战略思维,以便准确地把握组织的长期发展方向和人力资源的需求。

人力资源管理需要大量的数据支持,管理者需熟练运用数据分析工具,对人力资源数据进行深度挖掘和分析,从而实现精准决策,制定出更合理的人力资源管理方案。通过深度的数据分析,管理者能更好地了解员工的工作动态和绩效表现,从而为制定更合理的人力资源管理策略提供数据依据。

第二节　旅游人力资源管理

一、旅游人力资源管理的概念与特点

　　旅游人力资源管理是针对旅游行业的人力资源进行的一系列管理活动,包括旅游企业人力资源战略制定、人力资源规划、招聘、培训、激励、绩效评估、薪酬管理、员工关系管理等多个方面的管理活动。旅游人力资源管理是人力资源管理在旅游业中的具体应用,具有资源性、专业性、服务性、创新性、灵活性和适应性等特点。

　　（一）资源性

　　旅游人力资源是一种具有服务性、跨文化性、季节性和综合性的特殊资源,旅游企业通过有效的规划、组织、领导和控制可将这些特殊资源转化为核心竞争力,以此提升企业的市场地位和服务质量。

　　（二）专业性

　　旅游业是一个涵盖交通、餐饮、酒店、娱乐等多个领域的综合性行业,人力资源管理者不仅需具备对行业的深入理解,还需在人才选拔、专业培训、绩效评估和激励策略制定方面展现出高度的专业性和综合性。

　　（三）服务性

　　旅游行业的核心在于提供优质服务,旅游人力资源管理的服务性体现在其招聘、培训、绩效评估、激励等各个环节对服务意识和服务技能的重视。通过不断提升员工的服务水平和职业素养,旅游企业能够为游客提供优质的服务,从而赢得市场的认可。

　　（四）创新性

　　随着旅游业的快速发展和市场竞争的加剧,旅游人力资源管理需要不断创新以适应新的市场需求和业务环境。旅游企业应在招聘管理、培训发展、绩效管理和员工激励等多方面不断创新实践,以此提升服务质量和竞争力,实现企业的可持续发展。同时企业运可利用人工智能、大数据等新技术,优化其人力资源管理流程,提高管理和运营效率。

　　（五）灵活性和适应性

　　旅游企业具备旅游产品的特殊性、旅游市场的多变性、旅游服务的需求性等行业特点,因此,旅游企业的人力资源管理需展现较强的灵活性和应变能力,以迅速适应市场的变化和旅游产品需求的变化。

Note

二、旅游人力资源管理的基本原则与目标

（一）旅游人力资源管理的基本原则

1. 以人为本

旅游行业是高度依赖人的行业，人力资源是旅游企业成功发展的关键因素之一。因此，旅游企业应重视员工的个人发展需求，营造良好的工作环境和工作条件，提高员工的职业素质和工作满意度，以此激发他们的工作潜能和效率，最终促进企业的整体业绩提升。同时，旅游企业还应积极推动员工职业发展规划，强化培训体系，为员工提供充足的学习和发展机会，从而提升全体员工的综合素质，增强企业在市场中的竞争力。

2. 公平竞争

旅游行业是一个竞争激烈的行业，企业之间的竞争往往体现在对人力资源的竞争上。旅游企业在招聘、甄选、晋升等方面需遵循公正、公平、公开的原则，杜绝任何形式的歧视和偏见，为员工提供公平的竞争机会，鼓励员工通过自身的努力和能力获得晋升和发展。

3. 效益优先

作为以营利为目的的旅游企业，其人力资源管理策略旨在提升企业的经济效益和竞争力。因此，旅游企业必须关注员工的表现与工作效率，对员工的工作进行评估和考核，制定具有竞争力的薪酬结构和激励政策，以此激发员工的积极性，进而提升整体绩效，为企业创造更大的经济效益。旅游业企业在追求发展的同时，还应重视成本控制，尤其是合理配置人力资源，以防止资源浪费，从而实现企业效益的最大化。

4. 可持续发展

旅游行业是一个具有特殊性质的行业，其发展往往会对环境和社会产生一定的影响。所以，旅游企业应该注重环境保护和社会责任，在人力资源管理中倡导绿色、低碳、环保的理念，增强员工的环保意识，鼓励员工参与环保活动，为环境保护作出贡献。旅游企业在追求业绩增长的同时，务必关注员工的职业生涯发展，通过设计多元化的职业晋升路径，积极创造学习空间，以提升员工的专业技能和整体素质，增强他们的可持续发展潜能。

（二）旅游人力资源管理的目标

旅游人力资源管理的目标是确保旅游企业的人力资源需求得到满足，提升员工的专业技能和服务水平，构建和谐的员工关系，以及促进企业的可持续发展。通过积极追求这些目标，旅游企业有望显著提高服务质量，提升市场竞争力，从而整体推进旅游行业的健康与繁荣发展。

三、人力资源管理的发展历程

（一）人力资源管理的起源与发展

1. 经验管理阶段

18世纪末,伴随着第一次工业革命的到来,出现了原始的员工管理。第一次工业革命有三大特征:机器代替手工、能源代替人力、大工厂代替手工工厂。机器生产使得工作场所发生了显著变化。大规模的机器生产取代了传统的手工劳动,使得工人需要适应新的生产方式和工作节奏。因此,员工管理开始强调对工人的技能培训,以适应机械化生产的需要。与此同时,伴随着工厂制度的诞生与盛行,劳资双方的关系经历了深刻的转型。在工厂中,工人被集中管理,严格按照预设的时间表和分工进行各自的工作。这种集中化、标准化的生产方式要求对员工管理更加严格和规范,以确保生产效率和产品质量。

不仅如此,第一次工业革命还带来了社会经济结构的变化。工业化进程的同时,工业资产阶级逐渐崛起,成为社会经济的主导力量。为了维护自身的利益,资产阶级开始加强对工人的管理和控制,通过制定并实施一系列严格的规章制度和惩罚措施来确保工人的服从和高效劳动。由于当时的社会观念和法律制度尚不健全,工人的权益往往得不到充分保障。一些企业为了追求利润最大化,不惜牺牲工人的健康和生命安全。因此,这一时期的员工管理也存在着很多不合理和不公正的现象。

随着社会的进步和工人运动的兴起,18世纪的工人管理逐渐受到挑战并进行改革。一些工厂主开始意识到改善工人工作条件的重要性,并采取了一些措施来提高工作环境和福利待遇。在此进程中,工人也开始组织起来,通过工会等方式争取自己的权益,推动工人管理的改善和发展,为后来的福利人事管理奠定了基础。

2. 科学管理和福利人事管理阶段

为缓和紧张的劳资关系,同时也为能在工厂中处理好员工关系问题,科学管理和福利人事管理应运而生。泰勒、法约尔等学者提出科学的管理方法和理论,强调通过科学的方法和手段来优化工作流程、提高工作效率。他们关注生产过程中的每一个细节,通过精确的数据分析和实证研究,找出最优的工作方法和流程。科学管理的核心理念在于实现工作流程的标准化和规范化,从而提高生产效率并有效地控制成本,达到优化资源利用的目标。

福利人事管理则侧重通过提供各种非货币性福利提高员工的职业满意度和生活质量,以此增强员工的凝聚力和忠诚度。福利人事管理理论强调,员工是企业最重要的资产,其满意度和忠诚度直接影响企业的运营效率和竞争力。因此,企业需要通过制定合理的福利政策,如提供健康保险、带薪休假、培训机会等,来满足员工的基本需求和发展愿望,激发他们的工作热情和创造力。

3. 行为科学阶段

20世纪二三十年代,目的在于改善劳资关系的人事管理正式诞生。1924—1932年,美国哈佛大学教授梅奥在芝加哥郊外的西方电气公司霍桑工厂进行了一系列实验,称为霍桑实验。其研究目的主要是探讨工作环境、员工士气、工作效率以及员工心理状态等多个因素之间的相互关系,特别聚焦于工作条件对生产效率的影响。

霍桑实验的内容包括四个主要部分:照明实验、福利实验、访谈实验和群体实验。照明实验主要探讨了光照的改变与工人生产效率的关系,结果发现照明度的转变对生产效率并无影响;福利实验研究了福利待遇的变化对生产效率的影响;访谈实验则通过采访工人对工厂的规划和政策的看法及其对工头的态度,了解工人的心理需求;群体实验则是对特定的工人群体实施特殊的计件工资制度,旨在观察这些薪酬策略如何影响其工作效率。

霍桑实验的主要结论包括:员工是"社会人",而非单纯追求经济利益的"经济人";企业中存在着"非正式组织",这些组织对工人的工作态度和行为有重要影响;管理者应聚焦于提高员工满意度,而不仅仅是监督和控制。最后,霍桑实验还发现了著名的"霍桑效应",即个体行为会因他人的关注和期待而发生改变,这是在管理心理学中不可忽视的现象。

行为科学理论深度剖析了人际关系、员工动机、行为及工作环境等因素对组织效率和员工绩效的影响。在这一学说中,X理论和Y理论是两个重要的组成部分,它们对人性假设和员工管理策略提出了不同的观点,极大丰富了人事管理的内容,在构建和谐员工关系、激发员工工作积极性、推动组织发展等方面发挥了重要作用。

4. 人力资源管理阶段

现代人力资源管理的历史可以追溯到20世纪中后期,它是在传统人事管理的基础上逐渐发展而来的。

(1)人事管理向人力资源管理的转变。

在20世纪60年代和70年代,随着组织深刻认识到人力资源的价值,传统的人事管理开始转向更加全面且具有前瞻性的战略性的人力资源管理。这一转变的核心在于将人力资源视为组织的战略性资产,而非仅仅是财务成本。

(2)战略人力资源管理的兴起。

到了20世纪80年代和90年代,战略人力资源管理(SHRM)的概念开始兴起。这一理论强调人力资源管理与组织战略目标的紧密结合,通过制定和实施与组织战略相一致的人力资源政策和实践,来推动组织的发展和成功。

(3)人力资源管理专业化和标准化。

随着人力资源管理实践的不断深入,越来越多的专业知识和技能被纳入这一领域。人力资源管理逐渐成为一个独立的学科领域,相关的学术研究和实践经验不断丰富和完善。与此同时,标准化和规范化的人力资源管理流程也开始在各类组织中得以广泛应用。

（4）全球化和技术驱动的变革。

进入21世纪后，全球一体化和技术的快速发展给人力资源管理带来了新的挑战和机遇。组织需要应对全球化带来的跨文化管理和人才流动问题，同时也需要利用信息技术和人工智能等新技术手段来提高人力资源管理的效率和效果。

（5）人才管理和组织文化的重视。

近年来，人才管理和组织文化在人力资源管理中的地位日益凸显，组织开始更加注重员工的职业发展和个人成长，通过制定个性化的培养计划和激励机制来吸引和留住优秀人才。同时，组织文化也成为影响员工行为和组织绩效的关键因素之一。

5.战略性人力资源管理阶段

随着经济的全球化和知识化的发展，人力资源管理呈现出新的趋势。企业开始将人力资源管理与企业的战略目标相结合，形成战略性人力资源管理模式。在这一阶段，人力资源管理部门开始从企业战略的角度出发，参与制定并执行人力资源管理策略。人力资源战略与企业总体战略保持高度一致，确保人力资源在配置、培养和管理方面的协同，全力支撑企业核心目标的顺利达成。此外，战略性人力资源管理还关注包括组织架构的优化、岗位设置的合理性及工作流程的改进等方面的整体设计和发展，以提高组织的运行效率和适应市场变化的能力。

同时，这个阶段尤其强调领导力的培育和提升。通过实施领导力培养方案，增强管理者的专业领导素质和实用管理策略，以优化其指导能力，使他们能更有效地驾驭团队，从容应对日益复杂的管理挑战。在提升团队绩效方面，战略性人力资源管理聚焦于促进团队绩效的最优化，通过制定合理的绩效考核体系、激励机制和团队协作方式，激发团队成员的积极性和创造力，从而提高整体绩效。在对员工培养方面，此阶段强调企业强调员工的技能提升和职业发展。通过提供培训和发展机会，帮助员工不断提升个人能力，以适应企业发展和市场变化的需要。最后，战略性人力资源管理还强调企业文化的培养，通过塑造积极向上的企业文化，增强员工的归属感和凝聚力。

（二）人力资源管理理论

1.舒尔茨的人力资本理论

人力资本理论是经济学领域的重要理论之一，是由美国经济学家西奥多·W·舒尔茨在20世纪60年代提出。该理论突破了传统经济学中资本只有物质资本的局限，将人力视为一种重要的资本形态。

舒尔茨认为，人力资本是体现在劳动者身上的资本，它不同于物质资本（如厂房、机器、设备等），而是体现在劳动者身上的生产知识、劳动与管理技能及健康素质的存量总和。它不仅仅是劳动者的数量，更重要的是劳动者的质量，包括他们的教育水平、技术能力、工作经验以及身心健康状况等。

　　人力资本是通过投资形成的、体现在劳动者身上的生产知识、技能与健康素质的存量总和。人力资本的投资可以采取多种形式,包括医疗和保健、人员培训、正式教育(如初等、中等和高等教育)及个人和家庭为适应就业机会的变化而进行的迁移活动等。这些投资形式都是为了提高人的知识和技能,从而增加其生产能力和经济价值。

　　和物质资本一样,人力资本也是推动经济增长的引擎。舒尔茨的研究表明,人力资本的投资回报率很高,甚至可能超过物力资本的投资回报率。舒尔茨在对1900—1957年的美国经济进行分析研究时发现,在此期间,美国的物质资本投资额大约增加了4.5倍,对劳动力进行教育和培训的人力资本投资大约增加了8.5倍,然后,从投资的效果来看,美国的物质资本投资,所获得的利润增加了3.5倍,而同期的人力资本投资,所获得的利润却增加了17.5倍。此外,舒尔茨运用增长余值法对1929—1957年美国教育投资与经济增长的关系进行定量研究,得出如下结论:各级教育投资的平均收益率为17%;教育投资增长的收益占劳动收入增长的比重为70%;教育投资增长的收益占国民收入增长的比重为33%。与其他类型的投资相比,人力资本投资回报率很高。

　　2. 贝克尔的人力资本理论

　　美国经济学家和社会学家加里·贝克尔继舒尔茨后从微观层面对人力资本进行深入研究。他运用经济学理论研究人的行为,并从家庭和个人的角度出发针对人力资本提出许多创新性想法,他的人力资本理论突破了传统的资本概念,将人力视为一种重要的资本形式。他认为人力资本是指体现在人身上的资本,包括对生产者进行教育、职业培训等支出及其在接受教育时的机会成本等的总和,即人力资本为蕴含于人身上的各种生产知识、劳动与管理技能及健康素质的存量总和。

　　贝克尔强调人力资本对于经济发展的重要意义,认为它是推动经济增长的关键因素。在传统的物质资本投入达到一定程度后,其边际效益会递减,而人力资本则能持续为经济增长提供新的动力。通过提升劳动者的知识、技能和健康水平,可以显著提高生产效率和创新能力。

　　贝克尔认为改善贫困人口状况的决定性因素是人口质量的改善和知识的增进,这进一步体现了人力资本的重要性。通过教育、培训等途径提升个体的人力资本水平,可以为他们提供更多的就业机会和收入来源,从而有助于社会的和谐稳定。

　　贝克尔首次使用了成本-收益分析方法对人力资本投资进行分析,他认为人力资本投资不仅能提高国民素质,增加社会资本存量,而且可以提高一国的比较优势,增加一国的国际竞争力。

　　3. 丹尼森的人力资本理论

　　美国经济学家爱德华·丹尼森认为人力资本是指蕴含在劳动者身上的知识、技能和健康等因素的总和,它对经济增长具有决定性的影响。丹尼森对美国经济增长因素进行了详尽的分析和计量,他通过精细的分解计算,发现1929—1957年间的美国经济增长中,教育的发展对经济增长的贡献率高达23%。这一发现弥补了舒尔茨结论中存在的空白,并突出了教育在人力资本形成和经济增长中的重要作用。

(三)人性的假设

人性假设是管理理论的必要前提,是对人的本性和行为方式的一种预设和推断,可以帮助管理者更好地理解和预测员工的行为,从而制定出更为有效的管理策略。人性的假设最初是由美国行为学家道格拉斯·麦格雷戈在《企业的人性面》一书中提出的,他认为管理的根本问题在于管理者对人性的认识,不同的认识会引出不同的管理方法和策略,从而影响到员工的行为,导致不同的结果。人性的假设是人力资源管理的重要理论基础之一,包含"经济人"假设、"社会人"假设、"自我实现人"假设、"复杂人"假设。

1."经济人"假设

"经济人"假设是现代经济学理论的基本前提和基础之一,最早由英国经济学家亚当·斯密在《国富论》中提出,他认为人的行为动机主要源于对利益的追求。斯密认为人被视为自私、追求自我利益的个体,他们工作的主要目的是获取报酬,并希望以最小的付出获得最大的收益。因此,企业的管理措施往往侧重通过金钱和福利来激励员工,同时采用惩罚机制来确保他们的工作表现。在这种假设下,企业的管理主要关注任务完成和效率提升,而较少考虑员工的情感需求和社会关系。

2."社会人"假设

"社会人"假设是管理学中的一种重要的人性假设,它强调员工不仅仅是为了经济利益工作,而是更加重视在工作中与他人的关系,更多地渴望社交及归属的需求。"社会人"假设的提出,是对早期"经济人"假设的一种修正和补充。在"经济人"假设中,员工被视为仅受经济利益驱动的个体,而忽视了他们的社交和情感需求。而"社会人"假设则指出,员工在工作中会形成非正式的小群体,这些小群体有自己的规则、情感和倾向,并且对群体的归属感往往比正式组织的管理措施和奖励更具影响力。根据"社会人"假设,管理者在管理过程中应更加注重员工的社交需求和心理动机。企业可通过加强团队建设和沟通协作,增进员工之间的信任和合作;通过改善员工的工作环境和氛围,创造积极的工作氛围和企业文化;以及通过提供培训和晋升机会,帮助员工实现自我发展和成长。

3."自我实现人"假设

"自我实现人"假设是由美国社会心理学家亚伯拉罕·马斯洛提出,他认为人最高层次的需求是自我实现的需求,而自我实现又包含个人潜能的实现与丰满人性的实现。这一假设对管理实践产生了深远影响,它强调管理应以人为本,关注员工的个人成长和自我实现,提供具有挑战性的工作,激发员工的内在动力,从而实现组织和个人目标的双赢。

4.“复杂人”假设

“复杂人”假设由美国行为科学家埃德加·沙因于1965年提出,该假设强调人的需求是多种多样的,而且这些需求随着人的发展和生活条件的变化而发生改变,每个人的需求都各不相同,需要的层次也因人而异。同时它指出人在同一时间内有各种需要和动机,这些需要和动机会相互作用并形成一个错综复杂的动机模式。在“复杂人”假设的指导下,管理者应该采取灵活多变的管理策略,根据员工的个体差异和情境变化来制定具体的管理措施。

(四)旅游人力资源管理的发展

旅游人力资源管理作为一门独立的学科,其起源和发展历程可以追溯到20世纪初的美国,当时美国正处于经济大萧条时期,旅游业作为一个新兴产业开始崛起。在旅游业发展初期,旅游企业主要关注于提供优质的服务和产品,而对于人力资源的管理并没有给予足够的重视。随着旅游业的蓬勃发展,旅游企业逐渐意识到人力资源在旅游企业运营中的重要性,并开始关注人力资源管理。为了满足旅游者的需求,旅游企业需要大量的人力资源来提供优质的服务和产品。在这一背景下,人事管理开始逐渐受到重视。人事管理主要关注员工的招聘、培训、考核和激励等方面,旨在提高员工的工作效率和满意度。然而,随着旅游业的发展,人事管理逐渐暴露出一些问题,如人事管理过于注重短期目标,而忽视了员工的长期发展和企业的发展。而且,人事管理在招聘和选拔过程中常常受到主观偏见的影响,导致人力资源的配置不合理。这些问题促使人们开始关注人力资源管理,并寻求更为有效的管理方法。

随着旅游业的发展和全球化的不断推进,旅游人力资源管理逐渐成为一个重要的研究领域。旅游企业需要高素质的人力资源来提供优质的服务和产品,以满足旅游者的需求。此外,旅游人力资源管理的研究还可以为企业提供有效的管理方法和策略,以提高企业的竞争力和市场份额。

四、人力资源管理的基本职能

宏观意义上的人力资源管理是指对一个国家或地区的人力资源进行的管理,即全社会的人力资源管理。它侧重从整体上对人力资源的形成、开发和利用进行管理,即政府通过建立一系列制度、政策,采取必要措施来促进人力资源的形成,为人力资源的开发和利用提供条件,并协调人力资源的利用。这些措施可能包括人口规划管理、教育规划管理、职业指导、职业技术培训、人力资源的宏观就业指导与调配,以及劳动与社会保障体系的建设等。宏观人力资源管理的主要目的在于最大程度地挖掘和利用员工潜能,以创造丰富的物质和精神财富,从而推动经济的繁荣和社会的进步。

与宏观意义上的人力资源管理不同,微观意义上的人力资源管理更加关注组织内部的具体操作和员工的个人发展,而不是整个劳动力市场或国家层面的人力资源政策。微观的人力资源管理指组织通过全面、系统的人力资源策略,更有效地进行人力资源配置,提高员工的满意度和绩效,从而增强组织的竞争力。这种管理涉及人力资源的各个方面,从战略与规划到具体的员工招聘、选拔、培训、开发、绩效管理等。本书所涉及的人力资源管理是微观意义上的人力资源管理,即组织内部的人力资源管理。

图1-2表明,人力资源管理的基本职能主要包括人力资源战略及规划、员工招聘、员工培训、绩效管理、薪酬管理、员工关系管理等。其中,人力资源战略及规划是预测和规划组织未来人力资源需求的过程,以确保在关键时期能顺利获取并配置所需的优秀人力资源。员工招聘指根据人力资源战略及规划进行人员招募和选拔,通过评估候选人的能力和潜力,以确保招聘到符合组织需求的人才,并在合适的岗位上配置这些人才。员工培训是指对员工进行培训,提升他们的技能和知识,使其更好地适应工作岗位,并为现有员工提供持续的学习和职业发展机会。绩效管理是通过建立绩效评估体系,对员工的工作表现进行评价、反馈和辅导,以提高工作效率和员工满意度。薪酬管理涉及设计合理的薪酬体系、福利计划和激励机制,以激发员工的工作动力。员工关系管理旨在建立和持续优化组织内的和谐关系,解决员工之间的问题和冲突,营造积极向上的工作氛围。

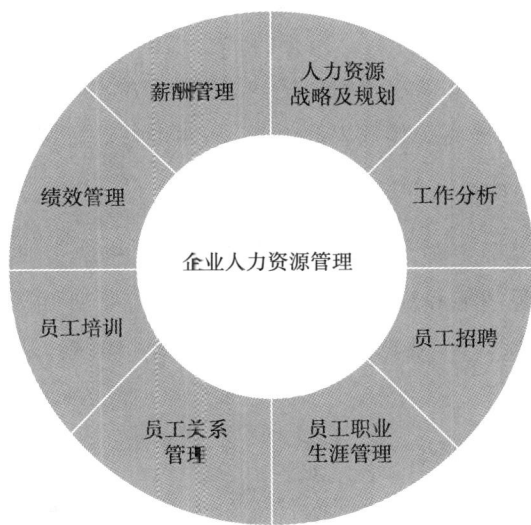

图1-2　企业人力资源管理的基本职能

第三节　人力资源管理在旅游业发展中的重要性

一、旅游人力资源管理对旅游业发展的影响

旅游业的发展需要有大量的人力资源支持,这些人力资源包括旅游从业者、旅游服务提供商、旅游规划师、旅游营销人员等。这些人员的素质和数量直接关系到旅游

业的整体水平和发展速度。

旅游从业者应当具备深厚的行业知识、优秀的服务理念和娴熟的技能,以确保能提供优质的服务,充分满足旅游者日益增长和多元化的需求。旅游从业者的数量越多、素质越高,旅游服务的供给量就越大,进而推动旅游业整体水平的提升和发展速度的加快。因此,旅游从业者是旅游业发展的关键,需要引起高度重视。

旅游业的繁荣与壮大离不开详尽周全的旅游规划与创新高效的旅游营销策略。旅游规划师需要具备良好的旅游规划和设计能力,能根据旅游市场的需求和旅游资源的特点,策划并实施创新的旅游项目,以优化资源利用,提升其经济效益。

二、旅游人力资源管理在促进旅游业可持续发展中的价值

(一)提高旅游资源的利用效率

旅游资源是旅游业发展的重要基础和前提条件。旅游企业可通过对旅游资源的调查和分析,制定出更加科学合理的旅游资源开发方案,避免旅游资源的浪费和过度开发;通过培训和教育,提高旅游从业人员的专业知识和技能水平,使他们更深入地了解并掌握旅游资源的特点及有效利用方法,从而提高旅游资源的利用效率;通过激励机制,鼓励旅游从业人员提高工作效率和质量,从而推动旅游资源的高效利用。

(二)保护旅游环境

优质的旅游环境是旅游业繁荣昌盛的坚实基础。旅游企业可通过培训和教育提高旅游从业人员的环保技能和环保意识,以此实现旅游业的可持续发展。通过培训和教育,旅游从业人员能深刻了解旅游环境的价值与保护策略,从而提高其技能水平和环保意识。

(三)提高旅游服务质量

旅游服务质量是旅游业发展的重要目标和关键因素。旅游企业可以通过培训和教育,增强旅游从业人员的服务意识,提升其服务技能并激发服务创新能力,从而推动旅游业的持续健康发展。

(四)促进旅游业与其他产业的融合

旅游业与其他产业的融合是旅游业可持续发展的重要方向。旅游企业应实施全面的教育培训策略,提升员工的综合素质和跨界能力,从而推动旅游业与各行业,诸如文化、科技、金融等领域的深度交融。旅游企业通过鼓励旅游从业人员跨领域学习,不仅使他们掌握旅游业务知识,还能促进其理解和运用其他专业知识,从而实现行业间的无缝对接。此外,还应积极搭建交流平台,促进旅游从业人员与其他产业专业人士的互动合作。

（五）促进旅游业与环境保护的协调发展

旅游业与环境保护的和谐共生,被视为推动旅游业实现可持续发展重要的策略。旅游企业应通过实施全面的培训和教育项目,提升员工的环境保护意识及实践能力,以此积极推动旅游业与生态保护的和谐并进发展。通过系统的培训和教育项目,旅游从业者将深入理解旅游环境的价值与保护策略,从而提升其环保认知和实践能力。同时,旅游行政单位应积极推动相关政策的制定与执行,以确保旅游业在追求经济效益的同时,兼顾环境保护,实现行业的可持续繁荣。

（六）旅游人力资源管理的发展趋势与未来展望

1. 国际化

随着全球旅游业的不断发展,旅游人力资源管理国际化趋势日益凸显。旅游企业管理者可通过积极参与国际旅游论坛、研讨会等活动,与国际旅游专家、学者、企业家进行交流,借鉴国际先进的管理理念和经验,提升我国旅游人力资源管理的国际竞争力。

2. 专业化

旅游业的发展需要更加专业化的旅游人力资源管理,这要求管理者具备深厚的行业知识与专业技能。旅游企业可通过加强与旅游管理、旅游经济、旅游文化等相关学科的研究和合作,提升旅游人力资源管理的专业知识和技能。

3. 信息化

信息技术推动着人力资源管理向信息化、数字化和智能化的高层次转型。为优化旅游业的发展及旅游企业的人力资源管理,构建先进的信息化平台尤为重要,它能推动人力资源管理的信息化、数字化和智能化转型,从而提升管理效率与服务质量。

4. 绿色化

旅游业在推进经济增长的同时,必须强调环境保护与可持续发展。对于未来的旅游业,人力资源管理应着重提升员工的环保意识和相关技能训练,以绿色理念驱动旅游业的可持续化进程。可通过开展环保教育、通过实施全面的培训和实际操作活动,提升旅游行业人力资源对于环保的认识与实践能力,从而积极推动旅游业实现可持续发展的目标。

第二章
旅游企业人力资源战略与规划

本章概要

在竞争激烈的商业环境中,人力资源已跃升成为企业的核心战略资源。制定并实施有效的人力资源战略与规划对企业实现可持续发展起着决定性的作用。本章将探讨企业人力资源战略与规划的核心思想,明确其关键目标和基本原则,并深入研究其实施策略,以为企业的人力资源管理工作提供清晰、系统的指导。

学习目标

知识目标

1. 掌握企业人力资源战略与规划的基本概念、原理和方法。
2. 了解企业人力资源战略与企业总体战略之间的联系,理解人力资源战略在推动和保障企业战略目标达成中的关键作用。

能力目标

1. 具备制定和实施人力资源战略及规划的能力。
2. 具备团队协作与沟通能力。
3. 具备创新思维和问题解决能力。

素质目标

1. 树立正确的价值观和职业观,培养学生的责任感和历史使命感。
2. 强调以人为本的管理理念。

本章导入

党的二十大报告指出,必须坚持科技是第一生产力、人才是第一资源、创新是第一动力,深入实施科教兴国战略、人才强国战略、创新驱动发展战略,开辟发展新领域新赛道,不断塑造发展新动能新优势。千秋基业,人才为先。习近平总书记多次强调实施人才强国战略,并对培养造就德才兼备的高素质人才作出具体部署。这一战略的核心是尊重劳动、尊重知识、尊重人才、尊重创造,并致力于实施更加积极、开放和有效的人才政策。其主要目标是形成人才国际竞争的比较优势,加快建设国家战略人才力量,吸引并汇聚各方面的优秀人才到党和人民的事业中来。为了实现这一目标,要深化人才发展体制机制改革,打造一流科技领军人才和创新团队,形成具有吸引力和国际竞争力的人才制度体系。这样的战略将有助于提升我国的综合国力,推动经济社会持续健康发展。

人才强国战略作为国家层面的重要战略,为企业在人力资源管理上提供了宏观的政策导向,同时强调了人才的培养和引进、人力资源配置的优化、挖掘并提升人才的创新潜能等方面的重要作用。为在激烈的市场竞争中立足并实现长远发展,企业需深度实践人才强国战略,精心设计并执行科学合理的人力资源战略,以推动企业的持续健康发展。

第一节　旅游企业人力资源战略

一、战略管理

"战略"原本是一个军事名词,指对军事斗争全局的策划与指导。第二次世界大战结束后,美国商业领域开始将战争计划的经验应用到企业管理,并日渐重视长期战略规划在企业经营中的作用。1972年,"战略管理之父"伊戈尔·安索夫在《战略管理思想》中正式提出"战略管理"的概念,他认为战略管理是企业高层管理者为保证企业的持续生存和发展,通过对企业外部环境与内部条件的分析,对企业全部经营活动所进行的根本性和长远性的规划与指导。

二、企业战略

企业战略指企业根据环境变化,结合自身资源和实力选择适合的经营业务领域和产品,形成自己的核心竞争力,并通过差异化在竞争中取胜的一种决策模式。

企业战略结构从高层的公司战略出发,向下延伸至具体的业务战略和职能战略,形成一个自上而下的有序规划流程。企业的战略规划并非孤立的行为,它涵盖了从战略设计、实施执行、监控和评估的全过程,旨在确保战略目标能顺利转化为企业实际行动,最终实现企业目标。

Note

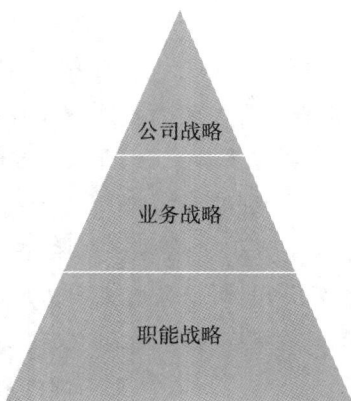

图2-1　企业战略的三个层次

如图2-1所示，公司战略是企业的核心战略，处于战略架构的最高层。该战略是企业在未来一段时间的总体发展方向和目标，它首先明确了企业的经营范围和经营领域，然后在各部门间进行资源的合理分配，以实现企业的战略意图。

业务战略又称为竞争战略，是在总体战略的指导下，一个业务单位进行的竞争战略，其目标是超过竞争对手的竞争优势。

职能战略是公司层战略和业务层战略的具体实施战略。职能战略涉及企业的各个职能部门，它关注如何更好地配置企业内部资源，提高组织效率，以及如何通过具体的职能活动来支持公司战略和业务战略的实现。

这三个层次的战略在企业战略体系中虽各有侧重，但又存在着紧密的联系与相互支撑的关系。公司的整体战略从宏观层面为业务战略和职能战略奠定了基础并指导方向，业务和职能战略则细化并执行公司战略，确保其实现和发展。在实际操作中，企业需要根据公司战略的要求，制定合适的业务战略和职能战略，以确保整个战略体系的协调性和有效性。

三、人力资源战略

人力资源战略是企业为实现公司战略目标而在人力资源规划、员工招聘与选拔、薪酬与福利管理、员工培训与发展等方面的长期规划和决策，旨在确保组织在需要的时间和需要的岗位得到人力资源在数量上和质量上的满足。

人力资源战略可确保企业拥有发展所需的数量和质量的员工，以帮助其实现战略目标，对企业的发展有深远影响。通过制定有针对性的招聘策略，企业能够吸引到具备所需技能和经验的候选人。通过提供培训和发展机会，企业可以激发员工的潜力，并增强他们的忠诚度和归属感，有助于构建一支高效、稳定的团队，为企业的发展提供有力的人才保障。

人力资源战略有助于优化企业的组织结构和管理体系。通过对人力资源的合理配置，企业可以确保各部门之间的有效沟通和合作，提高组织效率。除此之外，人力资源战略还可以帮助企业识别并应对潜在的人力资源风险（如员工流失、技能短缺等），从而确保企业的稳定发展。

人力资源战略有助于提升企业的核心竞争力。通过实施有效的绩效管理和激励制度，企业可以激发员工的工作积极性和创造力，推动企业的创新和发展。同时，人力资源战略还可以帮助企业塑造积极向上的企业文化，增强员工的归属感和凝聚力，提高企业的整体绩效。

四、人力资源战略分析的方法

（一）SWOT分析法

SWOT是美国管理学家海因茨·韦里克提出的战略分析方法。它通过对组织内部的优势（Strengths）、劣势（Weaknesses）以及外部环境的机会（Opportunities）和威胁（Threats）进行综合分析，帮助企业制定合适的人力资源战略。

优势分析着重识别组织在人力资源领域的独特竞争优势和关键实力，如良好的企业形象、先进的技术力量、充足的资金来源等。劣势分析旨在识别组织在人力资源方面存在的如员工流失率高、培训体系不完善或组织结构不合理等类型的问题和不足。机会分析关注的是外部环境中的如新市场、新需求、新产品等因素。威胁分析主要关注外部环境中的潜在风险和挑战，如新的竞争对手、市场饱和或经济衰退等方面的因素。了解这些威胁有助于企业提前预警，制定应对策略，从而避免潜在风险对企业造成不利影响。

借助SWOT分析工具，企业能够深入了解自身在人力资源方面的强项与短板，同时敏锐捕捉到外部环境中存在的机遇和潜在风险，强化内部组织能力，提升核心竞争力，实现可持续发展。

（二）PEST分析模型

PEST分析模型作为一种重要的宏观环境分析工具，详细分析企业外部环境中的政治因素（Politics）、经济因素（Economy）、社会因素（Society）及技术因素（Technology）。分析这些因素有助于企业全面把握宏观环境，并评价这些因素对其战略目标设定及战略制定的影响。政治方面需考虑国家政策、法律法规等因素对企业的影响；经济方面需关注市场需求、经济增长率等经济指标；社会方面考虑所处国家或地区的人口结构、文化习俗等社会因素；技术方面则是关注技术创新、技术发展趋势等内容。通过深入分析这四个方面的因素，企业可以评估其面临的机遇和挑战，从而制定更加有效的战略和应对措施。

（三）五力模型

五力模型是战略学家迈克尔·波特于20世纪80年代初提出的，主要用于竞争战略的分析。五力模型剖析了企业的竞争环境，尤其是企业所面临的五种市场竞争力量：现有竞争者的竞争能力、潜在竞争者的进入能力、替代品的替代能力、供应商的议价能力以及购买者的议价能力。通过这五种力量的综合分析，企业可以更好地了解自己所处的竞争环境，从而制定出更有效的竞争战略。五力模型如图2-2所示。

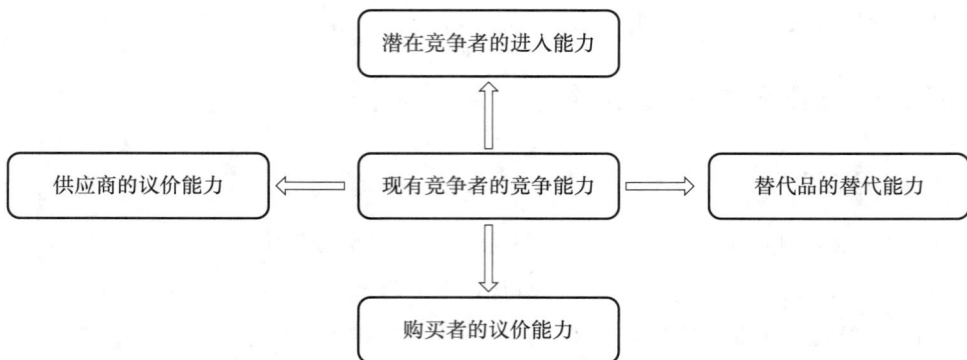

图 2-2　五力模型

五、旅游人力资源战略的概念

旅游人力资源战略是指旅游企业从全局和长远的角度出发,对人力资源进行战略规划、招聘选拔、培训开发、绩效管理以及薪酬福利等方面的系统管理活动。其目标是确保旅游企业拥有合适的人力资源,提升员工素质和业绩,增强企业的核心竞争力,实现企业的可持续发展。

六、旅游人力资源战略的制定

(一)旅游企业人力资源战略的影响因素

1.外部环境

(1)经济环境。

经济发展水平是旅游人力资源战略制定的重要依据。随着经济的发展,人们的收入水平提高,消费能力增强,对旅游的需求也会相应增加。这将直接推动旅游业的快速发展,进而对旅游企业的人力资源需求产生影响。旅游企业需要根据经济发展的速度和规模,合理预测人力资源需求,制定相应的人才引进、培养和留任策略。

诸如经济周期的波动、政策调整及市场竞争的加剧等经济环境的变化也会给旅游人力资源战略带来挑战和机遇,从而对旅游企业的经营状况和人力资源配置产生影响。旅游企业需要密切关注经济环境的变化,灵活调整人力资源战略,以适应市场的需求和变化。

随着经济的发展和劳动力市场的变化,人力资源的获取和维持成本也可能发生变化。旅游企业需要根据经济环境的变化,合理调整薪酬水平、福利待遇等,以吸引和留住优秀人才。

(2)行业环境。

行业内的竞争状况也直接影响旅游人力资源战略。旅游企业需要高素质、专业化的人才队伍在激烈的市场竞争中支撑企业的发展。因此,企业需要制定具有竞争力的人才吸引和激励机制,以吸引和留住优秀人才。在此基础上,企业还应关注行业内的人才流动情况,及时调整人力资源战略,以应对人才流失等问题。

(3)政治环境。

政治的稳定性是旅游人力资源战略制定的基础。政治稳定确保了政策环境的延续性,有助于企业制定并执行长期的人力资源政策,从而确保人力资源的稳定供给和有效利用。

政府通过制定和实施一系列旅游发展规划、人才引进计划、教育培训政策等相关政策和措施来引导和推动旅游业的发展,这些政策不仅影响旅游企业的招聘和培训策略,还直接关系到员工的薪酬福利和职业发展。

与此同时,政治环境中的国际关系也会对旅游人力资源战略产生影响。国际关系的稳定与否直接影响出入境政策、旅游合作等方面,进而影响旅游企业的客源和业务发展。在国际关系紧张的情况下,旅游企业需要调整其人力资源战略,以应对可能出现的市场变化。

旅游企业还必须认识到政治环境中的法律法规对旅游人力资源战略具有规范和约束作用。旅游企业在经营管理过程中需要遵守劳动法律法规、旅游法规等相关规定,保障员工的合法权益,避免因违法行为而引发的法律风险。

(4)技术环境。

互联网、大数据、人工智能等新技术的出现及广泛应用推动了旅游业的发展,使企业能够精确洞悉市场动态,从而优化产品设计,提升服务效能。科技的发展改变对旅游业从业人员的专业技能提出了新的要求。在传统的旅游业中,员工通常强调服务技能和人际交往能力,而在新技术环境下,他们还需掌握数字化技能、数据分析能力和跨文化交流能力等能力。因此,旅游企业的人力资源战略需要注重员工的技能培训和提升,以满足技术变化带来的新要求。

技术的发展还为旅游企业提供了更多的人力资源管理工具和方法,如企业可借助现代人力资源管理软件高效地管理员工信息,提高人力资源管理的效率和精确度,减少不必要的管理成本。

(5)劳动力市场环境。

劳动力市场的供需状况、人才流动情况及薪酬福利水平等都是旅游企业在制定和实施人力资源战略时所必须考虑的因素。旅游行业有着明显的季节性和地域性特点,旅游旺季时,企业对人力资源需求量大幅上升,而淡季时则可能面临人力资源过剩的问题。因此,旅游企业需要密切关注市场动态,灵活调整人力资源战略,以应对这种变化。

鉴于旅游行业的专业特性,从业人员的专业素质和技能要求较高,这导致了行业内部人才流动相对活跃。为了在竞争激烈的市场中立足并保持优势,企业必须制定具有竞争力的薪酬福利、打造良好的企业文化和工作氛围等激励措施,以吸引和留住优秀人才。

2. 内部环境

（1）旅游企业战略。

旅游企业在确定人力资源战略时，必须充分考虑企业战略的要求，确保人力资源战略与企业愿景及目标的紧密结合。如果企业战略是扩大市场份额，那么人力资源战略就应侧重于招聘和培训更多的销售和市场推广人员。如果企业战略目标是提升服务质量，人力资源战略就应关注员工的服务意识和技能培养，确保员工能够为客户提供优质的服务。

此外，企业战略的变化也会影响旅游人力资源战略的调整。随着市场环境的变化和竞争程度的加剧，企业战略也要作出相应的调整。在这种情况下，人力资源战略也需要及时跟进，以适应企业战略的新要求。如企业战略从传统的观光旅游转向文化旅游时，人力资源战略就应调整招聘和培训计划，以吸引和培养更多具有文化知识和创意能力的人才。

（2）组织文化。

组织文化是指一个组织内部共享的价值观、信念、行为规范和符号，它对于塑造员工行为、激发员工工作积极性及推动组织发展具有积极作用。

组织文化对旅游人力资源战略具有导向作用。积极向上、富有创新精神的组织文化能够引导人力资源战略朝着更加开放、灵活和创新的方向发展，因此人力资源部门会更加注重员工的个人发展和成长，积极推行各种培训和激励机制；团结协作、注重沟通的组织文化有助于增强员工之间的凝聚力和归属感，促进人力资源战略的有效实施。在这种文化环境下，员工会更加愿意参与组织的各项活动，积极配合人力资源部门的工作，共同推动组织目标的实现。

（3）组织结构。

组织结构决定了企业各部门间的权利关系、沟通方式及协作模式，对旅游人力资源战略的制定、实施和效果产生直接影响。组织结构决定了旅游人力资源战略的决策和执行流程。在一个层次清晰、权责明确的组织结构中，人力资源部门能够更高效地与其他部门合作，确保人力资源战略与企业整体战略保持一致。同时，这种结构也有助于人力资源部门及时收集并分析反馈与建议，从而以此为依据适时调整和优化整体战略。

随着市场环境的变化和业务需求的调整，旅游企业需要能够快速响应并作出相应的战略支持。一个灵活的组织结构能够支持这种快速变化，使人力资源部门能够迅速调整人力资源配置和培训计划，以满足新的业务需求。

（4）企业管理制度。

管理制度是旅游人力资源战略制定和实施的基础。一个健全的管理制度能够明确企业内部的权责关系、工作流程和规范，为人力资源部门的工作提供清晰的指导和依据，帮助企业识别自身的优势和不足，确定战略目标和方向，进而确保各项措施得到有效执行,减少阻力和障碍。

管理制度对于提升旅游企业员工的工作效率和积极性具有重要意义。完善的管理制度能够规范员工的工作行为,确保员工的合法权益,优化了企业人力资源的配置与利用,从而加强员工对组织认同感,帮助企业有效地吸引并留住优秀人才。

(5)员工特点。

不同性格、教育背景、职业经历以及个人价值观的员工可影响人力资源战略的制定和实施。性格开朗、积极乐观的员工具有显著的感染力,他们能有效提升团队氛围,积极推动协作,并强化团队的整体凝聚力。相反,性格内向、孤僻的员工可能对团队造成负面的影响。因此,企业在招聘和选拔员工时,应选择与企业文化和岗位要求相契合的员工。

此外,不同学历和工作经验的员工在知识、技能和思维方式上存在差异,这会影响他们在工作中的表现。因此,企业需要根据岗位的特定要求,结合战略目标制订合适的招聘和培训计划,以确保员工具备必要的学历和工作经验,以支持人力资源战略的实现。

(二)旅游企业人力资源战略的制定步骤

旅游企业人力资源战略的制定是一个系统性的过程,需要遵循一定的步骤和流程,以确保人力资源战略的有效实施。

1.确定人力资源战略目标

企业制定人力资源战略的首要任务是根据自身的发展战略和市场定位确定清晰的战略目标。在制定人力资源战略前要深入了解企业的愿景、使命和核心价值观,明确企业的长远发展方向和核心竞争力,思考如何将人力资源战略与企业愿景和使命相结合,以支持企业的整体战略得以实现。

2.分析企业人力资源现状

在制定企业人力资源战略之前,需要对企业的现有人力资源状况进行深入分析。通过分析现有员工的年龄结构、学历结构、性别结构等,识别现有人力资源的优势和不足,以确定人力资源管理的重点和方向,进而为制定战略打下基础。

3.确定人力资源战略的策略和措施

企业在评估现有人力资源状况的基础上,结合其战略目标,确定实现目标所需的人力资源管理策略和措施,该过程中应确保人力资源战略目标与企业总体战略目标的有效契合。企业可实施多项策略来提升员工效能,如加强员工教育与培训、优化绩效考核制度、加强员工沟通与协作等,以提高员工绩效和满意度。

4.制定人力资源战略实施方案

在制定人力资源战略的策略和措施后,企业应将其转化为具体的实施方案。实施方案需明确人力资源战略的实施时间,指定专门的责任部门并详述具体的执行步骤和措施。在制定实施方案时,应预见潜在的挑战与风险,预先制定相应的应对措施以确保方案的顺利执行。

5. 实施人力资源战略

人力资源战略的制定虽然很重要,但能否对其进行有效实施才是决定成功与否的关键。企业需依据精心设计的实施方案,有效配置和管理人力资源,持续监控并评估其人力资源管理策略的执行情况,及时反馈和调整相关方案,以保持其高效的适应性。

在实施过程中,企业应重视对员工的持续培训和强化与员工的沟通。通过实施持续的员工培训和发展计划,着力提升员工的专业技能和综合素质,以更有效地驱动战略目标的达成。

6. 评价和反馈

在评估和提供反馈的过程中,企业应关注人力资源战略的目标完成情况、实施效果等方面是否存在问题,从而不断完善和优化战略,提高人力资源管理的有效性。

7. 监督和调整

在制定好人力资源战略并实施后需要有监督和调整。企业应周期性地对战略目标进行评估,如遇到问题或障碍,应迅速识别并适时调整,以确保战略目标的顺利达成。

第二节 旅游企业人力资源规划

一、人力资源规划的概念

人力资源规划是一个企业或组织在企业战略目标的指导下,对所需人力资源进行供给和需求的预测,制定系统的政策和措施,以获取在发展中所需的人力资源的活动。

从广义上看,人力资源规划是一个全面的概念,涵盖了企业内部包括晋升规划、补充规划、培训开发规划、人员调配规划、工资规划等各项管理工作。

从狭义上看,人力资源规划是企业从战略规划和发展目标出发,依据其内外部环境的变化,预估企业将来发展对人力资源的需求,以及为满足这种需求所进行的人力资源供应活动的过程。

二、人力资源规划的目的及重要性

人力资源规划的目的是确保组织的人力资源供需平衡,构建有效的供需匹配机制,以满足组织长期持续发展和员工个人利益的实现。企业通过对自身资源状况及人力资源管理现状的分析,预测未来的人力需求和供给,以期在关键时期和关键职位上精准匹配到适宜的人力资源,从而推动企业的稳定运营和发展。

(一)有助于企业战略的实现

在市场竞争中,企业需要通过持续开发新产品和使用新技术以确保其竞争优势,这对企业人力资源的数量构成和质量构成提出了新要求。因此企业需对其人力资源进行不断的调整,通过有效的人力资源的优化配置和管理,帮助企业战略目标的达成。

(二)有利于控制人力资源成本

通过合理的人力资源规划,企业可确保每个岗位都能匹配到最合适的人员,从而实现适人适位,人尽其用,减少人员浪费,避免企业在经营管理过程中造成的人力成本过高的问题,把人工成本控制在合理范围,确保企业人力资源的有效利用。

(三)提升企业的效益和竞争力

人力资源被视为企业发展与创新的核心力量,通过人力资源规划,企业能够最大程度地优化内部人员结构,提升员工的知识与技能水平,激发其工作热情和创新潜能,最终达到提升整体运营效率,增强市场竞争力的目的。

三、旅游人力资源规划的原则

(一)战略性原则

旅游企业在进行人力资源规划时必须围绕企业的整体战略目标,确保人力资源规划与企业的发展战略相一致,并能够支持企业战略的实现。在制定人力资源规划时要充分考虑企业未来的业务发展方向、市场需求等因素,以确保战略的合理性和有效性。

(二)灵活性原则

人力资源规划并非一成不变,它需要一个动态的评估和调整过程。旅游业受到季节性、市场需求、政策调整等多重因素的影响,所以人力资源的需求也会不断变化。灵活性原则强调人力资源规划应具备高度的适应性,能快速响应不断变化的环境,以及时且有效地调整人员配置策略。同时旅游业的快速发展和变革意味着新的技术和业务模式不断涌现,这要求旅游企业在制定人力资源规划时能够跟上这些变化,及时培养或引进具备新技能和知识的人才。除此之外,人力资源规划需持续评估和调整,人力资源部门应定期评估现有的人力资源规划,分析其实施效果及存在的问题,并根据实际情况进行调整,确保人力资源规划始终与公司的发展战略和市场环境保持同步。

(三)以人为本原则

企业在制定人力资源规划时应充分考虑员工的职业生涯发展路径,优化福利与薪酬体系,营造良好的工作环境,以此提升员工的满意度和归属感,进而有效激发他们的工作热情与创新潜能。

四、旅游人力资源规划的步骤

（一）分析组织战略目标

旅游企业在制定人力资源规划前需深入了解企业的战略发展目标(长期目标)和经营计划(中短期目标)。企业的战略目标决定了对人力资源的潜在需求或长期人才储备需求,企业的经营计划决定了企业的现实需求和即时需求。如果企业的目标是扩大市场占有率,可能需要考虑扩充销售团队的数量或优化其专业技能;如果企业追求的是强化客户满意度,那么就必须着重于提升客户服务团队的技能培训和深化其服务理念。

（二）分析企业外部环境

市场需求、竞争态势、政策法规等外部环境因素会影响企业的战略调整和目标设定,进而影响人力资源规划。因此在进行人力资源规划时,人力资源管理部门需时刻关注市场环境的变化,以便迅速调整策略,确保其方案能灵活适应外部环境的变化。

（三）分析企业现有的人力资源状况

对现有人力资源状况的评估有助于发现企业存在的问题和不足,为制定有针对性的人力资源规划提供有力支持。企业在分析现有人力资源状况时应关注员工的数量与结构,以了解员工队伍的整体特征;通过绩效考核、技能测试等方式以评估员工的专业能力和工作态度;通过分析员工的离职率、转正率等关键指标,了解员工队伍的稳定性;通过问卷调查、面谈等方式,了解员工对企业的满意度和忠诚度;通过分析各岗位的人员配置情况判断是否存在人力资源浪费或不足的情况;通过分析企业的文化氛围和价值观是否得到员工的认同和支持来了解团队的协作状况、沟通机制以及解决问题的能力,以评估团队的整体效能。

（四）预测未来人力资源需求

企业在预测未来人力资源需求时应首先分析旅游企业的业务增长计划,包括预期的年增长率、新的市场扩张计划、产品或服务线的扩展等内容,这些因素将直接影响未来的人力资源需求。其次,了解旅游者的消费行为变化、新兴旅游目的地的兴起、技术革新对行业的影响等发展趋势,从而预测未来旅游市场的规模和结构变化,并以此推断出人力资源方面的需求。然后,针对企业的不同岗位,分析各自的工作职责、技能要求及工作量变化,预测技术进步和业务流程优化可能会带来的岗位变革,预测需要储备和培养的人才类型和数量,推断未来各个岗位的人力资源需求。最后,分析员工流失率历史数据,并结合企业未来的发展战略和员工满意度调查结果,预测未来的员工流失情况。

(五)制定人力资源规划方案

本阶段的主要任务是根据预测的未来需求和现有的人力资源状况,制定具体的包括招聘、培训、晋升、薪酬等方面的人力资源规划方案,旨在确保企业在未来能够拥有足够且合适的人力资源。

(六)实施和调整规划

将预先设计的人力资源管理计划付诸实施,同时密切关注市场动态和业务发展情况,及时发现问题并进行调整,以确保规划的顺利实施。

五、旅游人力资源供需预测的方法

(一)供给预测的方法

1. 内部供给预测

(1)人员现状分析。

企业可通过对现有员工的年龄结构、性别比例、教育背景、专业技能、工作经验和绩效业绩等评估判断其晋升、转岗或退休的可能性,预测内部人力资源的供给情况。

(2)员工流失率预测。

企业可通过对历年员工流失数据的研究,识别出导致员工流失的关键因素和趋势,预判未来一段时期内可能的员工流失率走势,帮助企业提前了解可能的人力资源缺口,及时制订相应的缺口补充计划,弥补有可能出现的人才空缺。

(3)内部晋升与转岗分析。

企业可通过深入分析企业员工的晋升和职位转换意向及其实际能力,预估未来通过内部调动或晋升能有效填充的职位空缺,有效地挖掘员工潜能,优化内部人力资源配置,提升内部人力资源的利用率。

(4)培训与发展计划评估。

通过分析企业内部的培训和发展计划,预测通过培训能够提升的员工数量和质量,有利于企业了解未来一段时间内,通过培训能够增加的内部人力资源供给,优化人力资源供给结构,为企业的长远发展奠定基础。

(5)马尔科夫模型。

在人力资源供给预测中,马尔科夫模型用于预测等时间间隔上(一般为一年)各类人员的分布状况。模型要求在给定的时间内,各类人员都有规律地由一类岗位或低一级岗位向另一类岗位或较高一级岗位转移。转移率是一个固定的比例,或者可以根据组织岗位转移变化的历史数据分析推算。如果各类岗位人员的起始数、转移率和未来补充人数已给定,则组织中各类人员分布就可以预测出来。马尔科夫模型通过分析员工的历史流动数据,建立转移矩阵,预测员工在未来一段时间内在不同岗位或职级之间的流动概率,这种预测有助于企业了解未来的人力资源需求,从而制定相应的人力资源规划。

2. 外部供给预测

(1)劳动力市场分析法。

劳动力市场分析包括市场现状分析和市场趋势分析两个方面。在对市场现状进行分析时,可分析当前旅游劳动力市场如从业者的数量、学历结构、技能水平等方面的供给规模,研究旅游从业者在不同地区的分布情况,特别是在热门旅游城市和地区的集中程度,分析旅游劳动力在不同细分行业(如酒店、旅行社、景区等)中的分布情况。

在分析市场趋势时,一方面应研究旅游劳动力市场的长期和短期增长趋势,预测未来几年的供给变化趋势。另一方面应分析旅游劳动力市场的结构变化,如学历结构的提升、技能结构的优化等。

(2)招聘渠道分析。

招聘渠道分析则是实现外部供给预测的重要手段。不同的招聘渠道具有不同的特点和优势,企业需根据自身需求和预算,选择最合适的招聘渠道。在进行招聘渠道分析时,企业需关注渠道的有效性,即该渠道是否能够吸引到符合组织需求的人才;渠道的成本效益,即使用该渠道所需的投入与所能获得的人才回报是否成正比;渠道的稳定性,即该渠道是否能够长期为组织提供稳定的人才供应。

(3)政策影响分析。

企业应深入分析政府在教育、就业、移民等方面的政策变化,特别是与旅游行业相关的政策,评估这些政策对劳动力市场的影响,进而预测未来的劳动力供给情况。

(4)外部合作伙伴。

旅游企业可与高校、培训机构、行业协会等建立合作关系,共享人才信息和资源,以便更全面地了解外部供给情况。通过与合作伙伴的交流与合作,了解行业内的最新动态和趋势,为外部供给预测提供有力支持。

(二)需求预测方法

1. 趋势分析法

旅游人力资源需求预测方法中的趋势分析法是通过研究历史数据,识别和理解其中的模式和趋势,并据此推断未来的人力资源需求。这种方法的核心在于建立一个数学模型,用来描述历史数据中的变化趋势,并据此预测未来的情况。趋势分析法常用的数学模型是线性回归模型,其公式为:

$$y = a + bx$$

其中,y代表预测的人力资源需求量,x代表时间或其他相关变量,a和b是回归系数,分别代表截距和斜率。这个公式表示人力资源需求量(y)随时间(x)的变化而变化的线性关系。

为了确定公式中的系数 a 和 b,通常需要收集过去一段时间内的数据,并通过最小二乘法等方法进行线性回归分析,从而得到最佳的拟合直线。

趋势分析法虽然可以提供一个基于历史数据的预测结果,但未来的实际情况可能会受到多种因素的影响,如市场变化、政策调整、技术进步等。因此,在实际应用中,还需要结合其他预测方法和实际情况进行综合考虑,以提高预测的准确性。

2. 一元线性回归模型

一元线性回归模型在旅游人力资源需求预测中是一个重要工具。该模型主要关注一个自变量(如旅游业务规模、游客数量等)与人力资源需求这一因变量之间的线性关系。通过收集和分析历史数据,可以建立一元线性回归方程来描述这种关系,并据此预测未来的人力资源需求。一元线性回归方程的基本形式为:

$$Y = a + bX + \varepsilon$$

其中,Y 是因变量(即人力资源需求),X 是自变量(如旅游业务规模),a 是回归直线在 Y 轴上的截距,b 是回归直线的斜率(代表 X 每变动一个单位时 Y 的平均变动数量),ε 是误差项,表示其他未考虑因素对 Y 的影响。

在利用一元线性回归模型进行旅游人力资源需求预测时,需收集过去一段时间内与旅游人力资源需求相关的数据,包括自变量和因变量的历史值。然后利用统计软件或手动计算,根据历史数据建立一元线性回归方程。这通常涉及计算回归系数(a 和 b),并检验模型的显著性水平。通过统计检验(如 R^2 检验、F 检验、t 检验等)来评估模型的拟合优度和预测能力,确保模型的有效性。最后将未来的自变量预测值代入回归方程,计算得到人力资源需求的预测值。

需要注意的是,一元线性回归模型假设自变量与因变量之间存在线性关系,且误差项满足一定的假设条件。在实际应用中,需要确保这些假设条件得到满足,否则可能导致预测结果不准确。此外,一元线性回归模型仅考虑一个自变量对人力资源需求的影响,如果还有其他重要因素未纳入模型,也可能影响预测的准确性。因此,在使用一元线性回归模型进行预测时,需要综合考虑多种因素,并结合实际情况进行分析和判断。

3. 专家访谈法

专家访谈法是一种依赖与行业内经验丰富的专家进行深入交流,以获取他们对未来人力资源需求的看法和预测的方法。使用专家访谈法时,首先需要确定访谈的对象,即那些在旅游行业或相关领域有深厚背景和丰富经验的专家,如企业高层、人力资源专家、行业分析师等。访谈时需要设计一系列问题,引导专家对未来的人力资源需求进行预测,这些问题可以涵盖旅游行业的发展趋势、新技术的应用、政策变化等多个方面,以全面了解影响人力资源需求的各种因素。访谈者需要具备良好的沟通能力和分析能力,能够准确理解专家的观点,并将其转化为可操作的预测结果。为了确保预测的准确性,通常可以对多个专家意见进行汇总和比较,找出其中的共性和差异。

专家访谈法的优点在于能够在数据不足或难以量化的情况下获取到专业而深入的见解。当然这种方法也存在一定的局限性,比如专家的观点可能受到个人经验、偏见等因素的影响,导致预测结果存在一定的主观性。因此,在使用专家访谈法进行人力资源需求预测时,需要谨慎处理专家的意见,并结合其他预测方法进行综合分析。

4. 德尔菲法

德尔菲法是一种反馈匿名函询法,是一种基于专家意见的定性预测方法。该方法是向多名专家发送需预测的问题,通过多轮深入的讨论和反馈,让专家们达成共识,最终得出一致的预测结果。这种方法特别注重专家的意见和经验,把他们的智慧集结起来,形成对企业人力资源需求的精准判断。

然而,这一方法并非完美无缺,需要投入大量的时间和人力资源,专家的数量和专业性也可能影响预测结果的准确性。所以,在使用德尔菲法时,应注意选择适合的专家、设计详尽且切题的调查问卷,并确保在整个过程中及时进行有效的反馈与修正。

六、人力资源供需平衡

人力资源供给与需求的平衡是组织实现持续稳定发展的关键因素。维持这种动态平衡可确保组织在面临业务需求时能及时获取足够数量和质量的员工,同时可以防止因人力资源过剩而带来的资源浪费和额外的成本开支。

(一)人力资源供大于求

当企业面临人力资源供给大于需求的情况时,需要采取一系列有效的措施来平衡供需关系,优化人力资源配置。

1. 内部岗位调整与再配置

当企业内部人力资源供给大于需求时,可对现有岗位进行全面评估,识别出人力资源过剩的部门和岗位,然后通过内部岗位调整,将富余员工转移到需要人力的部门或岗位,实现资源的合理利用。企业还可同时实施轮岗制度,让员工在不同岗位上获得经验,同时解决某些岗位人力过剩的问题。

2. 实施自愿离职计划

企业可提供合理的激励措施,鼓励部分员工自愿离职,减少人力成本。但在实施该计划前需与员工进行沟通,了解他们的职业生涯规划和需求,协助他们寻找更好的职业发展机会。

3. 减少工作时间或调整工作制度

在人力资源供给大于需求时,企业可考虑减少员工的工作时间,以减轻企业的人力成本压力,或实施弹性工作制度或远程办公,以提高员工的工作效率和满意度。

（二）人力资源需求大于供给

1. 扩大招聘范围

企业可通过多种渠道,如社交媒体、招聘网站、猎头公司等,加大招聘力度,吸引更多的应聘者。此外,还可与高校、职业培训机构等建立合作关系,定向培养和招聘所需人才。

2. 提高招聘效率和质量

企业可优化招聘流程,缩短招聘周期,提高招聘效率,同时制定明确的招聘标准和要求,确保招聘到符合企业需求的人才。

3. 加强内部员工培训和晋升

企业可通过内部培训和技能提升计划,帮助员工掌握更多技能,适应更多的工作岗位。企业还应建立清晰的晋升通道,鼓励员工在企业内部发展,以应对外部劳动力市场人才供给的不足。

4. 优化工作时间和岗位安排

当人力资源供给小于需求时,企业可实行弹性工作制,调整工作时间和岗位分配,使现有员工能够更好地应对工作压力。还可通过岗位轮换和跨部门合作,提高员工的综合素质和工作能力。

5. 人力资源外包和临时用工

企业可将部分非核心业务或临时性任务外包给专业机构或自由职业者,以缓解人力资源压力。此外,还可招聘临时员工或实习生,以补充企业的人力资源需求。

6. 提高员工满意度

企业可通过提供良好的工作环境、福利待遇、职业发展机会和激励机制来提升员工的满意度和忠诚度,进而提高员工的工作效率,鼓励员工为企业创造更多价值。

第三章
工作分析与工作设计

本章概要

工作分析与工作设计是现代企业人力资源管理中基础而重要的环节,这两个环节不仅关乎员工的个人成长与满足,更直接影响企业的运营效率、员工满意度以及整体竞争力。本章将深入探讨工作分析与工作设计的核心概念、方法及其对企业发展的重要性。

学习目标

知识目标

1. 掌握人力资源管理工作分析及设计的基本理论、概念、原理、方法。
2. 了解工作分析的主要步骤和工具。
3. 理解工作分析与工作设计的重要性和作用。

能力目标

1. 培养学生进行工作分析的能力,能够运用相关工具和方法对企业内部职位进行准确的分析和描述。
2. 提升学生工作设计的能力,能够根据企业发展战略和职位要求,设计出合理、高效、满足员工需求的工作方案。
3. 培养学生的创新能力和解决问题的能力,使其在面对复杂的人力资源管理问题时能够独立思考、寻求解决问题的方案。

素质目标

1. 坚定社会主义核心价值观。
2. 增强社会责任感和使命感。
3. 认识诚信、敬业的职业精神。
4. 培养创新精神和改革意识。

本章导入

工作分析是人力资源管理工作基础,旨在全面、系统地了解组织内部各个岗位的职责、要求、工作环境以及与组织战略目标的关系。通过工作分析,明确每个岗位的具体工作内容、所需技能和知识、绩效标准及职业发展路径,为招聘、培训、绩效评估和职业发展等人力资源管理工作提供科学依据。

党的十八大提出,倡导富强、民三、文明、和谐,倡导自由、平等、公正、法治,倡导爱国、敬业、诚信、友善,积极培育和践行社会主义核心价值观。组织在进行岗位分析的过程中,应注重践行社会主义核心价值观。社会主义核心价值观是我国的精神支柱和行动指南,也是我国企业文化的重要组成部分。因此,在岗位分析时,可将爱国、敬业、诚信、友善等社会主义核心价值观融入工作说明书中,将其作为工作描述中对于员工素质的要求,确保每个岗位都符合社会道德和伦理标准,为组织的可持续发展奠定坚实基础。

第一节 工作分析概述

一、工作分析的含义

工作分析,也称为职务分析或岗位分析,是指全面了解、获取与工作相关的详细信息,明确工作的任务以及完成任务所需要的任职资格和技能的过程。该过程主要关注于了解工作的具体内容、所需技能和知识、工作职责、工作权限、工作关系、工作环境等与工作性质相关的信息,其结果是形成工作说明书。工作分析的主要目的在于为人力资源管理提供基础数据和信息,以便进行更为有效的管理。

在进行工作分析时,可以从七个方面进行,即6W1H,具体内容如下。

What:工作的内容和达成的目标。

Why:做这项工作的原因。

Who:参加这项工作的具体人员,以及参与者之间的协作关系。

When:在什么时间、什么时间段进行工作。

Where:工作发生的地点。

Whom:工作的服务对象是谁。

How:如何从事这项工作。

工作说明书由工作描述和工作规范组成。

(一)工作描述

工作描述详细阐述了某个职位的主要工作内容、职责、工作环境、工作要求及与其他职位或部门的关系等信息。通过工作描述,员工能够清晰地了解自己所从事的工作的性质、范围和要求,从而更好地履行自己的职责。工作描述通常包含以下信息。

1. 基本职责和任务

基本职责和任务描述职位的主要工作内容,包括日常工作任务、特定项目职责,以及所需达成的目标等内容。

2. 工作环境和条件

工作环境和条件描述该岗位所处的如办公室、车间或户外场所等物理环境,以及可能遇到的如噪声、温度、危险等工作条件。

3. 工作关系和协作

工作关系和协作说明该职位与其他职位或部门之间的如与上级、下属、同事和客户等的合作关系。

4. 工具和设备

工具和设备列出本岗位在工作中常用的工具、设备或软件,以及员工需要熟悉或掌握的相关技术。

5. 工作绩效标准

工作绩效标准设定衡量职位绩效的具体指标和标准,以便对员工的工作表现进行评价和反馈。

(二)工作规范

工作规范是工作说明书的重要组成部分之一,指任职者要胜任该项工作必须具备的资格与条件,说明了工作对任职者在教育程度、工作经验、知识、技能、体能和个性特征方面的最低要求。工作规范通常包含以下内容。

1. 教育背景

要求员工具备的最低学历或专业背景。

2. 工作经验

对员工在该领域或相关领域的经验要求。

3. 技能要求

员工需要掌握的技能,包括专业技术、沟通、团队协作等。

4. 知识要求

员工需要具备的特定知识或专业知识。

5. 能力要求

员工应具备的能力,如问题解决、决策制定、创新思维等。

二、工作分析的作用

（一）为人力资源规划奠定基础

企业通过工作分析可以清晰地了解每个职位的职责、所需的任职资格，从而为其人力资源规划提供准确的依据。工作分析有助于企业预测未来的劳动力需求及制定合理的人力资源计划，确保企业的人力资源配置与业务需求相匹配。

（二）有助于选拔和任用合格人员

工作分析明确了岗位的任职要求，有助于企业在招聘和选拔过程中能够更有针对性地筛选候选人，确保所招聘的人员具备完成岗位工作所需的各项条件，从而提高招聘的效率和准确性。

（三）为培训和发展提供依据

工作分析明确了每个岗位的核心任务和职责，以及完成这些任务所需的技能和能力，可使企业能根据员工的现有能力和岗位需求制订有针对性的培训计划和发展计划，帮助员工提升和拓展其专业技能和知识，实现个人和企业的共同发展。

（四）为绩效评估提供标准和依据

企业通过工作分析可以明确每个岗位的工作目标、绩效指标和评价标准，从而使绩效评估更加客观、公正和准确，有助于激发员工的工作积极性和创造力，提升企业的整体绩效水平。

（五）有助于实现公平报酬

工作分析揭示了不同岗位之间的价值差异和贡献度，为制定公平、合理的薪酬体系提供依据，有助于激发员工的工作积极性，提高员工的满意度和忠诚度，进而增强企业的凝聚力和竞争力。

三、相关术语

1. 工作要素

工作要素（job elements）是组织中最小的工作活动单元，是职务分析的重要基础之一，它指工作中不能再继续分解的最小活动单位，是形成职责的信息来源和分析基础。

2. 任务

任务（task）是工作分析中的一个基本单元，它指的是一个具体的工作活动或行为以及需要员工完成以实现某个具体的工作目标或结果。任务是构成岗位职责的基础，通常可以通过一系列的操作步骤来完成。

3. 职责

职责（responsibility）是由一系列相关的任务所组成，它明确了员工在某个岗位上的整体工作内容和责任范围。

4. 职位

职位（position）是组织结构中的基本单元，具体指组织中的一个工作岗位，通常包括一组特定的职责和任务。

5. 工作

工作（job）是工作分析的核心对象，它包括了员工为了完成某个目标或特定工作所需要进行的一系列任务、职责和活动的总和。

6. 工作组

工作组（job group）通常是指一组为了完成某个共同目标或项目而聚集在一起工作的员工。这些员工可能来自不同的部门、拥有不同的专业背景，但他们为了一个特定的任务或项目被组织在一起。

7. 职业

职业（occupation）是指一个人在其工作生涯中专门从事的某种行业、领域或一系列相关工作的总称。

8. 职业生涯

职业生涯（career）指的是一个人在其工作生活中所经历的一系列职位、工作和职业发展阶段。职业生涯包括从开始工作到退休或职业转变的整个过程中，个人在职业发展、技能提升、职位晋升、工作满意度和成就感等方面所经历的变化和成长。

四、工作分析的原则

（一）系统性原则

工作分析应将整个工作过程视为一个系统，全面考虑该职务与其他职务的关系，确保不会遗漏任何关键要素，从总体上把握职位的特征及对人员的要求，从而进行准确的分析。

（二）动态性原则

工作分析的结果不是一成不变的，应根据企业的战略意图、环境变化和业务调整进行相应改变。这体现了工作分析的常规性和动态性，确保工作分析的结果始终与实际情况保持一致。

（三）目的性原则

在进行工作分析时必须明确分析的目的，以便确定分析的侧重点，确保分析的针对性和有效性。如果工作分析的目的在于确定员工薪酬标准,则分析重点在于对工作量、工作责任、工作条件和工作环境等因素的界定;如工作分析的目的在于员工的选拔,则分析重点在于任职资格的界定。

（四）经济性原则

经济性原则指在进行工作分析时,在满足基本分析需求的前提下,尽量采用成本效益高的方法和工具,确保在实现工作目标的同时降低分析成本,提高企业的运营效率。

（五）岗位原则

工作分析的重点应放在岗位本身的要求和条件上,而不是在岗位人员的具体情况上。这意味着企业在进行工作分析时应以岗位为出发点来分析岗位的内容、性质、关系、环境以及人员胜任力特征。

（六）参与原则

工作分析需要各级管理人员和全体员工的积极参与,他们的经验和见解对于确保分析的准确性和实用性至关重要。通过管理人员和员工的广泛的参与和合作,企业可以提高工作分析的可靠性和有效性。

五、工作分析的步骤

工作分析通常遵循一系列步骤来确保全面、系统地收集和分析特定工作的相关信息。以下为一般性工作分析的步骤。

（一）准备阶段

本阶段的主要任务是明确工作分析的目的和背景,确定工作分析资料的具体用途。然后组建包括人力资源管理专家、相关部门的管理层和员工代表等人员在内的工作分析团队。接下来选择有代表性的职位作为分析对象,并确保所选职位能够全面反映工作内容和要求。

（二）调查阶段

本阶段的主要任务是设计各种调查问卷和访谈提纲,确保能够全面收集到工作分析所需的资料。然后编制详细的调查方案,并明确调查的具体内容、方法和时间安排。分析团队接着通过问卷调查、访谈、观察等多种方法收集相关资料并进行分析研究。

（三）分析阶段

在收集到相关资料和信息后,分析团队需对收集到的资料进行整理和分析,提取出关键信息。在这个过程中企业需要审核所获信息的完整性和准确性,以确保分析结果的可靠性。接着应深入分析如工作职责、任务、环境、要求等在内的各工作的关键因素,以为后续的工作说明书编写提供依据。

(四)完成阶段

本阶段的主要任务是根据分析结果,草拟工作说明书和工作规范,明确描述工作中的活动、职责以及与工作有关的重要因素。分析团队还应与任职者及其直接上司讨论验证工作说明书的内容,确保其准确性和可行性,然后根据讨论结果对工作说明书进行修改定稿,形成最终的工作分析成果。

第二节 工作分析的方法

一、观察法

观察法指评估人员对员工在工作中的特定事件或行为进行系统观察,并记录其详尽的行为数据,然后在此基础上对关键因素进行分析。观察法一般适用于工作周期较短、工作任务单一、重复性强、外显性强的岗位。这类工作通常比较容易通过直接观察来了解其具体的工作内容和工作流程。观察者需要有足够的实际操作经验和专业知识,才能准确捕捉和分析工作中的关键因素。

使用该方法时需注意在观察过程中尽可能不干扰被观察者的正常工作,以保证观察结果的真实性。对于某些工作周期较长的工作,观察者则须分阶段进行观察,并应随时做好记录,必要时可以使用录像设备来辅助记录。

(一)实施步骤

准备阶段:在实施观察法之前,分析团队首先要明确工作分析的目的,如是为了招聘、培训还是绩效管理,从而确定观察的重点和内容。然后根据需要分析的工作岗位选择合适的观察对象。观察对象可以是某个员工,也可以是某个工作团队。然后分析小组应制订观察计划,确定观察的时间、地点和频率,以及观察过程中需要记录的关键信息。

实施阶段:分析团队在这个阶段的主要任务是按照制订好的观察计划对员工在工作中的实际表现进行现场观察,并详细记录员工的任务、活动、使用的工具、与他人的交互等信息以便进行后续的分析。观察过程中分析团队注意要客观、中立地观察,而且不对被观察者产生干扰。

分析阶段:通过观察收集到相关资料和信息后,分析团队要对这些信息进行整理、分类和归纳,分析工作岗位的任务、工作流程、工作环境等关键信息。

总结阶段：本阶段分析团队的主要任务是根据分析结果，撰写详细的观察报告。报告中还需体现观察的目标、过程、结果以及改进建议等。接着分析团队还应将观察报告与被观察者或相关人员进行讨论，以验证观察结果的准确性和完整性，并根据反馈进行调整和完善。

（二）观察法的优缺点

1. 优点

观察法能够直接获取第一手资料，对于了解工作实际状况非常有帮助。同时，它也可以为其他工作分析方法提供相关信息的补充及验证。

2. 缺点

观察法可能会受到观察者主观忹的影响，并且对于长时间或复杂的心理活动以及需要专业判断的工作内容可能不太适用。此外，如果工作内容和程序经常变化，观察法的效果也会大打折扣。

二、问卷调查法

问卷调查法是一种常用且有效的数据收集方法，它对于全面了解工作内容、工作特征以及人员要求具有重要作用。问卷调查法是通过被调查者填写事先设计好的调查问卷，再由调查者汇总并从中找出有代表性的信息，以描述工作相关信息的方法。该方法可以有效获取关于岗位的工作内容、工作特征和人员要求等详细信息，有助于企业更好地进行工作分析。

（一）实施步骤

准备阶段：分析团队在该阶段的主要工作内容是确定研究的职位、明确研究的目的并制订详细的研究计划。

问卷设计阶段：分析团队在该阶段的主要工作任务是根据工作分析的目的确定问卷内容，设计合适的问题，并制定好问卷。在设计问卷时，分析团队需注意问题应具有针对性，使用语言应清晰、简洁、易懂，必要时可附加说明。问卷的具体项目可根据实际需要进行调整，内容可简可繁。设计问卷时，易于回答的问题应放在前面，而难度较大的开放式问题可放在后面。分析团队需注意问卷的排列要有一定的逻辑次序，如按时间先后、从外部到内部、从上级到下级的排列顺序。

样本选择与调查阶段：分析团队在该阶段需选择合适的样本，发放问卷并及时回收，然后进行问卷数据的收集及分析。问卷可以通过线上或线下两种方式进行发放，在问卷发放后，分析团队需确保被调查者有足够的时间和资源来完成问卷，并及时回收问卷以便进行后续的分析。

数据分析阶段：本阶段分析团队的主要任务是对收集到的数据进行整理和分析，并提取有用的信息。分析团队可以通过统计软件进行包括各项问题的答案分布、识别关键信息和趋势等方面的分析,目的是从问卷中获取对工作岗位的准确描述。需注意的是分析团队在分析过程中应保持客观中立的态度,避免因个人的主观判断而导致分析结果的失真。

(二)问卷调查法的优缺点

1. 优点

相比其他工作分析方法,问卷调查法的成本相对较低,且可以在工作之余完成,不影响正常工作。问卷调查法相较于观察法的普适性强,适用于对大多数工作者进行调查,能够收集到更全面的信息。问卷调查法的另一大优点在于其收集的数据可以进行量化处理,便于使用计算机进行数据分析。

2. 缺点

问卷调查法在进行问题设计和数据分析时可能会受到被调查者主观性的影响,导致数据存在一定的偏差。如果问卷设计不合理或回收率不高,则可能会影响分析结果的准确性和可靠性。

三、访谈法

访谈法,又称为面谈法,是工作分析中一种广泛应用的方法。它主要通过与员工进行面对面的交流,收集其对工作的看法和意见。

(一)访谈法的类型

1. 结构化访谈

结构化访谈指分析团队设计统一的问题或提纲与访谈对象进行面谈。这种面谈方式能够全面收集信息,有助于分析团队系统地了解工作内容和要求。

2. 非结构化访谈

相较于结构化访谈,非结构化访谈则更为灵活,这种方法允许访谈者根据实际情况调整提问的方式和内容。该方法的优点是可以根据实际情况灵活地收集工作信息,从而更深入地了解访谈对象的观点和感受。

在实践中,为了充分发挥结构化访谈和非结构化访谈的优势,往往将两者结合使用。

(二)访谈法的实施步骤

访谈准备阶段:访谈者应明确访谈目的,确定访谈对象,制定访谈提纲,并选择合适的访谈时间和地点。

访谈开始阶段:在访谈开始时,访谈者应营造和谐、轻松的气氛,向访谈对象介绍访谈的流程及要求,并强调访谈的目的、信息用途及分析方法,以确保被访谈者保持对其产生信任的心理,从而确保访谈所得信息的真实性。

访谈主体阶段:访谈者在这个阶段的主要任务是通过询问访谈对象的工作任务及具体细节来深入了解其工作内容。在访谈过程中访谈者需要具备良好的沟通技巧和提问能力,以引导被访谈者充分表达自己的想法和观点。

访谈整理阶段:访谈结束后,访谈者应及时整理访谈记录,确保信息的准确性和完整性,为下一步的信息分析提供清晰、有条理的信息记录。

(三)访谈法的优缺点

1. 优点

访谈法可以直接获取被访谈者的观点和感受,得到的信息更为真实可靠。该方法适用于各类工作,特别是对于那些难以通过观察或问卷调查获取全面信息的工作类型。此外,访谈法具有较高的灵活性,可以根据实际情况调整问题的内容和提问的方式。

2. 缺点

使用该方法所得到的访谈结果有可能受到访谈者技巧、被访谈者心态等因素的影响,导致信息的扭曲或失真。如果访谈过程耗时较长,则需要投入大量人力物力进行组织和实施,导致实施成本的增加。

四、工作日志法

工作日志法是指任职者在规定的时间内,实时、准确地以工作日记或笔记的形式记录与工作相关的活动与任务的方法。这种方法对岗位生产劳动现场的各种活动及其时间消耗进行连续的观察和如实的记录,并进行整理、分析、统计和研究的时间测定方法。这种方法被认为是最基本、最精细的时间研究方法。

(一)工作日志法的实施步骤

准备阶段:记录者在该阶段的主要任务是向员工解释工作日志法的目的和重要性,确保他们理解并愿意参与其中。记录者在这个阶段还应准备好记录日志所需的如日志本、电子表格或特定的记录软件等工具。

记录阶段:记录者在这个阶段开始记录自己的工作活动,包括详细记录每项任务的开始和结束时间、任务内容、任务的重要性和紧急性、遇到的问题和解决方案等。记录者在这个过程中要注意记录的日志应尽可能详细,以便进行后续的分析。

分析阶段:记录者在收集员工的日志记录后要进行系统分析,分析内容包括识别主要任务、确定任务的频率和持续时间、评估工作强度等方法。对日志的详细分析可以帮助分析团队发现工作流程中的瓶颈,识别浪费时间或物料的环节,以及可能的改善的地方。

反馈和应用阶段:分析团队在这个阶段的主要任务是将分析结果反馈给员工和管

理层,共同讨论并确定包括调整工作职责、优化工作流程、提供必要的培训或资源等在内的改进措施。

(二)工作日志法的优缺点

1.优点

工作日志法能够提供关于工作的详细信息,有助于分析团队深入了解工作岗位的实际运作情况。同时这种方法适用于不同岗位和工作环境,只需记录人员按时记录与岗位相关的工作活动即可。此外记录工作日志的过程也是员工自我反思和提升的过程,有助于员工更好地管理自己的时间和任务。

2.缺点

由于工作日志法依赖于记录者或员工的自觉性和记录能力,如果记录者不认真记录或者忘记记录某些工作内容,就可能导致信息记录不全,进而影响工作分析的准确性和完整性。此外,由于工作日志法收集到的信息通常比较零散和杂乱,因此分析人员在整理和分析这些信息时需要花费大量的时间和精力,增加了工作分析的难度和成本。同时,工作日志的记录内容可能受到记录者主观意识的影响,如有些人可能会夸大或缩小某些工作内容的重要性或难度,从而影响工作分析的客观性。

五、资料分析法

资料分析法是一种基于对现有资料进行深入分析的工作分析方法。它通过对已有的文档、数据和其他相关资料进行审查和研究,以获取关于与工作岗位相关的任务、责任、权力、工作负荷、任职资格等方面的信息。资料分析法适用于那些已经拥有一定量相关资料的企业或岗位。

(一)资料分析法的实施步骤

确定研究目标:分析团队首先应明确工作分析的目的和问题,以便确定需要收集和分析哪些资料。

收集资料:分析团队在这个阶段的主要任务是根据研究目标收集相关的文档、数据和其他资料。这些资料可以来自企业内部,如工作说明书、岗位描述、绩效评估报告等,也可以来自企业外部,如行业报告、市场调研数据等。

整理资料:在本阶段分析团队将对收集到的资料进行归类、编码和存储,以便进行后续的分析工作。

分析资料:在得到相关的资料后,分析团队通过运用定性和定量分析方法,对整理好的资料进行深入研究以提取有关工作岗位的关键信息。

撰写分析报告:分析团队根据分析结果撰写详细的工作分析报告,以为企业管理层提供决策支持。

（二）资料分析法的优缺点

1. 优点

因为资料分析法是使用现有的资料进行信息分析，避免了烦琐的数据收集过程，所以实施成本较低，工作效率较高。

2. 缺点

由于企业针对现有工作岗位的资料有可能存在不完善的情况，分析团队收集到的信息可能不能如实反映实际现状，可能会影响到分析结果的准确性。

六、工作实践法

工作实践法，又称参与法，是指工作分析者通过实际从事或参与某一职位的工作，在工作过程中掌握有关工作的第一手资料，从而深入、全面地了解和分析职务特征及要求的工作分析方法。工作实践法适用于短期内可以掌握并参与实践的工作。

（一）工作实践法的实施步骤

准备阶段：分析团队在本阶段应明确工作分析的目的，选择适合的工作岗位进行实践，了解岗位的基本情况和要求。

实践阶段：分析团队成员亲自参与到分析的工作中，从事各项任务，体验实际的工作流程，并记录相关信息。

分析阶段：在实践过程中，分析团队成员要详细记录所从事的活动、所使用的工具、工作中与他人的交互等内容，以便开展后续的分析。

总结阶段：在实践结束后，分析团队成员应根据记录的信息总结工作内容、工作要求、工作特征等，并形成详细的工作分析报告。

（二）工作实践法的优缺点

1. 优点

分析者通过亲身实践，能够获得最真实、准确的第一手工作信息。通过实践，分析者可以深入了解工作的实际流程、任务和环境要求。

2. 缺点

工作实践法需要分析者亲自参与工作，因此可能会占用较长时间及需要一定的体力投入。同时，工作实践法的效果会受到分析者个人经验和技能的影响，可能无法全面反映工作的所有细节。

七、关键事件法

关键事件法是对某一工作岗位在执行职责过程中所发生的重大事件（成功或失

败)及其对组织的影响进行评判的一种有效方法。这种方法侧重分析员工在关键时刻的行为表现,并以此来评估其工作绩效。关键事件法适用于评估员工在处理突发事件或重要任务时的表现,特别适用于那些需要快速响应和决策的工作岗位。

(一)关键事件法的实施步骤

确定关键事件:分析团队首先需要识别并记录在工作过程中出现的关键事件,这些事件可能是成功的案例,也可能是失败的教训。

描述事件:分析团队在该阶段要对每个关键事件进行详细的描述,描述内容包括事件发生的时间、地点、涉及人员以及具体经过。

分析事件:在分析阶段,分析团队对每个关键事件进行深入分析,评估其对工作绩效的影响,以及员工在处理这些事件时的表现。

总结与提炼:分析团队根据对关键事件的分析结果,总结出员工在工作中的优点和不足,并指出需要改进的地方。

(二)关键事件法的优缺点

1. 优点

关键事件法能够有针对性地评估员工在处理关键事件时的能力表现,通过分析实际发生的关键事件,能够更真实地评价员工的工作情况和绩效。

2. 缺点

关键事件的判断和记录可能受到判断者主观因素的影响。此外,该方法需要花费大量时间和精力去收集、整理和分析关键事件,导致产生一定人力和物力成本。

第三节　胜任力模型

一、胜任力的含义

胜任力是一个人在特定工作岗位、组织环境和文化氛围中,所展现出的能够区分高绩效与一般绩效的综合能力。这些能力包括知识、技能、态度、价值观、人格、动机等个人特性,它们对于提高工作效率、达成工作目标具有关键作用。简单来说,胜任力就是一个人能否胜任某项工作或任务的综合体现。

胜任力不仅包括表面的知识和技能,更涉及深层次的个性、动机、价值观和态度等因素。这些特征能够显著区分优秀与一般绩效,帮助企业或组织识别、培养和留住关键人才,使企业或组织能够更客观、准确地评估员工的工作表现,为人力资源管理提供有力支持,提升整体绩效和竞争力。

二、胜任力的特征

（一）深层次特征

胜任力不仅仅只局限于员工表面的知识和技能，它涉及更深层次的如个体动机、个性、价值观、态度等特征。这些深层次特征更能反映一个人的综合素质和潜力。

（二）绩效预测性

胜任力能够预测员工在未来的工作绩效，具备相应胜任力的员工往往能够在工作中取得更好的成绩，为企业创造更大的价值。

（三）可测量性

企业可以通过特定的评估工具和方法来测量员工的胜任力水平，使企业或组织能够更客观、准确地评估员工的工作表现。

（四）动态性

胜任力并非一成不变，它会随着环境的变化而产生相应的变化，员工可以通过不断学习和实践来提升自己的胜任力水平。

（五）区分性

胜任力能够显著区分优秀与一般绩效，不同的工作岗位需要不同的胜任力，而高胜任力的员工往往能够在工作中脱颖而出。

三、胜任力洋葱模型

胜任力洋葱模型是一种展示胜任力构成要素的经典模型，由美国学者理查德·博亚特兹提出。洋葱模型将胜任素质划分为不同的层次，由内核到外层，各层素质逐渐变得容易培养和评价。越接近内核的素质（如动机、个性）越难以培养和评价，而外围的素质（如知识、技能）则相对容易培养和评价。胜任力洋葱模型如图3-1所示。

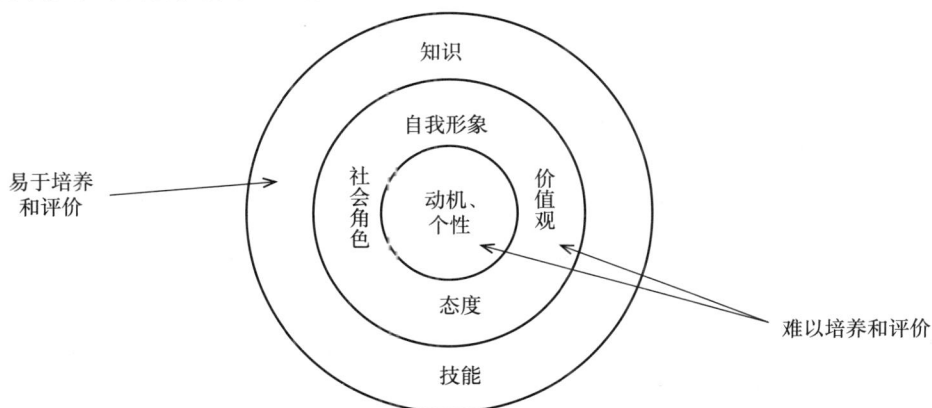

图3-1　胜任力洋葱模型

（一）个性

个性指个体稳定的心理和行为特征的总和，这些特征影响着一个人对环境的反应方式、决策倾向以及行为模式。简而言之，个性体现了一个人的独特性格和心理特质。

个性在胜任力中占据重要地位，因为它影响着一个人的工作风格、团队协作方式、应对压力的能力以及解决问题的能力等多个方面。具备积极、适应性强个性的员工往往能够更好地应对工作中的挑战，与同事建立良好的关系，并持续展现出高效的工作表现。

了解和评估员工的个性特征有助于将合适的人放在合适的岗位上，从而提高工作效率和员工满意度。同时，个性特征也可以作为员工培训和开发的参考依据，有助于员工提升自我认知，发挥个人特长，改进自身不足。需要注意的是，个性并没有绝对的好坏之分，不同的个性特征可能在不同的工作环境和任务中发挥出不同的作用。因此，在人力资源管理实践中，管理者应关注员工的个性特征与工作要求的匹配度，以及如何通过培训和引导来优化个性与工作之间的关系。

（二）动机

动机是指引发和维持个体行为的内在动力，它推动并指导个体行为朝着有利于目标实现的方向前进。在胜任力洋葱模型中，动机是推动个体努力达成工作目标的核心力量，强烈的动机能够激发个体的积极性和创造力，使其更加专注于工作目标，并努力克服困难以实现这些目标。同时，动机也在一定程度上影响着个体的职业选择和发展方向。

动机可以分为多种类型，如成就动机、权力动机、亲和动机等。不同类型的动机在个体身上表现出不同的特点，如成就动机在个体上的表现是追求成就的行为；权利动机表现为个体渴望权力的行为；亲和动机表现为个体希望与他人建立良好的人际关系。

了解员工的动机，有助于组织更好地进行人才选拔、培养与激励。例如，对于具有强烈成就动机的员工，组织可以提供更具挑战性的工作任务和晋升机会，以满足他们的成就需求并激发他们的潜能。

（三）自我形象

自我形象反映了个体对自我能力、价值以及社会角色的理解和评价，是个体内心对自己的描绘。积极的自我形象能够提升自信，促使个体更积极地面对挑战和困难；而消极的自我形象则可能导致个体的自卑和缺乏自信，影响其工作表现和职业发展。自我形象是个体自我管理和职业发展的关键，了解自己的自我形象，可以帮助个体更好地认识自己，发掘自己的优势和不足，从而制定合适的职业生涯规划和提升策略。

在胜任力洋葱模型中，自我形象位于中间层次，它与动机、个性等深层次胜任力相互影响,同时也影响着个体的知识和技能等外层胜任力。一个清晰的自我形象有助于个体更好地定位自己在社会中的角色,形成积极的态度,并保持持续学习和提升知识与技能的行为。

(四)社会角色

社会角色指个体在特定社会或组织中所承担的角色和身份,以及和这种角色及身份相一致的行为规范。社会角色反映了个体在社会中的如职业身份、团队中的角色等位置,它定义了个体在组织或社会中的职责和功能。每个社会角色都伴随着一套行为规范,这些规范可能是书面的工作职责,也可能是社会文化中潜在的行为标准,个体需要按照这些规范和标准来行事,以符合其所承担的角色。

在胜任力洋葱模型中,社会角色位于中间层次,它受到内层动机、个性和自我形象的影响,同时也影响着外层的知识和技能。个体如何理解和扮演自己的社会角色,会直接影响其工作态度、所选择使用的知识以及展现出来的技能。此外,个体的社会角色会与其动机、个性等深层次胜任力相互作用。例如,一个具有高度成就动机的个体在担任领导角色时,可能会更加努力地追求团队的成功。

(五)价值观

价值观反映了个体对于什么是"重要"和"正确"的深层次认知,它是个体判断事物价值、选择行动方向的基础。个人的价值观是相对稳定的,不容易受到外界环境的即时影响,但可能会随着时间的推移和经历的积累而逐渐发生变化。一个人的价值观会影响其职业选择、工作态度、行为方式以及决策模式,从而也影响着其工作绩效和职业发展。价值观是胜任力洋葱模型中较为核心的一个层次,它对于预测个体的长期行为和职业发展方向具有重要意义。价值观与动机、个性等深层次胜任力相互作用,共同构成一个人的内在特质。了解和评估员工的价值观有助于更好地进行人才选拔、培养和激励。企业可以通过价值观测评工具来识别员工的价值观类型,以便更好地进行人岗匹配和团队建设,从而提升整体绩效和竞争力。

(六)态度

态度是指个体对客观事物的心理和行为倾向,它通常反映了个体的自我形象、价值观以及社会角色的综合作用结果。态度是个体内心的一种倾向,可以表现为积极、消极或中立的情感,影响了个体的行为选择、工作投入以及与他人的合作方式。态度通常是基于个体的价值观、自我形象以及所承担的社会角色而形成,也同时受到价值观、个性以及过往经历等多种因素的影响。

在胜任力洋葱模型中,态度位于模型的中间层次,连接着个体的内在特质和外在表现。态度在受内层胜任力影响的同时直接影响了外层胜任力的运用和发挥。态度在很大程度上决定了员工对工作的投入程度、与团队的协作方式以及面对挑战时的反应。一个积极的态度可以提升工作效率和团队凝聚力,而消极的态度则可能阻碍个人和团队的发展。

(七)知识

知识是指个体为了有效完成工作任务而需要了解、掌握的信息和理论基础。这包括专业知识、行业知识、组织知识以及其他与工作相关的知识。在胜任力洋葱模型中,知识是外层胜任力的一部分,它相对容易通过培训、学习和实践来获得。一个人的知识水平会直接影响其工作效率和决策能力。同时,知识也是技能和能力的基础,没有足够的知识储备,个体很难在工作中有出色的表现。因此,不断提升和更新知识储备对于个人职业发展至关重要。

(八)技能

技能指的是个体结构化地运用所掌握的知识来完成某项具体工作的能力,这种能力可以通过不断的实践和学习来获得和提升。根据不同的工作内容和要求,技能可以分为沟通技能、团队协作技能、问题解决技能、计划执行技能等多种类型。技能和知识是相辅相成的,知识提供了理论基础,而技能则是将这些理论知识应用到实际工作中的能力。在胜任力洋葱模型中,技能位于外部,与知识一同构成了模型的最外层,这意味着相对于内层的胜任力要素,技能更容易被观察、学习和评估。

洋葱模型与另一个著名的胜任力模型——冰山模型在本质上有相似之处,都强调核心素质的重要性。但洋葱模型更注重揭示胜任素质的层次性。

四、胜任力冰山模型

胜任力冰山模型由美国心理学家麦克利兰提出,它将个体的胜任力形象地比喻成一座冰山。这座冰山以水平面为切分点,划分为"水平面以上部分"和"水平面以下部分"。"水平面以上部分"代表个体胜任力中可以被直接观察的部分,包括知识和技能,知识和技能可以通过学历、职业证书等来证明。这部分胜任力只是任职者执行工作所需的最低程度的门槛性要求,无法区分卓越绩效者与一般绩效者。"水平面以下部分"代表个体胜任力中不易被观察和影响的部分,包括价值观、态度、社会角色、自我形象、物质、内驱力、动力,这些因素对人的行为表现起重要作用,且能够区分绩效一般者与绩效优异者。胜任力冰山模型如图3-2所示。

胜任力冰山模型在人力资源管理中有广泛应用,如人员筛选、培训和发展等。通过分析员工的冰山模型,组织可以更好地了解员工的优势和不足,从而制订有针对性的培训计划。组织通过该模型关注员工的潜在胜任力,可以激发员工的积极性和创造力,有助于构建高效团队,推动组织文化的形成和发展。

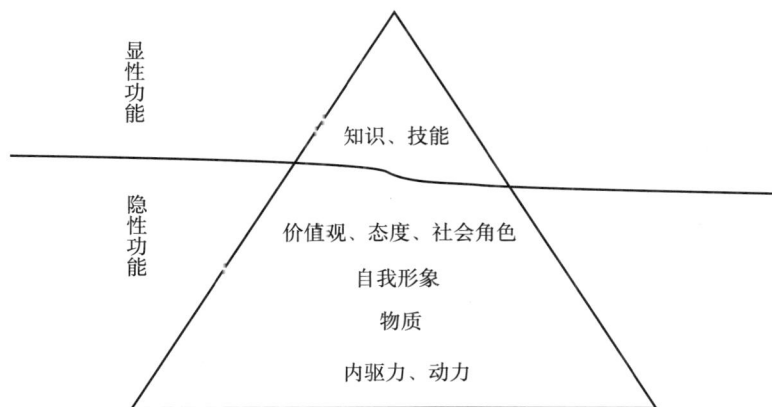

图 3-2　胜任力冰山模型

第四节　工作说明书的编写

工作说明书是一份详细描述工作岗位职责、要求、工作环境和任职条件的文档。工作说明书主要由工作描述和工作规范组成,一份完整的工作说明书需包含以下信息:

一、岗位标识

首先,在工作说明书的开头,要清晰地标识出岗位名称、部门、职位类别、直接上级岗位等。

示例:

岗位名称:××××(例如:市场营销专员)

岗位编号:××××××(公司内部对岗位的唯一编号)

工资等级:×××

部门:市场部

职位类别:市场营销

直接上级岗位:市场部经理

二、岗位职责

岗位职责是工作分析的重要组成部分,它明确描述了某个岗位需要承担的主要任务和责任。

Note

示例：

岗位名称：市场营销专员

岗位职责：

1.市场开拓与客户关系维护

（1）积极进行市场的开拓活动，寻找潜在客户，并负责相关区域的客户关系维护。

（2）研究、调查、拜访客户，以了解客户需求并提供相应的产品或服务。

2.营销方案制定与执行

（1）熟悉公司内部的产品和需求，根据市场趋势及客户需求制定切实可行的营销方案。

（2）按照制定的市场推广方案实施，评估市场推广活动的效果，并及时反馈，以协助公司调整市场推广策略。

3.销售与宣传支持

（1）配合销售团队与客户进行沟通，以完成销售及销售宣传工作。

（2）提供市场动态信息和客户需求给销售团队，帮助他们更好地开展工作。

4.市场调研与分析

（1）定期进行市场调研，搜集相关市场动态信息，并进行深入的分析。

（2）了解市场需求、收集客户意见，以提高公司的服务质量，并为产品改进或新产品开发提供建议。

5.合同管理与收款

负责所属业务合同款项的收款工作，确保合同回款的及时性与安全性。

6.产品品牌建设与推广

协助公司市场部对产品进行品牌建设和推广工作，提升产品的市场知名度和美誉度。

7.完成领导交办的其他任务

灵活应对并完成领导分配的其他相关工作。

三、任职要求

任职要求是对某个职位所需的基本资格、技能、经验和个人特质的详细描述，包括学历要求、工作经验、技能要求等方面的内容。

示例：

岗位名称：市场营销专员

任职要求：

1.学历要求

（1）本科及以上学历,相关专业优先(如市场营销、人力资源管理等)。

（2）持有相关行业的专业证书或资格认证者优先考虑(如市场营销师、人力资源管理师等)。

2.经验要求

（1）具备2年以上相关领域的工作经验,对行业动态和业务流程有深入了解。

（2）有成功推动或参与过相关项目的经验者优先。

3.技能与能力

（1）具备良好的沟通能力和协调能力,以及较强的执行能力。

（2）有一定的谈判能力和客户服务意识。

（3）熟练掌握与岗位相关的专业技能和工具(如市场分析技巧、项目管理软件等)。

（4）熟练掌握计算机办公自动化软件的使用,如Microsoft Office系列软件(Word、Excel、PowerPoint等)。

（5）具备较强的文字写作能力和方案策划能力,能够撰写市场分析报告、营销策划方案等文档。

（6）具备良好的中英文听说读写能力,能够进行专业的商务沟通和文档编写。

4.个人素质

（1）应具备吃苦耐劳的品质,能够承受较大的工作压力。

（2）需要有团队精神和团队意识,能够积极参与团队合作。

（3）性格开朗活泼、积极乐观,对市场营销工作充满热情。

四、工作环境与条件

描述该岗位的工作地点、工作时间、是否需要出差等条件,以及所在部门的工作氛围和团队合作情况。

示例：

岗位名称：市场营销专员

工作环境与条件：

1.物理工作环境

（1）办公地点：主要在公司办公室内工作,办公环境宽敞明亮,确保员工能在舒适的环境中高效工作。

（2）办公设施：公司提供先进的办公设备，包括电脑、打印机、通信设备、网络等，以保障市场营销专员能顺利完成工作任务。

2.工作时间与灵活性

（1）标准工时：由于市场营销活动的需求，工作时间可能具有一定的灵活性，包括晚上或周末参加相关活动。

（2）加班情况：在市场活动高峰期或重要推广阶段，可能需要加班以完成任务。

3.团队协作与沟通

（1）团队协作环境：市场营销专员将与销售团队、客户服务、产品开发等部门紧密合作，共同推进市场营销活动的成功。

（2）沟通工具：公司提供多种沟通工具，以确保团队之间的顺畅沟通。

4.技术支持与培训

（1）技术支持：公司将提供市场营销相关的如CRM系统、市场数据分析工具等软件和技术支持，以提升工作效率。

（2）专业培训：定期为市场营销专员提供包括市场分析、营销策略、数字营销等方面的专业知识和技能培训。

5.职业发展机会

（1）晋升通道：表现优秀的市场营销专员有机会晋升为更高级别的市场经理或市场总监。

（2）发展路径：公司鼓励员工参与多元化的市场项目，以丰富经验和拓展职业发展道路。

五、绩效考核标准

为了让员工明确自己的工作目标和努力方向，企业可以在工作说明书中列出该岗位的绩效考核标准。这些标准应该与岗位职责密切相关，且具有可衡量性。

示例：

岗位名称：市场营销专员

绩效考核标准：

1.销售业绩

（1）销售额目标达成率：根据设定的销售目标，考核市场营销专员的实际销售额达成情况（如设定每个季度的销售目标，专员需要努力达到或超越这一目标）。

（2）销售增长率：营销专员在一定时间内销售业绩的增长情况，以衡量其市场开拓能力和客户维护效果。

2.市场活动与推广效果

（1）市场活动执行力：考核市场营销专员在组织、执行市场活动方面的能力（如促销活动、展览、广告等）。

（2）推广效果评估：通过客户反馈、销售额、品牌知名度等指标来评估市场活动的推广效果。

3.客户关系管理

（1）新客户开发数量：考核市场营销专员在开发新客户方面的能力，通常以新客户数量或增长率为指标。

（2）客户满意度：通过客户调查或反馈，评估客户对市场营销专员服务的满意度。

4.团队协作与沟通能力

（1）团队协作评估：评估市场营销专员在团队中的协作能力，包括与团队成员的沟通、配合和共同完成任务的情况。

（2）内部沟通效率：考核市场营销专员与公司内部其他部门的沟通效果。

5.创新能力与学习成长

（1）创新策略提出：鼓励市场营销专员提出创新的市场策略和推广方法，以应对市场变化。

（2）个人学习与成长：评估市场营销专员在专业知识、市场敏感度、问题解决能力等方面的提升情况。

第五节　工作设计

工作设计是一种组织开发技术，它以任务结构为中心，对工作的内容、方法、环境条件、人员素质和工作负荷等进行全面的分析和设计。工作设计的目的是实现人员、工作、环境三者之间的最佳配合，以提高工作效率和员工满意度。

一、工作设计的作用

（一）提高工作效率

合理的工作设计可以明确工作任务和流程，减少冗余和重复的劳动，从而提高工作效率。

（二）优化工作流程

工作设计可以对现有的工作流程进行分析和优化,消除烦琐的环节,减少冲突及等待时间,提高工作效率,减少沟通障碍。

（三）促进员工发展

通过合理的工作设计,可以使员工在工作中充分发挥自己的才能,根据员工的能力和特长来分配工作任务,激发员工的工作动力和创造力。

（四）提高员工满意度和工作质量

合理的工作设计可以让员工对自己的工作有更强的归属感和责任感,从而提高工作的意义和价值,同时也可以减少工作中的不确定性和压力,进而提高员工的工作满意度和工作质量。

（五）提升组织整体绩效

当员工更加明确自己的职责时,其工作流程会更加顺畅,组织整体绩效也会随之得以提升。

二、工作设计的内容

（一）工作内容的设计

工作内容的设计是工作设计的核心环节之一,它旨在通过优化工作任务的结构和流程,提高员工的工作效率和工作满意度,进而提升组织的整体绩效。组织在设计工作内容时,需要综合考虑工作的广度、深度、自主性、完整性等多个方面,以确保工作既具有挑战性又能够激发员工的工作积极性。

（二）工作职责

工作职责是工作设计中的关键环节,它不仅界定了员工需要完成的任务和承担的责任,还涉及工作负荷的设定、权力与责任的对应、工作方法的灵活性和多样性及团队之间的沟通与协作等内容。

（三）工作关系

工作设计中的工作关系是一个复杂而多维度的概念,它涉及组织内部各个层级和部门之间的人际互动,包括上下级关系、同事间的关系、跨部门关系、团队内部关系及正式与非正式关系等。

（四）工作产出

工作产出是指在特定工作时间内,员工通过完成工作任务所实现的具体成果或结果,它是衡量员工工作效率和工作效果的重要指标,同时也是评估工作流程和设计有效性的关键依据。通过衡量和分析工作产出,组织可以评估员工的工作绩效、优化工作流程并激励员工实现更高的目标。

(五)工作结果的反馈

工作结果的反馈指员工对自己工作成果及来自他人对工作成果的评价和反馈的感知与体验。这个概念主要包括两个方面:一方面是员工对自己工作成果的直接感受;另一方面是员工接收到的来自同事、上级或下级对其工作成果的评价和反馈。

三、工作设计的方法

(一)工作轮换

工作轮换指的是在组织的不同职能领域中为员工做出一系列的工作任务安排,或者在不同工作岗位之间流动的机会。这种方法旨在提高员工的工作积极性、创造力和职业技能,同时也有助于减轻员工因长期从事相同工作而产生的疲劳感和厌倦感。

工作轮换可以增加员工对不同岗位的理解,提高其协作能力和团队精神。员工通过轮换获得更多技能,拓宽职业生涯发展道路,增强职业竞争力。同时组织能够培养出更多具备多项技能的员工,提高整体运营效率和灵活性。

但需注意的是并非所有的岗位都适合轮换,岗位的性质和需求及员工的意愿和能力是轮换成功的重要因素,组织应充分考虑员工的个人发展和职业生涯规划才能使用该方法。员工在轮换过程中可能会遇到一些挑战,如对新岗位的适应问题、团队之间的协调等,组织和个人都需要提前做好应对准备。

(二)工作扩大化

工作扩大化是一种"横向工作装载"的过程,是指组织通过拓展工作范围,增加工作中的任务数目及重复频率,从而给员工增加了工作种类和工作强度,使员工有更多的工作内容和任务需要完成。

通过工作扩大化,员工可以更加充分地发挥自己的能力和使用自己的时间来提高整体工作效率。同时员工面对更多样化的工作任务,有助于减少工作过程中的单调感,提升对工作的兴趣和积极性。此外,多样化的工作任务还能够激发员工的创造力和积极性,进而改善和提高其工作质量和工作效率。

需注意的是企业在实施工作扩大化时应考虑员工的能力和兴趣,避免因过度扩大工作范围而导致员工压力过大。所以组织应提供必要的培训和支持,以帮助员工适应新的工作任务和职责。

(三)工作丰富化

工作丰富化是"纵向工作装载"的过程,指通过增加工作的深度,使员工在工作中有更多的自主权、责任和决策权,从而提高他们的工作积极性和工作效率。这种方法可有效鼓励员工参与对其工作的再设计,以增强他们对工作的投入和满意度。

组织通过增加工作的挑战性和意义,赋予员工在工作中更多的自主权和责任,可以提高其工作满意度及工作效率,并激发其工作积极性和创造力。

组织在实施工作丰富化时需注意确保员工具备承担更多责任的能力和资源,同时提供必要的培训和支持,以帮助员工适应新的工作要求和挑战。此外,企业在赋予员工更多自主权的同时,也要确保有足够的监督和指导,以避免潜在的问题和风险。

(四)弹性工作制

弹性工作制指允许员工在完成规定的工作任务或固定的工作时长的前提下,灵活地、自主地选择工作的具体时间安排,以代替统一、固定的上下班时间的制度。

弹性工作制有两种方式。一种是核心时间与弹性时间结合的方式,在这种方式下,员工需要在规定的核心时间内完成重要或必须面对面的工作事务,而在核心时间之外,他们可以选择弹性时间来完成其他工作。另一种是全弹性工作时间的方式。在这种方式下,员工可以自行决定何时开始和结束工作,只要保证完成工作任务即可。

弹性工作制可使员工在自己状态最佳的时间段工作,更好地平衡员工的工作和生活,减少因个人事务而导致的缺勤和迟到等情况,从而帮助员工提高工作效率,减少通勤时间和压力,提升员工满意度和士气。

由于工作时间灵活,企业在选择该方式时需制定明确的工作目标和考核标准来确保员工的工作质量。需注意的是并非所有行业和职位都适合采用弹性工作制的方法,而是要根据实际情况进行评估和决策。

四、工作设计的原理

(一)科学管理原理

科学管理原理主要基于泰勒提出的科学管理理论,该原理的核心思想是通过科学的方法和标准来管理和提高生产效率。从经济效益的角度来看,企业可通过科学分析、规划工作流程,发现并消除浪费和不必要的环节,提高资源利用率,降低成本。但科学管理理论过于强调标准化的工作流程和任务分解,在一定程度上可能会忽略员工的个性和需求。这种机械化的管理方式可能会使员工感到工作枯燥乏味,从而影响员工的工作积极性与满意度。

(二)工效学原理

工效学原理主要关注如何使工作环境、工具和任务的设计更符合人的生理、心理特征,以提高工作效率、减少疲劳和错误,同时保障工作人员的健康与安全。该原理的核心思想是以人为本,即在设计工作环境、工具、设备和任务时,首要考虑的是人的因素,包括人的生理特征、心理需求、认知能力和操作习惯等,所有设计都应以满足人的需求和提高人的工作效率为出发点。工效学原理还强调科学性和合理性,即在设计过程中,需要运用生理学、心理学、人体测量学等多学科的知识和方法,对工作环境中的人、机、环境之间的相互作用进行科学分析,以找到最优化的设计方案。虽然工效学注重人的因素,但并不意味着牺牲效率。相反,工效学的目标是通过合理的设计,使人在舒适、安全的环境中高效地完成工作,从而实现效率和效益的并重。

工效学原理虽然在工作设计中有着广泛的应用和积极的影响,但也存在一些局限性,它往往难以充分考虑每个人的人体尺寸、视觉和听觉等个性化的生理特征及工作习惯,这可能导致某些设计对某些人来说并不完全适用。此外,使用工效学原理进行工作设计时可能需要对现有的工作环境、工具和设备进行全面的改造和升级,这通常会带来较高的成本,一些小型或预算有限的企业可能难以负担。

(三)人际关系理论

这一理论由霍桑实验发展而来,它强调了人不仅是"经济人",还是"社会人",即人的工作态度和生产效率受到社会环境、团队氛围和管理方式等多种因素的影响。人际关系理论强调以人为本,尊重人的价值和潜能。在工作设计中,这一理念促使设计者更加关注员工的需求、能力和发展,从而创造出更符合人性化、能够发挥员工优势的工作环境和任务。例如,在设计工作任务时,会考虑到员工的技能水平和兴趣爱好,以提高他们的工作积极性和工作效率。此外,企业使用人际关系理论来进行工作设计时还应考虑优化团队结构和沟通机制,创建一个开放、包容的沟通环境,促进团队成员之间的信息交流与合作,从而提高团队的凝聚力和整体绩效。人际关系理论强调了非正式组织在工作场所中的重要作用,要求组织关注员工之间的非正式关系和互动,并利用这些关系来增强团队的凝聚力和执行力。例如,组织可以设立一些非正式的交流和分享环节,让员工有机会在轻松的氛围中交流心得、分享经验,从而增强团队之间的默契和信任。

由于人际关系理论在工作设计中可能会过分强调人际关系的重要性,而忽略了工作本身的核心内容,这可能会导致资源的不合理分配。从经济角度来看,工作设计除了要考虑人的因素外,还需要关注成本效益、市场竞争力等经济指标,如果仅从人际关系角度出发,可能会设计出成本高昂而不切实际的工作方案。此外,人际关系的好坏往往难以用客观的标准进行量化评估,这可能导致在工作设计中对人际关系的投入和产出比例难以把握,从而影响工作设计的实际效果。所以在实际应用中,需要综合考虑各种因素,避免过度依赖或忽视人际关系的作用。

(四)工作特征模型理论

该理论包括五个核心维度,即技能多样性、任务完整性、任务重要性、自主性和反馈性。这些维度共同构成了工作的内在激励度,也就是激励潜能分数。一个激励潜能高的工作应该在技能多样性、任务完整性和任务重要性上至少有一个方面得分较高，同时在自主性和反馈性上也得到高分。组织通过优化工作设计，可以激发员工的内在激励，形成一个积极的工作循环。根据工作特征模型，优化后的工作岗位可以让员工产生三种积极的心理状态：感受到工作的意义、感受到工作的责任和了解到工作的结果。这些心理状态可以影响员工的工作动力、绩效水平、工作满足感、缺勤率和离职率等。

工作特征模型理论并不适用于所有类型和规模的组织，如在小型企业或初创企业中，由于资源有限和组织结构的灵活性，完全按照模型进行设计可能不太现实。而且不同行业和工作性质对工作特征的需求可能有所不同，如某些行业可能更侧重技能多样性和自主性，而其他行业则可能更注重任务完整性和反馈性。

第四章
员工招聘

本章概要

在人力资源战略中,员工招聘扮演着核心角色。本章将详尽剖析招聘流程的各个环节,包括多元化的招聘策略、高效筛选的技巧,以及需要关注的关键细节。目的在于帮助各类企业优化其招聘程序,确保能吸引并甄选到契合企业文化并具备专业能力和成长潜力的理想人才,为企业的持续、稳定发展提供有力的人才保障。

学习目标

知识目标

1. 掌握员工招聘的基本概念、原则和流程,理解员工招聘在人力资源管理中的重要性和作用。
2. 熟悉招聘需求分析、招聘渠道选择、招聘广告撰写等招聘前的准备工作,了解如何制订招聘计划和预算。
3. 掌握面试技巧、评估方法及背景调查等招聘过程中的关键环节,能够科学、公正地评估应聘者的能力和素质。

能力目标

1. 培养分析和解决问题的能力,能够根据组织的实际情况和招聘需求,制定合适的招聘策略和计划。
2. 提高沟通和协调能力,能够与应聘者、用人部门和其他相关部门进行有效的沟通和协作,确保招聘活动的顺利进行。
3. 培养判断和决策能力,能够在招聘过程中快速、准确地评估应聘者的能力和潜力,做出合理的录用决策。

素质目标

1. 树立正确的价值观和职业道德观。
2. 培养社会责任感,关注社会就业问题,促进社会的和谐与发展。
3. 强调团队合作和集体荣誉感。

本章导入

习近平总书记指出,各级党委及组织部门要坚持党管干部原则,坚持正确用人导向,坚持德才兼备、以德为先,努力做到选贤任能、用当其时,知人善任、人尽其才,把好干部及时发现出来、合理使用起来。这为各级领导干部正确选人用人提供了根本遵循,也为广大干部成长进步指明了努力方向。

在企业的招聘流程中,必须明确设立严格的选拔标准,始终坚持"德才兼备、以德为先"的原则。在招聘过程中,不仅需深入评估候选人的专业技能和丰富经验,还需关注他们是否具备高尚的道德品质、严谨的职业操守及明确的政治立场。通过面试、背景调查和严谨的心理测试,深入了解应聘者的道德品行和职业素养,以此确保能选拔出真正符合企业要求的卓越人才。对于新入职的员工,应实施全面且深入的岗前培训,同时加以适当的职业导向,以帮助其树立正确的价值观和职业理念。通过系统的培训,新员工能够深入理解企业的核心文化与用人理念,清晰地认识到自身的岗位职责和肩负的使命。无论是企业还是国家,唯有通过这样的途径,方能有效地筛选和发掘出满足时代需求的人才,从而推动企业的发展和社会的整体进步。

第一节 招聘概述

一、招聘的概念

招聘是指在组织的战略发展与人力资源规划的指导下,通过一定的程序和方法,募集、挑选、录用符合岗位要求的应聘者,以有效填补和提升组织人力资源的活动。

招聘活动的核心目标是构建一支高效且具备高素质的员工队伍,以确保组织能充分满足其可持续发展和战略目标实现的需求。企业通常依赖招聘程序来选拔和吸纳具备专业技能及丰富经验的员工,这一举措直接推动了组织效率的提升与市场竞争力的增强。

员工被视为企业不可或缺的核心资源,其专业技能和综合素质在很大程度上决定了企业的市场竞争力与持续发展力。因此,甄选和吸引具备相关技能的优秀人才已成为推动组织发展不可或缺的关键环节。组织若能实施高效的招聘策略,将能够成功吸引并网罗各类优秀人才。

二、招聘的重要性

(一)有助于实现企业战略目标

员工作为企业的重要资源,其专业素质和技能水平直接影响企业的市场竞争力以及发展空间。高素质、高技能的员工团队是企业在竞争激烈的市场环境中保持优势的关键所在。

(二)有助于企业实现可持续发展

在日益变迁的环境中,企业不断面对日益激烈的市场竞争、日新月异的技术革新以及不容忽视的环境问题等挑战。唯有招聘并培养具备高技能的员工,企业方能有效应对各种挑战,从而确保能持续稳健的发展。

(三)有助于提高员工素质

企业通过有效的招聘能够积极发掘并吸引各类优秀人才,从而实现员工队伍素质的全面提升。拥有高素质员工的企业往往具备更强的竞争力,他们能有效驱动企业的持续发展和进步。

(四)有助于实现企业人力资源战略目标

企业的战略性人力资源管理涵盖了包括招聘目标、持续的员工培训目标及绩效优化目标等在内的多元目标,企业通常会借助招聘活动来达成优化人力资源配置、提升组织效能的目标,从而全面提高整体运营效率。

三、招聘流程

(一)准备阶段

1.调查招聘需求

为了确保组织的有效运作,组织有必要与各部门负责人进行沟通交流,充分理解他们对于人力资源的需求,包括确定具体的招聘岗位、预计招聘的人数,以及对每个岗位所需技能、经验和职责的详细描述。

2.拟订招聘计划

企业在了解各部门的招聘需求后,须规划招聘流程,具体步骤包括明确招聘的群体,合理设定招聘时间节点,选择合适的招聘渠道,设计有针对性的招聘广告宣传方案,同时设置科学的评估体系,以确保招聘工作的系统化和高效性。

3. 成立招聘小组

在招聘筹备阶段,企业通常会设立一个专门的招聘团队,全面负责各个环节的策划与实施工作。为了保障招聘活动的顺利实施,招聘团队的成员应当包含来自人力资源部门的专业人员,以及各相关业务部门的负责人或者他们的代表,通过跨部门协作确保招聘活动的顺利进行。

4. 准备相关资料

在招聘筹备阶段,需准备相关的招聘资料,包括面试表格、配套的企业形象宣传资料等,以确保招聘活动的顺利进行。

(二)招募阶段

1. 确定招聘渠道

企业在选拔人才时,应针对各岗位的独特需求及目标受众,精心挑选最适宜的招聘平台。常用的招聘渠道有内部招聘、媒体广告推广、专业的人才招聘会、猎头公司、人才中介、校园招聘及社交媒体等。企业若能精准定位并选择合适的渠道,将能更高效地筛选和吸引符合职位需求的优秀候选人。

2. 发布招聘广告

在招聘广告中,应详尽列出岗位名称,包括其具体职责和任务要求,清晰阐述任职资格条件,提供具有竞争力的薪资待遇标准,以及标明准确的工作地理位置,这样才能有效地吸引合适的应聘者。设计招聘广告时必须与企业品牌形象保持一致,以增强其吸引力和识别度。在发布招聘广告后,企业应持续监控和对广告效果进行评估,以确保有效地吸引并锁定优秀应聘者。

3. 跟进与候选人的沟通

在招聘过程中,企业应积极并持续地监控每个候选人的申请动态,及时与他们保持联络,这样不仅有利于提升候选人的满意度,更能彰显企业的专业性和高效性。通过与候选人的互动,企业不仅能深入理解他们的职业需求和期望,从而优化面试流程,也能据此优化招聘决策。

(三)甄选阶段

1. 初步筛选

在收到应聘者提交的简历后,企业会进行初次筛选,关键依据是岗位的具体需求以及设定的任职资格。企业会详细考察候选人的教育经历、相关工作经验、专业技能及特长是否符合这些标准,以此决定哪些候选人具备进一步被考察的资格。

2. 面试

简历初步筛选合格的候选人将进入下一步面试环节。面试的主要目标是深度挖掘应聘者的专业技能、个人特质、价值观等,以确保应聘者与公司的期望和岗位要求有良好的契合度。

3. 笔试与相关技能测试

在甄选过程中,针对不同的岗位特性,还需安排笔试或相关技能考核以全面评估候选人。技术职位通常会要求候选人接受详细的技术性测试,以深入评估他们的专业技能和知识深度。而对于管理层岗位,面试官通常会采用情景模拟等方式来全面考量应聘者的决策能力、问题解决能力及团队领导能力。

4. 背景调查

对候选人的全面背景调查是甄选过程中不可或缺的一环。背景调查的关键作用在于核实应聘者在简历和面试中所提供的信息的准确性,借此评估其职业操守和工作表现。

(四)录用阶段

1. 确定录用意向

根据对候选人的简历筛选、面试评估及背景调查,评估其专业技能和过往经验,以便全面地判断他们是否真正契合所申请的岗位需求。与此同时,人力资源部门需与各部门保持沟通,以确认潜在员工的入职意愿,并深入探讨和决定薪酬待遇、职位级别等实质性问题。

2. 发放录用通知书

根据企业的录用意向,拟定录用通知书,明确职位、薪资、工作地点、入职时间等关键信息后,将录用通知书通过邮件、电话或其他方式发送给候选人,并告知其确认录用与相关流程。

录用通知书样例:

尊敬的×××:

基于您的就业意愿,我们荣幸地通知您,您已被正式录用。以下是具体细节:

职位:[具体职位名称]

薪资:[月薪或年薪,包括基本工资和可能的奖金、福利等]

工作地点:[公司地址或主要办公地点]

入职日期:[具体日期]

请您查收此录用通知书并通过电子邮件、电话或其他您方便的方式确认接收。接下来,我们将引导您完成相关入职手续和流程。如有任何疑问,欢迎随时与我们联系。

期待您的顺利加入,与我们共同开启这段职业旅程!

顺祝商祺。

联系人名字:××

联系人职位:×××

公司名称:××××

联系方式:××××××××

3. 入职准备

通知候选人准备入职所需材料,如身份证复印件、学历证明、离职证明、体检结果等。然后与新员工签订劳动合同和办理入职手续,为新员工建立员工档案,包括个人基本信息、教育背景、工作经历等。安排新员工进行岗前培训,帮助其快速熟悉公司文化、规章制度和业务流程。最后,为新员工分配岗位,并向其介绍团队成员和工作职责。

(五)招聘评估阶段

在招聘活动圆满结束后,务必进行全面深入的招聘工作回顾与评估。这个阶段的主要任务涵盖了招聘结果的分析与评价、招聘方法的评估、新员工入职后的绩效考察,以及基于评估结果对整个招聘流程提出优化建议。

第二节　招聘准备

一、调查招聘需求

调查招聘需求是招聘流程中的关键环节,它涉及对企业用人需求的深入理解,以确保招聘到合适的人才。

(一)明确调查目的和内容

在启动调查程序之初,首要任务是明确其核心目标,即确定企业所期望获取的信息,包括所需的各类职位明细,以及这些职位的具体工作需求和职责描述。在调查时的首要步骤是详尽列出调查内容,涵盖目标岗位的名称、岗位职责、任职要求、工作经验、教育背景等。

(二)选择合适的调查方法

通过与用人部门沟通,充分理解其对于人力资源的需求和期望。通过对现有岗位说明书和组织结构图的研究,剖析岗位的设置及其相应的职责范围。接下来,组织将进行详尽的实地考察,了解员工的工作环境和日常职责,以此确保对岗位要求有深入的理解及把握。实施对在岗员工的访谈,详细了解他们的日常工作职责,面临的各种困难与挑战,以及他们对新入职人员的期待。

（三）实施调查

在实施调查活动之前,一个详尽的调查计划是必不可少的。调查计划应涵盖时间计划、参与调查的团队成员及各项任务的具体实施步骤。人力资源部门根据既定的时间安排进行实地考察,系统地搜集翔实的数据和资料。在获取大量信息后,对这些信息及数据进行系统化的分析,从而提炼出核心的招聘需求。

（四）分析并确定招聘需求

基于调查结果剖析企业对各类岗位的需求,明确各职位的具体职责与技能指标,同时紧密结合企业的长期战略规划与短期业务增长点来确定招聘任务的优先级和紧迫性。然后规划招聘方案,明确涉及的具体岗位如技术、管理等类别,预设需要招聘的人数规模,以及设定明确的招聘时间节点和流程。

（五）持续更新与调整

为了适应企业的业务需求和变化的市场环境,企业应确保定期实施招聘需求的调查与及时更新。另外,还需密切关注员工的反馈与工作表现,并以此为依据动态调整与优化招聘需求。

二、拟订招聘计划

（一）明确招聘目标

在组织招聘活动之前,首要任务是清晰界定企业的具体人才需求,涵盖确定所需招聘的具体职位、预计招聘的数量,以及设定合理的招聘时间表。企业的招聘决策应全面考量其业务发展战略的需求,同时考虑现有的人员配置状况,以及未来人才储备计划的布局。

（二）分析岗位需求

在招聘过程中,对于每一个职位的需求都应该进行剖析,明确岗位的具体职责、所需的资格条件、符合要求的工作经验和教育背景等细节。

（三）确定招聘的方式

人员选拔的策略丰富多样,主要包括从外部引入人才的外部招聘及挖掘内部人才的内部招聘。外部招聘策略本质上是指组织通过积极发掘和吸引外部人才库中的合适人选,以有效地填充内部职位空缺的一种系统性活动。内部招聘策略涉及在组织内部通过调动和晋升机制,有效发掘和填充职位空缺的决策过程。

内部招聘和外部招聘的优缺点如表4-1所示。

表4-1　内部招聘和外部招聘的优缺点

	外部招聘	内部招聘
优点	1.更广泛的人才库 2.带来新观点和创新思维 3.增加员工的多样性	1.准确性高 2.节约成本 3.提高内部员工士气 4.缩短适应期
缺点	1.成本较高 2.适应期长 3.有可能会产生团队融合问题 4.有可能打击内部员工士气	1.选择范围有限 2.可能引发内部矛盾 3.有可能导致"近亲繁殖"

1.外部招聘的优点

(1)更广泛的人才库。

通过外部招聘,企业可以从庞大的应聘者库中筛选合适人才,从而获取更丰富的人才资源。

(2)带来新观点和创新思维。

引进外来人员能为企业带来新颖观点,激发创新活力。

(3)增加员工的多样性。

通过外部招聘,企业得以引入多元化的员工群体,这些员工有着不同的文化背景、年龄层次和性格特质,这不仅增强了组织的包容性,还显著提升了其在市场中的竞争力。

2.外部招聘的缺点

(1)成本较高。

外部招聘过程通常涉及多种成本,如广告发布费用、招聘会入场费,同时还需耗费大量人力、物力和财力资源。

(2)适应期长。

新入职的员工通常需要一段适应期去深入理解企业文化、融入团队及熟悉各项业务流程,这个阶段可能会暂时影响其工作效率和团队协作效率。

(3)有可能会产生团队融合问题。

新进人员可能在价值观和操作模式上与团队有别,需要时间磨合并融入其中。

(4)有可能打击内部员工士气。

如果企业倾向于频繁从外部引入新人才,而忽视了内部员工的晋升空间,可能会导致内部人员产生晋升无望的忧虑,从而可能打击整体的工作积极性。

3. 外部招聘的方法

(1)校园招聘。

企业积极与高校建立合作关系,直接在校园内开展招聘活动,如宣讲会和招聘会,目的是高效地发掘并吸引即将完成学业的优秀毕业生资源。校园招聘以其针对性强、效果显著、成本较低,成为许多企业在招聘时优先考虑的招聘渠道。企业积极参与校园招聘活动,并借此机会了解当代大学生的专业素养、学术水平及实践经验,与此同时,这也为学生提供了宝贵的实习和就业平台。

(2)招聘网站。

招聘网站以其信息量大、覆盖范围广和相对较低的成本成为众多企业优先考虑的招聘渠道。企业利用招聘网站这一平台,发布职位需求,借此获取大量应聘者的简历,然后进行精细筛选和对比,以寻求最合适的候选人。此外,招聘网站不仅为企业提供各类职位招聘信息,还具备强大的数据分析功能,能深度分析招聘效益,实时跟踪招聘市场趋势,助力企业精准决策。

(3)招聘会。

招聘会凭借其直观的面对面互动、严谨的专业策划以及丰富的活动设计,已经成为企业寻求人才的重要渠道。企业通过参加招聘会与应聘者面对面交流,以便更深入地评估他们的实际技能和潜在价值。然而,招聘会的实际成效往往会受到众多复杂因素的影响,如招聘会组织者的专业管理水平、宣传策略及现场的吸引力等。

(4)媒体广告。

媒体广告是指通过在报纸、杂志、电视、广播及网络平台广泛发布招聘信息,积极招揽各路应聘者前来投递简历。媒体广告的一大显著优势在于其广泛的覆盖范围,能有效吸引各类应聘者的关注。

(5)职业中介。

职业中介机构凭借其丰富的人才库,能够高效地为企业筛选并推荐与其需求契合度高的应聘者,利用这种渠道能有效缩减企业招聘过程中的成本。

(6)员工推荐。

内部员工主动引荐外部人才也是一种有效的外部招聘策略。公司允许员工主动引荐他们的亲朋好友或熟悉的应聘者,这种方法在节省招聘开支与时间的同时,也有益于提升员工的工作满意度和忠诚度。

(7)猎头服务。

对于那些高端或颇具挑战性的职位,企业常常会选择委托专业的猎头公司来进行精准的人才搜索和筛选。猎头公司凭借专业的招聘团队和丰富的人力资源库,确保为各企业输送精确且符合需求的顶尖人才。

（8）社交媒体。

近年来，社交媒体平台已成为招聘渠道的发展趋势，它凭借高效的信息传达、强烈的用户互动性和广泛的影响力，已演化为企业招聘的重要平台。如今，企业积极利用社交媒体平台发布职位空缺，借此机会与潜在应聘者进行双向沟通，不仅能获取他们对于职位的期待和需求，也能借此评估候选人的专业背景和实际能力。研究表明，通过社交媒体平台招募的员工往往表现出更高的满意度和忠诚度。

4. 内部招聘的优点

（1）准确性高。

鉴于企业对内部员工的深入了解，在招聘过程中能更为准确地评价员工的实际技能、职业操守及潜在能力，确保选拔出最适合的人才。

（2）节约成本。

内部招聘策略的一大优势在于节省成本，无须负担外部招聘所涉及的广告投放、招聘会参与等开支。由于候选人对组织的企业文化与日常工作程序有深入了解，新员工培训的需求相对减少，从而节省了时间和资源。

（3）提高内部员工士气。

企业通过内部招聘机制，为员工提供了清晰的职业发展路径，这种晋升机会可激发员工的工作积极性，进而提升他们的工作热忱，同时也有助于增强他们对企业的认同感和归属感。

（4）缩短适应期。

鉴于内部员工对于公司环境和操作流程已非常熟悉，他们可快速融入新的角色，从而缩短适应期，减少因新手入职导致的暂时性生产效能下滑。

5. 内部招聘的缺点

（1）选择范围有限。

局限在现有员工的内部招聘可能会阻碍人才的多样性和新观点的注入。

（2）可能引发内部矛盾。

如果组织的内部招聘流程缺乏透明度或存在偏见，往往可能导致员工关系紧张，滋生不满情绪，从而冲击团队合作的和谐氛围和整体工作效率。

（3）有可能导致"近亲繁殖"。

长期过分依赖内部晋升可能会滋生企业内部的小团体主义，这可能降低整体协作效率，阻碍创新思维的发挥。

6. 内部招聘的方法

（1）推荐法。

推荐法是让现有员工推荐他们认为在技能和性格上与公司文化及岗位需求高度契合的候选人，这种做法基于员工对企业内部环境的深入了解和对同事能力的信赖。

（2）布告法。

布告法即通过内部公告机制，公开发布职位空缺信息，让所有员工均有机会根据自身条件积极参与竞争，确保了信息的透明度与机会的平等性。

（3）档案法。

人力资源部门通过查阅员工档案，根据员工的教育背景、工作经验、绩效考评结果等信息，寻找适合岗位需求的员工。

（4）内部竞聘法。

内部竞聘机制作为一种有效的策略，鼓励企业通过公开、公平的内部竞争，让员工根据个人的兴趣和职业发展愿景自愿参加，这种模式不仅能提升员工的工作热情，还确保了选拔过程的公正性。

（5）员工发展计划。

员工发展计划指帮助员工规划其职业道路，这是一种有效的内部招聘的预备方法。

（四）设定招聘预算

招聘活动不仅需投入直接经济成本，还需投入难以用货币衡量的时间、人力及公司资源投入等间接性的隐性成本。

组织在招聘过程中产生的直接成本涵盖了各类直接支出，具体包括：发布招聘广告和举办招聘会所消耗的经费，选拔人才时的面试、笔试、专业评估等环节的费用，新员工入职的支持费用，如提供住所补贴、配备工作设备等附加开销，以及招聘相关人员因公务出差产生的交通、餐饮等直接相关费用。

在招聘流程中还存在着一系列间接费用需考虑。招聘活动中产生的间接成本并非与招聘活动直接关联，而是涉及一系列可能由招聘活动引发的隐性花费。例如，在招聘流程中，不仅耗费了大量时间（包括广告发布、筛选简历、面试安排等），还产生了管理成本。现有员工可能需要参与面试和新员工培训，这可能影响他们的主要工作，进而暂时降低整体生产效率。更为重要的是，如果新入职员工未能顺利融入团队或者未达到预期的工作标准，企业可能需要重新启动招聘程序，这样的结果无疑会带来额外的经济负担。

企业在招聘流程中需全面评估直接成本和间接成本，从而制定出切实可行的招聘预算。通过优化招聘流程与策略，企业能够有效地削减招聘开支，提升招聘效率，这样不仅能节省资源，更能为企业的长远发展注入人才动力。同时，企业必须重视招聘的质量控制，以确保招揽的人才能够促进企业的可持续发展。

（五）制定招聘时间表

为了保证招聘的顺利进行，必须制定一份详尽的时间表，具体包括招聘信息的发布时间、简历投递截止时间、面试时间、录用通知发放时间等。招聘日期的计算公式如下：

$$招聘日期＝用人日期－（招聘周期＋培训周期）$$

企业设定的用人日期，本质上是期望新员工能如期开始工作的时间，这一日期往往基于公司的业务运营需求和工作规划决定。招聘周期全面涵盖了从发布职位信息开始，直至最终筛选并确定最适宜人选的整个流程所需的时间。培训周期特指新员工在正式岗位就职前所必需经历的系统学习和训练时间。

三、成立招聘小组

（一）确定招聘小组的成员

在招聘小组成立之初要确定小组成员，通常由人力资源部门负责人担任组长，以统筹和引领招聘全过程。小组其他成员可包括招聘专员和各部门主管或代表。

（二）明确招聘小组成员的职责

招聘小组组长的职责是统筹与指挥，确保招聘活动顺利进行。各个部门的负责人需提交详细的职位空缺需求，并亲自参与面试评估环节，以确保新录用人员完全符合本部门的实际要求。招聘专员的主要职责涵盖全面的招聘过程管理，如发布招聘信息，严格筛选并评估候选人的专业背景和技能，策划并执行有效的面试环节，同时保持与候选人紧密沟通，确保招聘的顺利进行。

（三）制订招聘计划

招聘小组需依据各部门明确的人员需求，制订详细的招聘行动计划，涵盖岗位、招聘人数、薪酬福利待遇等多个方面的内容。小组还需制定招聘流程和时间表，以保障招聘工作能顺利有序地进行。除此以外，招聘小组还要设定明确的评估标准和岗位要求，以确保招聘的公正与客观。

（四）实施招聘工作

招聘小组通过招聘网站、校园招聘、社交媒体等多种渠道发布招聘信息，吸引更多的优秀人才。接着，小组要从收到的简历中初步甄选候选人，随后安排面试及评审，以进一步筛选候选人。在面试与评审环节，招聘小组成员应坚守公正无私的原则，确保能选拔出最合适的人才。

（五）评估与改进

招聘工作完成后，招聘小组需要对本次招聘工作的整体效果进行评估，并根据评估结果识别与解决潜在问题，从而不断提升招聘的效率。

四、准备相关资料

（一）招聘需求与广告材料

招聘申请表：明确招聘岗位、人数及具体要求。

招聘广告：包含企业的基本情况、招聘岗位、应聘人员的基本条件、报名方式等关键信息。

样例：

招 聘 广 告

本公司是一家处于快速发展阶段的企业，专注于文化旅游产品领域。我们寻求志同道合的人才加入我们的团队。

招聘岗位详情：本公司现公开招募市场部经理1名。

工作地点：贵阳市。

岗位要求：

1.负责制定公司文化旅游商品的市场营销方案，并推动方案的实施。

2.负责公司文旅商品业务的市场适应性调研，提出产品定位及变动策略，以便使本公司产品更加适应市场需求。

3.监督并指导市场部员工完成公司制定的月度、季度和年度任务。

4.完成公司下达的其他任务。

应聘人员基本条件：

1.拥有市场营销、旅游管理等相关专业硕士及以上学历；

2.能熟练运用数字营销和市场营销工具；

3.具备出色的谈判能力；

4.具备良好的时间管理和优先级处理能力；

5.在市场营销领域有5年及以上相关工作经验；

6.具备优秀的团队协作及沟通能力。

报名方式：

1.请将个人简历发送至公司邮箱（邮箱地址），或者登录我们的官方网站（网址）在线申请；

2.请在邮件主题注明应聘—（岗位名称）—姓名。

本招聘截止日期为×年×月×日，请在截止日期前提交申请，我们期待您的加入！

　　　　　　　　　　　　　　　　　　×××公司

　　　　　　　　　　　　　　　　　　×年×月×日

（二）企业宣传与介绍材料

宣传材料包含企业简介、发展历程、业务范围等内容，用于向应聘者展示企业形象和文化。

（三）招聘渠道相关材料

企业需根据岗位需求分析并选择合适的招聘渠道，如人才交流会、校园招聘等。

（四）应聘者登记与信息管理材料

企业应提前准备好应聘者信息登记表以供应聘者现场填写，表格内容包括个人信息、教育背景、工作经历、资格证书、联系方式等。

（五）面试与评估材料

岗位说明书：明确阐述职位职责及任职条件，以便给面试官参考。

面试题库：设计面试问题，评估应聘者的技能、经验和个性。

面试官指南：明确面试规则与评分标准，确保面试过程的公正与高效。

（六）入职与培训材料

入职流程表：制定新员工入职的详细流程和手续清单。

员工手册：涵盖企业规章制度、福利待遇和晋升机制等内容。

培训计划：为新进员工设计培训方案，帮助其快速融入团队和适应岗位。

（七）法律与合规材料

劳动合同模板：确保与新员工签订的劳动合同合法合规。

企业征信报告：旨在证实企业合法及声誉，以赢得应聘者信赖。

第三节　员工甄选

一、甄选的定义

员工甄选是指企业在招聘过程中，对募集的员工进行一系列的评估和筛选，以确定其是否具备所需的能力和素质，进而选拔出最适合职位的候选人。甄选时需注重实现职位需求与应聘者个体特征间的精准适配，以期达到最佳的匹配效果。

在员工甄选过程中，招聘者将使用面试、笔试、专业技能测试等方法和技术全面考察候选人的技术能力、过往经验、性格特点、潜在能力等个人特质。通常，评估工具和策略会针对各种岗位需求进行个性化设计,以此确保评价结果能有效体现应聘者的胜任能力。

二、甄选的流程

(一)简历筛选与初步评估

企业在接收大量应聘者资料后,会实施严格的筛选和初步评估程序,旨在识别出最符合岗位需求的候选人,以便后续安排面试。在甄选过程中,常见的筛选步骤为先对应聘者简历进行初步审查,接着进行深入筛选,最后排除那些明显不契合岗位需求的潜在候选人。在初步甄选阶段,着重考量候选人的学历资历、工作经验、具备的专业技能及所持有的相关资格证书。企业在筛选不适合的应聘者时,务必谨防主观及带偏见的判断,以确保招聘决策的公平与合理性。

(二)面试与评价

面试形式包括现场面试、电话面试、线上面试(如视频面试)等方法。企业在选拔过程中会选择合适的面试形式对应聘者的表现进行详细的评估与评分,以此对其进行有效的排名,所以在开展面试工作前,企业务必重视对面试官进行专业培训和指导,以确保整个面试流程的公平公正与有效。

(三)背景调查与资料核实

在决定录用某位候选人之后,企业通常会进行详尽的背景核查,以确保其提供的个人信息、学历证明、信用情况和工作履历等资料的真实性。在背景调查过程中,企业可以关注候选人的业绩证明及来自前雇主或客户的评价作为评估的依据,有效降低潜在风险。

(四)体检

在员工招聘过程中,体检环节不容忽视。企业对新入职人员进行全面健康评估,以确保他们具备履行岗位职责的身体条件。体检通常包括常规体检、职业体检等项目。

(五)录用

在全面的甄选程序结束后,企业会依据候选人的综合得分情况作出严谨的招聘决定。在做出录用决定后,企业要及时向候选人发放正式的入职通知书,说明其岗位职责、薪酬结构、福利政策等相关细节。企业在发出录用通知书后,应保持和应聘者的沟通,以及时妥善处理任何潜在的疑问或问题。

三、笔试

笔试是一种通过书面作答的形式对应聘者进行知识和能力测试的甄选方法。笔试作为一种常见工具,被广泛应用以全面考察应聘者的理论知识、专业技能、逻辑思维以及问题解决等实际操作能力。通过这种评估手段,招聘者能够更为全面、客观地考察应聘者的专业知识和技能,从而准确地评估他们是否契合所招聘职位的要求。

笔试通常包括选择题、填空题、简答题和论述题等类型,题目通常涵盖与岗位相关的专业知识、行业常识、逻辑推理等方面的内容。笔试的一大优势在于它的标准化和客观性,它能有效对应聘者的专业知识技能进行定量的评价。但是笔试有时无法全面反映应聘者的实际工作表现、人际交往能力及团队合作精神等非智力能力,所以在实际选拔过程中,企业往往使用笔试与面试、技能考核等多种方法相结合的选拔方式,旨在对应聘者的能力进行全方位、多角度的精准评估。

四、面试

面试指通过与应聘者进行面对面的互动,全面考察其专业知识、实践技能、过往经验、人格特点及潜在的性格特质,以期选拔出最适合的岗位人才的一种人员甄选与测评手段。在选拔性面试时,面试官通常会提出一系列预先设计好的问题要求应聘者作答,他们关注的不仅是应聘者的专业知识,还包括其口头沟通能力、问题解决能力、情绪管理能力及与应聘岗位相关的实际工作经验。

通常面试有以下几种类型。

(一)结构化面试

结构化面试强调面试问题的标准化、面试程序的结构化和评分标准的统一化。所有申请同一职位的候选人将会面临统一的面试题目和统一的面试步骤(包含抽签等待、正式答题、临时性追问、退出候分等步骤),以确保对所有候选人的表现进行公正、一致的评分,保证评估的公平性和可靠性。

结构化面试的结果不仅具有客观、公平和有效的特点,而且有助于面试官更深入地了解应聘者与目标岗位的契合度。然而,由于问题和对话流程的预设性质,可能会缺乏对应聘者个人特质的深层次挖掘,这在一定程度上妨碍了对应聘者深层次能力的探索性提问。

(二)非结构化面试

非结构化面试的灵活性和自由度相对较高,区别于结构化面试的严谨规则和程式化流程,它强调的是面试互动过程中的自然性、真实性和鼓励应聘者展现其个性。在非结构化面试模式中,面试官并不受限于预设的提问模式,他们能够灵活地围绕不同主题与应聘者展开深度对话,或者根据应聘者的即时反应提出新的问题,这样的互动方式赋予了双方极大的自由度。

非结构化面试不受既定问题或程式化流程的约束,为应聘者营造出更为自然舒适的环境,更容易揭示候选人的真实个性和能力。在面试过程中,自由交流提供了宝贵的机会,面试官借此能全面评估被试者的临场应变能力、知识储备、表达能力及举止风度。

然而,由于缺乏标准化的流程与明确的规范,非结构化面试在保持一致性与可对比性方面显得相对较弱,其信度和效度会因其评价标准的主观差异而有所波动,有可能会造成评分标准相对主观的问题出现。

(三)压力面试

压力面试指面试官刻意营造紧张氛围或场景,评估应聘者在面临压力时的应急反应能力、问题解决能力及人际沟通能力,借此确定应聘者在高压情况下的适应性和稳定性。

在进行压力面试时,面试官有时会提出有挑衅或不太友善的问题,甚至采取连续追问同一主题的方式,刻意制造困扰,以期观察应聘者在高压情境下的反应和应对能力。面试官可能会刻意用激将法来考验应聘者的应变能力和情绪控制能力,或者巧妙运用诱导技巧,试图深入了解应聘者的思考模式,以评估他们的判断能力和决策能力。

(四)非压力面试

非压力面试指企业营造一个轻松舒适的面试环境,以便应聘者能更自如地展示他们的实际能力和潜质。面试官会营造一个友好且轻松的氛围,鼓励应聘者自如地分享他们的见解和经历,确保他们能在无压力的状态下展示最佳自我。

非压力面试通常采用一对一或小组讨论形式,面试官会通过提出难度适中的开放性问题,深入了解应聘者的实际经验、专业技能以及个人特质。非压力面试能使应聘者更自如地展示自我,有利于招聘者深入洞察候选人的实际技能与潜在价值。然而,由于其非压力性质,常规面试可能无法充分揭示应聘者在实际压力情境下的应对能力。鉴于许多高压职位对心理承受力的要求极高,传统的非压力面试方法可能不足以全面有效地评估应聘者的适应性。

五、评价中心技术

评价中心技术是现代企业中针对高级管理人员的有效的人力资源评价程序,其最大的特点是将候选人置于高度真实的工作情境中,通过多元化的评价活动,如无领导小组讨论、角色扮演等,展现候选人的领导力、决策力、影响力、判断力等,从而得到更为精准的评估结果。这些评价过程着重考察应聘者或员工的领导才能、沟通能力、问题解决能力、团队合作精神、工作态度、专业知识、逻辑思维、创造能力及适应能力。评价中心技术能有效地揭示应聘者或员工的技能、才能和潜在价值,从而支持企业作出更为精准和有依据的人员选拔决策。

(一)无领导小组讨论

无领导小组讨论是一种不预设领导的角色扮演式团队互动,通常让多名应聘者围绕某个议题或情景展开深度合作与交流。面试过程中,面试官会细致观察应聘者在小组讨论中的互动,以此来评价他们的团队协作精神、沟通技巧、问题分析能力及决策制定能力。

无领导小组讨论的特点在于它摒弃了传统的领导角色设定,让每个参与者都有平等的引导讨论和提出见解的机会。参与者被要求在互动中充分展现其团队合作精神与个人影响力,这种测评方式为面试官提供了全方位的视角,以便他们能全面评估应聘者的口头表达能力、逻辑推理能力及情绪管理能力等多方面素质。

(二)心理测试

心理测试是一种潜变量的探测工具,通过精心设计的量表来探索和评估那些无形中影响个体行为的内在人格特征。该方法旨在精确评估个人的心理素质及心理差异,在人才招聘、心理咨询及教育评价等多个领域中得到广泛应用。

1.智力测试

该工具旨在全面评价个体的学习能力和环境适应能力,包括测试个体的观察能力、记忆能力、想象力、创新力及思维能力等多个维度。常用的智力测试量表为韦氏智力量表。韦氏智力量表有成人智力量表和儿童智力量表两个版本,涵盖多个维度,包括个体语言解析能力、记忆能力、认知能力及逻辑推理能力等。

2.职业能力倾向测试

职业能力倾向测试的主要目的是评估个人在各类职业中可能达到的成功程度,帮助其选择适合自己的职业。职业能力倾向测试的内容包括语言理解与表达、数字推理和数学运算、逻辑推理判断、常识判断、资料分析五大部分,旨在利用心理学、行为学、管理学、测量学、计算机技术等多种学科和技术全面评价个人在知识水平、个性特点、职业倾向、发展潜能等方面的素质,为企事业单位的招聘、选拔和培养各类人才提供依据。

常用的职业能力倾向测试为霍兰德职业兴趣测试。霍兰德职业兴趣测试是由美国职业指导专家霍兰德根据大量的职业咨询经验和职业类型理论编制的测评工具,主要用于确定被测试者的职业兴趣和倾向,从而指导被测试者选择适合自身职业兴趣的专业发展方向和职业发展方向。霍兰德认为个人职业兴趣特性与职业之间应有一种内在的对应关系,根据兴趣的不同,人格可分为研究型(I)、艺术型(A)、社会型(S)、企业型(E)、传统型(C)、现实型(R)六个维度,每个人的性格都是这六个维度的不同程度组合。

3.个性测试

(1)艾森克人格问卷(EPQ)。

艾森克人格问卷有成人问卷和儿童问卷两种版本,每种版本由内外倾向量表、情绪性量表、心理变态量表和效度量表构成,分别考察人的外向性、神经质、精神质三个维度,他认为人们在这三方面的不同倾向和不同表现程度,构成了不同的人格特征。

艾森克人格问卷是目前医学、司法、教育和心理咨询等领域应用非常广泛的问卷之一。

（2）卡特尔16项人格因素问卷（16PF）。

卡特尔认为在每个人身上都具备乐群性、聪慧性、情绪稳定性、恃强性、兴奋性、有恒性、敢为性、敏感性、怀疑性、幻想性、世故性、忧虑性、激进性、独立性、自律性、紧张性16种特质，只是每种特质在不同人身上的表现有程度上的差异。该测验方法被广泛应用于临床心理学和职业指导、人力资源选拔等专业领域。

（三）公文处理模拟测验

公文处理模拟测验是一种综合性笔试测验，适用于企事业单位针对中、高层管理人员的能力测评。该测验常用于选拔现实工作中需频繁处理公文的行政管理人员、秘书等岗位候选人。通过此测评，可以评估候选人是否能在限定时间内有效处理组织内外的公文，从而考察候选人是否具备管理方面的计划能力、判断能力、沟通能力、决策能力、领导能力及组织协调能力。

在面试的公文处理环节，应聘者可能会面临以下任务。

1. 撰写公文

应聘者需按照既定情境和要求，撰写一份符合格式要求和规范要求的公文。应聘者需熟练掌握公文基本结构，包括拟定标题、注明日期、撰写正文和结语、签名等内容。在撰写公文正文部分时，还应确保能够清晰准确明了地表达所需传递的信息。

2. 审阅和修改公文

面试官可能会给出一份包含错误内容或格式不规范的公文要求应聘者能识别问题并进行修改。这在很大程度上考察了应聘者对公文写作的熟悉程度和纠正错误的能力。

3. 处理公文流程

模拟一个真实的办公环境，让应聘者演示如何处理收到的公文，包括登记、分类、转发、回复等步骤。这要求应聘者熟练掌握公文处理的流程。

4. 解答公文相关问题

在面试过程中，应聘者可能会被问及一系列关于公文处理的问题，诸如如何确保文件的绝对保密性，如何根据文件的紧急程度采取相应处理措施，以及在跨部门合作中如何清晰、高效地沟通和执行公文要求等。

（四）管理游戏

管理游戏巧妙地融合了游戏元素与实际的管理学原理，应聘者通常被置于一个虚拟的管理实战情境，通过执行多项任务来全面展现他们的领导才能和相关专业技能。通过管理游戏，企业可全方位地考察应聘者的领导才能、团队合作精神及解决问题的能力等多方面的能力。

管理游戏评估手段能为应聘者提供更为立体且深入的能力展示平台,从而让面试官得以更准确地洞察应聘者的实战能力和潜在价值。然而,尽管管理游戏能有效模拟部分工作场景,其真实还原度仍受限于设计局限。应聘者的参与可能受诸如焦虑、游戏理解程度等因素的干扰,因此,面试官在评价时需进行多角度、全方位的分析,不能单纯依赖游戏表现作出决定。

(五)角色扮演

在角色扮演中,应聘者通常会被赋予一个虚拟的身份,并被置入逼真的工作或商业情境(如客户服务、项目管理、销售谈判等情境)。他们需据此角色的职责要求和情境要求,展示其实际操作能力和决策能力。

在角色扮演面试中,考官着重考查的是应聘者能否清晰、准确地表达观点的沟通能力,以及是否能与虚拟情境中的角色进行有效互动的能力。他们关注应聘者在遇到突发状况或棘手问题时的应对能力,看其能否迅速作出决策并提供合理的解决办法。此外,面试官还会观察应聘者在团队模拟情境下的团队协作能力,评估他们是否能与他人协同工作以解决问题。面试官还会测试应聘者在高压或挑战面前的心理素质,看他们能否保持冷静思考的职业素养。通过角色扮演的方式,面试官能够深入且全面地评估应聘者的沟通能力、应急处理能力及团队合作能力等。

尽管角色扮演能在很大程度上模拟应聘者在实际工作中的表现,但由于其本质上是一种人为构建的情境,往往难以精确复制现实工作中复杂多变的特点和多样性,这无疑增加了精确制定面试评价标准的难度。而且,角色扮演往往需要投入额外的时间和资源进行精心策划和实施,所以其成本高于常规的面试方法。

第四节　员工录用与评估

在对应聘者的各项能力与资格进行全面且深入的评估和严格筛选后,企业通常会做出慎重决策,正式录用最合适的候选人以充实其团队。此阶段象征着招聘程序的正式终结,并开启了新员工顺利入职的新篇章。

一、录用步骤

员工录用步骤如图4-1所示。

(一)发出录用通知

经过面试、笔试与其他评估环节,企业甄选出最契合岗位要求的应聘者,并准备正式的录用通知书。在发出录用通知前,通常会经过严谨的内部审查程序,以确保通知书内容的准确无误和合规性。在录用通知书中应明确说明被录用员工的岗位职务、薪酬待遇、具体的工作地址、预期的报到日期及应聘者应提交的相关材料等。在发出录用通知书后,企业通常会设定一个特定的时间节点等候应聘者的回应。如果应聘者未在约定的时间内给予回应,企业通常会采取主动联系应聘者以确定他们的求职意向。

(二)应聘者确定意向

当应聘者接到企业的录用通知后并确定入职意向后会向所求职的企业表达他们的入职意向,这时企业需立即启动入职筹备步骤,其中包括定制入职培训计划、预先准备工作空间,并确保提供所有必需的工作设备。

(三)入职体检

入职体检作为一项不可或缺的程序,新员工在正式入职之前均被要求必须参与,其目的是全面评估员工的健康状况,确保其体能和健康状态能满足工作需求,同时也有利于保护员工自身的健康权益。入职体检可以视为企业严格遵守劳动法和相关法律法规的重要体现,若新员工在工作初期遭遇健康问题引起突发事故,而企业又未安排入职体检,则可能会导致企业面临法律上的责任风险及可能产生的经济赔偿义务。

图 4-1　员工录用步骤

(四)签订劳动合同

劳动合同是受法律保护的文件,合同中明确规定雇主和员工之间的权利与义务,有效维护双方权益免受侵犯。劳动合同的签署标志着雇佣关系的确立,从此,员工正式成为公司的一员,将享受到相应的权益并履行相应的义务。一份标准的劳动合同通常包括以下几个关键部分:雇主和雇员的基本信息、工作职位与职责、工作期限、薪酬与福利待遇、工作时间与休息休假、保密协议、知识产权条款、解雇与辞职条件、违约责任、合同变更与终止、争议解决方式及生效日期等详细内容。

1.双方信息

合同需详列雇主与员工详情,如公司名称、个人姓名及身份证号。

2.工作职责

合同需明确阐述员工职务职责,使员工清楚自己的工作内容。

3.工作时间与地点

合同须规定员工的工作时间和工作地点,为员工提供明确的工作指南。

4. 薪资待遇

合同需明确员工的薪资结构、确保员工的薪酬按时按量支付。

5. 福利待遇

福利待遇包括社会保险、补充薪酬如公积金、带薪假和年终奖等。

6. 保密与竞业限制

对于涉及企业机密或敏感信息的职位,合同中可能会包含保密条款和竞业限制条款。

7. 合同期限

合同中需规定合同的起始和结束日期,以及续签的相关事宜。

8. 解除与终止条件

合同中需规范合同解除和终止的规则、步骤等。

(五)入职培训

当新员工正式成为公司一员后,企业通常会安排其参加入职培训。入职培训内容包含企业文化解读、内部规章制度讲解和专业技能培训,其目标是为了确保新入职人员能领悟企业的文化内涵并严格遵守相关规范制度,能快速融入团队,并能充分发挥他们的才能。

(六)试用期考核

试用期考核是在员工试用期,对其工作表现、能力、态度及适应组织文化等方面进行的系统评估。该考核的目的是全面考察企业员工是否充分具备其职位所需的专业技能,同时评估他们与公司文化和发展战略的契合度,以决定他们是否适合长期留用。

员工的出勤表现、实际工作效率、工作成果质量、团队协作能力及是否能与他人进行有效沟通等常被作为试用期的考核指标。对于员工而言,顺利完成试用期考核象征着他们已成功地适应企业并被企业所肯定和接纳。这不仅能极大地提升员工的自我价值认同感与团队归属感,更有助于他们在企业内部开辟广阔的晋升通道与职业发展空间。

二、招聘评估

招聘工作结束后,需要对整个招聘工作的效果、效率及招聘结果等方面进行评估和分析,从而为企业的人力资源管理决策提供有力的数据支持。

（一）招聘评估的内容

1.招聘结果评估

招聘结果评估主要评估录用人员的数量、质量及适应性等。通过对比招聘目标和实际录用结果，可以分析招聘活动的效果，并找出可能存在的问题和改进点。

2.招聘成本评估

招聘成果评估是评估招聘过程中所产生的各项费用，包括广告费、招聘会费用、面试费用等，以及这些费用是否合理。通过成本评估，了解招聘活动的成本效益，并为企业今后制定更为合理的招聘预算提供参考。

3.招聘方法评估

招聘方法评估主要评估本次招聘所使用的招聘方法是否有效，包括招聘渠道的选择、招聘流程的设计、面试方法的选择和运用等。通过对招聘方法的评估，对比各种方法的优缺点，并为企业今后选择更加适合的招聘方法提供依据。

4.招聘流程评估

招聘流程评估是对整个招聘流程进行评估，包括招聘需求的确定、招聘计划的制订、招聘信息的发布、简历筛选、面试安排、录用决策等各个环节。通过评估招聘流程，可以发现流程中存在的问题和不足，并对其进行优化和改进。

（二）招聘评估的作用

1.有利于企业节省开支

企业通过实施招聘评估机制，了解招聘活动的成本效益，借此发现并优化成本节约点，有效地削减招聘方面的开支，从而降低招聘成本。

2.检验招聘工作的有效性

企业通过实施招聘评估，了解招聘活动的效果，分析招聘数量和质量是否满足企业的需求，从而检验招聘工作的有效性。

3.检验招聘工作成果与方法的有效性程度

企业通过对录用员工的质量评估，了解员工的工作绩效、行为、实际能力、工作潜力与招聘岗位要求是否符合，从而为改进招聘方法、实施员工培训和绩效评估提供资料支撑。

4.有利于提高招聘工作质量

企业通过实施招聘评估，了解招聘过程中所使用的方法是否正确及有效，从而不断积累招聘工作的经验，修正招聘中存在的不足，从而提高招聘工作的质量。

第五章
员 工 培 训

本章概要

　　员工培训是人力资源管理的核心活动之一,其目的是通过系统性的学习和实践,使员工在知识、技能、态度和行为等方面得到全方位的提升。员工培训不仅有助于员工个人的职业成长和职业发展,更是帮助企业实现其战略目标、提升市场竞争力的重要途径。任何企业都应高度认识到员工培训的重要性,并设计全面且符合实际情况的培训体系,通过制订科学合理的培训计划,选择有效的培训方法,注重培训效果的评估和反馈,不断提升员工的综合素质和企业的整体实力。

学习目标

知识目标

1.掌握员工培训的基本理论、原则、方法和类型。

2.了解员工培训的全过程管理。

能力目标

1.能根据企业战略目标和员工实际需求,制订并执行有效的培训计划。

2.能结合企业实际和员工特点,设计出具有针对性和实用性的培训课程。

素质目标

1.弘扬企业文化和核心价值观。

2.弘扬大国工匠精神。

3.倡导持续学习。

4.传承中华文化。

本章导入

习近平总书记在中央人才工作会议上指出,我们必须增强忧患意识,更加重视人才自主培养,加快建立人才资源竞争优势。人才自主培养无疑是实现高质量发展的核心驱动力,亦是国家在全球人才竞争中保持领先地位的迫切需求,更是科技自立自强不可或缺的基石与战略支撑。

人才培养是国家实现高质量发展的核心驱动力。在全球一体化的进程中,人才资源已成为企业乃至整个国家竞争力的重要组成部分。现今的企业之间的竞争和国家与国家之间的较量已演变为人才的竞争。所以不管是国家还是企业都应着力优化人才培养体系,提升人才培养质量,加强人才自主培养,源源不断地培育出适应社会发展需求的高素质人才,从而为企业乃至国家的整体发展提供强大的人才支撑。

第一节　培训概述

一、培训的含义

培训是指组织有计划地、系统地为员工提供学习机会,目的是提升其与工作绩效相关的知识和技能,从而提升他们的工作效率以更好地适应不断变化的工作环境。

在当代企业管理中心,培训不仅有助于提升员工的专业技能和综合素质,而且对实现个人的职业成长和推动企业的持续发展都具有积极的作用。现代培训不仅聚焦于个人专业技能的强化,而且强调团队合作与集体效率的提升,这不仅能激发员工的主动性和创新思维,还能提升团队协作精神和对企业文化的深度理解,从而为企业的长期繁荣发展奠定稳固的人力资本基石。

二、培训的目的

（一）提升员工技能

技术的持续革新与市场环境的变化促使新兴行业的工作标准、创新技术和工作流程不断更新。通过系统培训,员工可不断接触和掌握最新的技术、行业动态、专业知识及工具,这种持续学习不仅可提升他们的即时工作效率,更为他们未来的职场生涯积累了宝贵的知识和经验。通过有效的培训,员工的个人技能和竞争力均得到了提升,能更有效地响应客户的需求,提供优质且个性化的服务,进而提升客户满意度,为企业创造价值和带来经济效益。

（二）提高工作效率

一旦员工通过系统培训理解并掌握了高效的工作方法和技能后,他们的工作效率将会得到很大提升,可以在更短时间内完成更多的工作,从而减少了不必要的时间消耗和资源浪费。员工的高效能使企业能够迅速适应并积极响应市场的多元化需求,快速把握各种商业机遇,迅速推出满足消费者需求的新产品和服务。尤其值得注意的是,具备高效能的员工往往能产出更符合市场需求的产品与提供更出色的客户服务。

（三）促进员工职业发展

通过持续的培训与学习,员工能增强自身的专业技能和扩充自己的知识储备,从而灵活适应各种岗位的需求,无论是向上晋升还是跨领域转岗,都能展现出更高的职业素养和自信心。这种积极的情绪体验不仅能激发员工全身心投入工作中,增强他们对工作的热爱,而且能提升他们对企业的忠诚度和归属感。

（四）增强企业竞争力

企业通过培训可提升员工的专业技能和知识水平,激发他们的创新思维并增强团队成员间协作的默契,以适应变幻莫测的市场动态及有效应对其间的竞争压力。通过积极的团队协作与互动式学习,同事间可以深度认识彼此的专长和潜能,从而强化团队协作效能,共同为企业的持续发展注入强大动力。

（五）提升员工满意度和忠诚度

当员工体验到企业对其职业成长的投入与关怀时,他们的情绪和心理状态往往会有明显的转变,这种转变主要源于对企业的认同。员工满意度这一关键指标反映了员工对工作环境、待遇及公司文化等方面的认同,其高低在很大程度上取决于组织对其需求的重视程度与满足程度。研究表明,当员工感受到组织给予的支持与关注时,其工作满意度将明显提升,从而带来工作效率的提升。

培训活动有助于提升员工的组织认同感和归属感。归属感可以被理解为员工对企业产生的情感的纽带和身份的认同。当员工通过系统的培训提升自我并取得成长与进步时,他们往往会更加珍视企业提供的发展平台,积极认同并深度融入企业的核心价值观念。强烈的归属感能激发员工积极投身于企业的成长,进而提升他们的敬业度和忠诚度。当员工深感企业全力支持他们时,他们往往更倾向于与企业携手共进,全力以赴地贡献力量。这种忠诚度不仅对企业内部的稳定性起到了关键作用,而且能有效地推动企业创造出更大的经济价值。

（六）改善企业文化与团队合作

企业文化是企业的灵魂,而培训则是企业文化传承的载体。企业可以通过培训有效地向员工植入其核心价值观念和文化理念,从而让员工领悟并积极接纳企业文化的精神内涵。文化认同感会提升员工的归属感,从而激发他们更积极、主动地投身于企业的各项工作中。

培训可让团队成员积极互动,共同探索,共同成长,共同分享各自的经验和见解,有助于促进员工之间建立起稳固的情感纽带和信任度,从而提升整个团队的凝聚力。当员工们彼此信任、彼此积极合作时,团队的整体效能将得以凸显。

(七)满足法律法规和行业规范要求

法律法规和行业规范作为企业的行动指南,对确保企业合法运营、维护市场公平秩序及切实保护消费者权益起着关键作用。法律法规为企业发展设定了明确的权利与责任框架,界定了企业活动必须遵循的基本准则。任何企业若忽视或不履行相关法规,将会受到法律制裁、经济惩罚,更甚者,其声誉可能会遭受重创。通过对员工进行相关法律法规及行业规范的培训,有助于他们提升法律认知,帮助其清晰理解并区分合法与违规的行为界限,确保他们在日常工作中的每一项行动都符合法律和制度的规定。

三、培训的特点

(一)全员性

为了提升整体效能,培训应当全面覆盖一线员工及管理层面的经营管理者,确保每个人都得到适当的技能提升。全面且系统的培训体系旨在确保每位员工都能充分掌握所需的最新知识和专业技能,无论一线服务人员还是高级别的经营管理者,他们各自的角色都带有特定的任务与要求,通过全员性培训,每位员工都能针对自己的岗位学习到相应的知识和技能,从而更好地胜任工作。

(二)持续性

面对快速变化的市场环境和日益激烈的行业竞争,旅游企业必须持续提升员工的专业知识与技能,以应对客户的多元化需求。之所以培训需求随着知识和技术的不断更新也在不断变化,所以企业的培训也应当被视为一个持久且持续深化的学习过程。企业通过实施持续的培训,积极创造一个鼓励员工不断学习的环境,定期开展培训活动,积极响应市场动态,满足员工个性化的需求。

(三)目的性

无论是改进员工的服务质量,积极推行新的旅游项目,还是为了达成企业的战略目标,系统的培训都应当具备明确的方向和详尽的实施方案,这样才能提升培训的针对性和培训效果,从而防止资源和时间的浪费。

若企业将致力于提升员工的服务质量作为核心目标,那么其培训项目应侧重强化员工的专业知识与实践技能,以确保他们能提供良好的客户服务体验。如果企业致力于推广新的旅游服务项目,其培训的内容将聚焦于剖析新产品的特点和优势,帮助员工提升其销售与推广技能,以确保他们能专业且有效地向潜在客户介绍及推销这些新产品。

（四）实践性

培训不应仅限于理论知识的传授,更应强调理论与实践操作的融合,确保员工能真正理解和运用所学内容。培训的实践性强调通过设计好的模拟工作环境,鼓励员工参与其中,从而实现理论与实践相结合,有助于员工深入理解和牢固掌握理论知识,从而提升培训的成效。通过实践操作和真实的场景模拟训练,员工可更好理解工作流程及服务规范,使其在实际岗位上表现出更高的自信心和专业性。

四、培训的原则

（一）目标导向原则

有效的培训应当有明确的目标导向性,所有的课程设计、实施策略及考核评价体系都应紧密围绕并服务于这些预设目标,以确保培训目标与组织的总体战略及员工的个性化职业发展需求紧密结合。

（二）实际应用原则

培训课程的设计应当紧密贴合实际工作需求,确保员工能在实际岗位上有效运用所获取的知识和技能。理论知识务必与实际操作相融合,防止空谈无果。

（三）差异化原则

在设计培训方案时,应关注员工的当前水平、过往经验、学习能力等个体差异,以便有效满足各类员工的个性化需求。

（四）系统性原则

培训体系是系统化的,整个体系包含培训需求分析、培训课程设计、培训教学实施、培训效果评估等环节,应确保各阶段无缝对接,构建一个完善的培训循环体系。

（五）互动性原则

在培训过程中,应鼓励员工主动参与和互动交流,如开展圆桌讨论、实战案例剖析及角色扮演等活动,以此来提升员工的投入度和学习成果。

（六）及时反馈原则

在培训过程中,应经常提供实时反馈,以帮助员工清晰理解自身学习的进度与效果。在培训活动结束后,应及时实施效果评估,并以此为依据优化培训内容和策略,确保培训的效果。

（七）持续性原则

培训是一个持续且结构化的长期过程,企业应营造一个积极的学习氛围,提供学习资源和平台,以确保员工爱学习、愿学习、能学习,以适应不断变化的工作环境和市场需求。

（八）激励性原则

通过有效的培训,可以提升员工的学习积极性和内在驱动力,让其在学习过程中体验到成功的喜悦和自我实现的满足感。同时,为了激发员工的积极性,组织应制定奖励措施,通过及时的认可鼓励他们积极参与培训活动。

五、培训的类型

（一）按培训内容分类

1. 技能培训

技能培训是指针对特定技能或能力进行的培训活动,聚焦于提升个人或团队在特定技能或专业领域方面的能力。此类培训课程通常涵盖理论教学与实践操作两大部分,旨在使员工不仅能够理解相关技能的理论基础,还能在实际工作中熟练应用这些技能。

技能培训的范围较广,包括信息技术、服务实操、机械操作、烹饪技术、手工艺技能等技能型的内容。培训的内容和深度会根据员工的基础和期望达到的目标进行相应调整。在旅游企业中,通常会提供销售技巧、客户服务、服务标准等多方面技能型的内容。为了提升培训效果,技能培训课程通常采用多元化的教学方法,如理论学习、实际操作训练、案例分析、角色扮演及模拟练习等,确保员工能够全面理解和掌握所学技能。

2. 知识培训

知识培训是指通过讲解、授课等方式,向员工传授专业知识和基础理论的过程。其主要目的是帮助员工理解和掌握特定领域或行业的基本知识,为他们在实际工作中的操作和应用提供理论支持。

旅游企业的知识培训通常包含旅游产品设计、旅游市场营销、旅游客户服务等方面的旅游业务知识,使员工全面掌握行业运作机制和业务流程。此外,世界各地的旅游景点、文化、风俗习惯等旅游目的地相关知识也是知识培训内容的组成部分,针对这类知识的学习可使员工能够为游客提供专业的旅游咨询和建议。另外,对旅游法规的学习也必不可少,可确保员工提供旅游服务的合规性和质量。同时,对旅游安全和应急处理知识的学习可帮助员工在紧急情况下保护游客的安全,提升其处理突发事件的能力。

3.管理培训

培训管理是指通过系统的教育和培训,提升管理者的领导能力、决策能力、组织能力和沟通能力等管理技能,旨在提升管理者的工作绩效。

旅游企业管理培训课程通常包含旅游业务管理知识(如旅游产品设计、市场营销策略、客户关系管理等)、领导力和团队管理(如团队组建、激励员工、解决团队冲突等)、旅游法规和伦理道德(如旅游行业的法律法规、管理者的商业道德和职业操守等);财务管理与预算管理(如财务预算、成本控制等)、危机管理和应急处理(如如何应对和妥善处理各种危机情况)。

4.职业素养培训

职业素养培训着重于提升员工的职业道德操守,旨在扩展员工的知识面、拓宽人脉圈、提高专业能力及提升沟通效果。职业素养培训不仅只着眼于个人专业技能的提升,更强调团队合作精神与整体绩效的优化,其目的是为企业创造更大的价值。

旅游企业职业素养培训内容通常包括:旅游产品设计、市场营销策略、导游业务等业务相关的基本知识;游客接待、行程安排、导游讲解等服务流程内容;诚信经营、保护游客隐私等职业道德和操守。

(二)按培训对象分类

1.新员工培训

新员工培训,也称为入职培训,是企业针对新加入的员工所进行的一系列有计划、有系统的培训活动,通常在员工职业生涯初期阶段进行。这种培训的主要目的是帮助新员工快速融入企业的工作环境,理解企业文化,熟悉工作流程,掌握基本的职业技能,并在短时间和其他团队成员建立起积极的合作关系。新员工培训通常包含以下内容。

(1)企业文化和价值观。

向新员工介绍企业的历史、使命、愿景和价值观,帮助他们理解并认同企业文化,从而更好地融入团队。

(2)公司政策和规章制度。

讲解公司的各项政策,包括但不限于工作时间、休假制度、薪资福利、安全卫生规定等,确保新员工了解并遵守公司规则。

(3)工作流程和操作指南。

指导新员工了解他们即将从事的工作的基本流程,包括日常工作的操作步骤、使用的工作工具和系统,以及如何与团队成员协作等。

(4)职业技能培训。

针对新员工所在岗位的专业技能进行培训,帮助他们掌握完成工作所需的基本技能。

(5)团队建设与沟通技巧。

通过团队活动促进新员工与老员工的交流，同时培训有效的沟通技巧，提升团队合作能力。

2. 在职员工培训

在职员工培训是专门针对已在岗员工的知识和技能的更新，旨在强化和提升他们的专业技能和知识。与新员工培训不同，在职员工培训更注重提升现有员工的能力，以适应新的工作要求、技术更新或个人职业发展需要。

在职员工的培训通常会以企业整体的战略规划和业务发展为导向，同时兼顾岗位需求和个人职业成长需求。培训内容涵盖技术技能、管理技能、沟通能力、团队协作等多个方面。比如，技术人员可能需要接受新技术或工具的培训，而管理人员则可能需要提升领导力、决策能力和项目管理技能。

3. 管理人员培训

管理人员培训是指针对公司内部各层次管理人员所进行的一系列有计划的培训活动，以提高他们的领导能力、决策能力、管理技能及综合素质，从而更好地履行职责，推动企业的持续发展与进步。

管理人员培训通常包含领导力培训（如学习如何有效地指导和激励团队成员，提高团队的整体绩效）、决策能力培训（如数据分析、风险评估和决策模型等）、管理技能培训（如项目管理、时间管理、团队管理、冲突解决等）、沟通与协调能力培训（如沟通技巧、谈判技巧和关系管理等）、战略规划与执行能力培训（如从宏观层面制定并执行有效的业务策略）等。

（三）按培训目的分类

1. 职业发展培训

职业发展培训是指为了提高员工职业技能而开展的技术业务知识和实际操作能力的教育和训练。职业培训一般为短期培训，分为职业指导培训、职业技能培训、创业能力培训、就业见习培训、高技能人才培训等类型，其目的在于提高员工的竞争力和就业机会。

2. 绩效提升培训

绩效提升培训是为了提升员工的工作效率和业绩表现而开展的培训。该培训的主要目的是通过帮助员工掌握新技能、新知识，创新工作方法，并改善工作态度，从而在工作中取得更好的绩效。

（四）其他特殊类型培训

1. 理念培训

理念培训是一种专门针对企业员工的特殊培训，其目标在于强化员工对企业核心价值观、企业文化理念和职业道德的深刻理解和认同。理念培训不仅只着眼于提升员工的专业技能,更注重培养员工与企业相契合的价值观和职业态度,强调价值观的培养和职业态度的养成,以此增强他们的工作满意度和责任感。

2.心态培训

心态培训是通过一定的方法帮助员工调整自己的认知、情绪、行为和态度,树立正确积极的观念,达到更加健康的心理状态的一种培训方式。

心态培训可采取多种方法开展,常见的有情绪管理培训和社交互动培训。情绪管理培训的重点在于培养员工的情绪意识和情绪调控能力,旨在通过帮助其认识和理解自己的情绪的基础上,减轻负面情绪的影响和增强积极情绪的体验。社交互动培训是通过积极的人际交往和相互合作等方式来帮助员工建立积极的心态,增强他们的社交能力和合作意识。

六、培训的方法

(一)面授培训

面授培训是一种传统的培训方式,指学员到指定的教室或地点,与老师面对面进行交流与学习的一种培训方式,旨在让员工能在实际的课堂环境中获得知识和技能。尽管科技推动了线上教育的普及,然而,面对面的传统培训方式因其特有的优点,仍深受众多学习者的喜爱。

(二)线上培训

线上培训是通过网络技术进行的一种远程教育培训方式。员工可以通过互联网平台随时随地接受教育和培训。这个培训方式的优点在于学习不受时间和空间的束缚,只要有网络的地方都可以开展。员工可通过各种在线工具(如论坛、聊天室等)与教师和其他员工进行实时互动,提问、讨论和分享学习心得。此外,根据个人时间安排和学习需求,员工还可以灵活调整学习进度,既可以加速学习以超前掌握内容,也能稳步前进确保对每个知识点的深入理解。对于组织者来说,在线培训形式减少了场地租赁和实体教材制作方面的开支;对于员工而言,远程学习减少了交通和住宿等额外的生活开销成本。

(三)混合式培训

混合式教育模式巧妙融合了传统面对面教学与线上培训的优点,构建了一个极具灵活性、高度互动且能满足个性化需求的学习空间,在优化学习成果的同时提升了学习者的沉浸式体验。该培训方式已成为企业组织员工学习与发展的常用手段和方法。

(四)角色扮演

角色扮演是一种教学或培训方法,它通过构建逼真的情境或模拟环境,促使参与者进入特定角色,通过扮演角色来模拟真实情景,让他们自发地找到解决问题的方法。角色扮演通常在一个模拟的情境中进行,这个情境可以是实际工作中的场景,也可以是为了培训目的而特别设计的情境。在角色扮演中,每个参与者都会被分配一个特定的角色,这个角色可能是他们在实际工作中会遇到的,如客户、供应商、上级领导等。参与者需要在情境中与其他角色进行互动,通过角色扮演来体验不同的工作情境,并学习如何有效地应对问题。角色扮演结束后,通常会有一个反思的环节,参与者会分享他们的体验,讨论在情境中遇到的问题,以及如何解决这些问题。

(五)小组讨论

小组讨论指将参与者划分为若干个小组,围绕预先设定的主题进行深度的互动与探讨,以促进知识的共享。小组讨论既可以是结构严谨的正式讨论会议,也可以是非正式且轻松的研讨会,讨论通常采用头脑风暴的方式进行,鼓励员工分享他们的观点和见解。在小组讨论中,通常会设有一位主持人,他们的主要职责是引导讨论的方向,监控讨论的进程,以保证讨论可高效有序地进行。

小组讨论活动为员工创造了一个动态的交流环境,鼓励他们积极分享观点与工作经验,这不仅促进了思想的碰撞,也加深了团队成员之间的理解和信任。通过组织小组讨论活动,员工能够聚集一堂,围绕预设的特定议题进行深度交流,从多视角来剖析问题,并激发创新思维,从而衍生出独特的解决方案。

(六)研讨会

研讨会是专门针对某一行业领域或某一主题在指定场地进行研究、讨论和交流的会议,旨在促进思想的交流。研讨会的参与者通常是专家学者和对某一领域感兴趣的人,有时也会向公众开放,然而由于其义题的专业性,通常不具备广泛的大众吸引力。研讨会常以圆桌讨论、演讲等方式进行,有助于在某一特定主题或议题上深入讨论、交流和经验分享。

在研讨会中,参与者聚集围绕一两个或多个议题,进行深度交流与讨论,积极分享各自的经验和见解,促进思想的碰撞,激发创新的思维,从而达成共识并寻找新的解决策略。

(七)管理游戏法

管理游戏法是一种创新的培训方法,它巧妙地将游戏化元素与管理培训相结合,通过模拟真实的管理环境,让员工通过角色扮演、决策模拟和团队互动等形式进行实战演练,从而有效地提升他们的管理能力和实践能力。

该方法鼓励参与者之间的互动,通过游戏中的角色扮演、团队协作等方式,增进彼此间的沟通和协作。管理游戏法所模拟的情境往往基于真实的管理挑战,因此参与者所学到的知识和技能具有很高的实用价值。管理游戏法被广泛应用于企业内部培训、团队建设、人力资源管理等领域,例如,在领导力培训中,可以通过模拟公司领导层的决策过程,来提升参与者的战略规划和执行能力;在团队建设活动中,可以利用管理游戏法增强团队成员之间的协作和沟通能力。通过管理游戏法的培训,参与者可以在轻松愉快的氛围中学习到管理知识和技能,提升学习效果,有助于培养参与者的团队精神和协作能力,帮助参与者挖掘其解决问题的技能,以及培养创新精神和领导能力。

第二节　培训管理流程

培训管理流程是一个系统化的过程,旨在提高员工的业务水平、职业素质和团队协作能力,以更好地协助组织完成业务目标。

一、培训需求分析

培训需求分析是根据组织的实际情况,通过调查确定组织内需要接受培训的人员和培训内容的工作。其目标在于深入剖析员工的知识、专业技能及职业态度与职位要求间的落差,以便准确评估是否有必要实施培训,以及设计出符合实际需求的培训课程内容。培训需求分析在开展培训活动的初期阶段非常关键,因为它直接影响后续的培训计划制订、培训方案实施和培训效果的评估。

培训需求的层次分析如下。

1.战略层次分析

战略层次分析指从战略高度对培训需求进行深入的分析,它强调将培训需求与组织的长期发展目标深度契合,旨在从战略视角进行全面且深入的需求评估。该方法不仅考量了员工现有知识和技能的不足,还前瞻性地预设了组织的未来发展需求,从而确保培训工作与组织的长期目标相一致。

在进行战略层次分析时,首先需要进行企业战略分析,从组织战略出发探索企业对员工知识和技能的要求,通过对比现有员工的能力与组织战略所需能力的差距,确定培训的方向和目标。然后进行业务战略分析,即从业务层面剖析对员工能力的需求,找到员工能力和业务单元需求的差距确定培训内容。最后进行智能战略分析,即通过确定各职能部门所需的专业知识和技能找到员工可能存在的技能差距,并针对这些差距制订相应的培训计划。

2.组织层次分析

组织层次分析是从组织的角度出发对培训需求进行剖析。

第一步是理解长期战略发展目标和短期执行目标这样的组织愿景,明确组织希望通过培训实现的具体成果(如提升绩效、创新能力或团队协作能力等),这是在进行组织层次分析初期的首要任务。基于这些目标,识别员工所需的关键能力与技能,同时强调这些能力和技能对达成组织目标的直接关联性,以确保培训的针对性和有效性。

第二步是分析组织资源构成,如培训设施、培训场地、培训讲师。在评估完成组织内容可用于培训的资源后进行组织所处内外部环境的分析,研究环境可能会对组织培训需求产生的影响,以及如何通过培训来应对这些挑战。

第三步是分析组织绩效,即对组织整体绩效和各部门、各岗位绩效的全面评估,识别绩效差距。通过对这些数据的对比分析判断是否有必要通过强化员工培训计划,提升个人专业技能来优化和提升组织的整体绩效水平。

第四步是分析组织的文化和价值观,明确组织倡导的行为和态度,研究如何通过培训增强员工的认同感和归属感。

3. 员工个人层次分析

员工个人层次分析的主要内容是指针对员工个体进行的培训需求评估。该分析着重评估员工当前的工作表现与职位要求之间的差距,目的是明确每个员工在哪些特定技能或知识领域需要进一步加强。

在分析员工的个体培训需求时,首要步骤是进行员工绩效的评估,通过对比分析员工的实际工作表现与预设的岗位能力及目标要求,识别出他们在技能、知识或态度层面可能存在的短板与提升空间,辨识出他们在特定领域的知识和技能缺口,这些空白正是制定个性化培训计划的依据所在。此外还应了解每位员工的个人职业发展规划和期望,然后根据这些信息定制相应的培训计划和方向,以确保其职业成长与组织发展相同步。同时还要评估员工的工作投入度和积极性,了解其是否存在因态度问题而影响工作绩效的情况,并针对态度问题,确定是否需要通过培训来进行引导和改善。

二、培训目标的设定

在组织培训时,明确且合理的培训目标犹如灯塔一般为整个培训过程指引方向。在设定培训目标时需遵循 SMART 原则:明确性(Specific),即目标要具体明确;可量化(Measurable),即确保目标可以被精确度量;可行性(Achievable),即目标应有一定挑战性但并非遥不可及;相关性(Relevant),即目标应紧密关联工作或生活目标;时限性(Time-bound),即设定实现目标的明确截止日期。在设定培训目标时,需充分考量员工的具体岗位职责,确保培训内容与实际工作任务高度契合,既要满足当前业务的需求,也要前瞻性地考虑未来发展趋势,这样可以使培训目标精准对接组织的战略规划和整体发展愿景。在教学设计时,需顾及学员的学习能力、知识水平、工作经验等个性化和差异化背景,以便选择有针对性的培训内容和培训方法。明确的目标设定有助于锁定培训的对象,进而规划适合的培训课程,选择适合的教学方法,同时也为后续的培训成果评估提供参考标准。

三、培训对象的确定

培训对象是指在培训活动中接受培训的人员或群体。培训对象可以是企业内不同层级、不同岗位的员工,也可以是企业外部的合作伙伴或客户,明确的培训对象有助于企业设计更有针对性的培训课程,从而提高整体培训效果。在培训活动中组织内部的培训对象包含刚入职的新员工、基层员工、中层管理人员、高层管理人员等。在确定培训对象时,企业应充分考虑员工的实际需求、岗位特点以及组织的发展目标,以确保培训资源的合理分配和有效利用。

四、培训方法的选择及培训内容的确定

企业针对不同的员工应选择不同的培训方法及培训内容以更好地满足岗位需求,促进员工的个人发展及提升其能力和绩效,在实现个人发展目标的同时推动企业的整体发展。

不同员工的培训方法及内容如表5-1所示。

表5-1 不同员工的培训方法及内容

	培训方法	培训内容
新员工	1.入职培训:通常包括企业文化介绍、公司政策讲解、基本操作流程等,帮助新员工快速融入公司环境。 2.导师制度:为新员工分配一个经验丰富的导师,进行一对一的指导和帮助。 3.集中培训:组织新员工参加集中的培训课程,系统地学习基础知识和技能	1.企业文化和价值观:向新员工介绍企业的历史、使命、愿景和价值观,帮助他们更好地融入企业。 2.基础知识和技能培训:针对新员工所需的基本专业知识和技能进行培训,帮助他们快速胜任岗位。 3.工作流程和规范:让新员工了解并掌握工作流程、操作规范和安全知识
基层员工	1.在岗培训:通过实际工作中的指导和反馈,帮助基层员工提升专业技能。 2.工作轮换:让员工在不同岗位间轮换,以拓宽视野并增强适应能力。 3.技能提升课程:针对特定技能或知识进行的培训课程,如技术操作、销售技巧等	1.专业技能提升:针对员工所在岗位的专业技能进行深入培训,提高工作效率。 2.职业素养培训:培养员工的职业操守、责任心和团队合作精神。 3.业务知识培训:让员工了解所在行业的基本知识、市场动态和竞争对手情况

续表

	培训方法	培训内容
中层管理人员	1.管理培训课程:专门针对管理能力的培训课程,如团队管理、项目管理等。 2.案例分析:通过分析成功或失败的案例,提升中层管理人员的决策能力和问题解决能力。 3.角色扮演:通过模拟真实场景的角色扮演游戏,提升管理人员的应变能力和团队协作能力	1.领导力培训:培养中层管理者的领导能力,包括团队管理、决策能力等方面的培训。 2.战略规划与执行:让中层管理者学会如何制定并执行战略规划,推动企业发展。 3.综合管理技能培训:包括项目管理、时间管理、沟通技巧等多方面的培训
高层管理人员	1.战略研讨会:聚焦企业战略规划和发展的研讨会,以拓宽高管的视野和思路。 2.领导力培训:专门针对领导能力和管理艺术的培训,旨在提升高管的领导魅力。 3.外出交流:参加行业会议、论坛等,与同行业高管交流经验,获取新的管理理念和策略	1.战略思维与决策能力培训:培养高层管理者的战略眼光和决策能力,以便更好地引领企业发展。 2.企业文化与团队建设培训:加强高层管理者对企业文化的理解和传承,以及团队建设的能力。 3.创新与变革管理培训:培养高层管理者应对变革和创新的能力,以适应不断变化的市场环境

在选择培训方法及培训内容时,需考虑员工的个人特点和组织需求,确保培训内容与员工的实际工作密切相关,并能有效提升员工的能力和绩效。

五、培训师的确定

合适的培训师是决定培训是否成功的关键因素之一,企业在选择培训师时应充分考量他们的专业能力、授课技巧、沟通能力、学习与适应能力等。

培训师可以来自企业外部,也可以采自组织内部。

(一)外部聘请

1.专业培训机构

企业可以与专业培训机构建立合作关系,以确保能选出完全符合企业需求的高素质培训师。此类培训机构通常拥有丰富的教育资源和深厚的实践经验,因此能确保提供高质量的培训课程。

2.教育机构

企业可与高校、职业学校等教育机构合作,邀请相关专业的教授或专家来进行培训。

3.独立培训师

市场上有许多独立培训师,他们通常在某个领域有深厚的专业知识和丰富的培训经验。企业可以通过推荐、搜索或专业平台找到并聘请这些独立培训师。

4. 在线平台

伴随互联网的发展，各式各样的在线教育平台如雨后春笋般涌现。企业可在众多在线平台上选择远程培训师对员工进行在线教育。

（二）内部开发

1. 企业内部员工

企业可培养具备专业能力的员工成为内部培训师。这些员工对企业文化、企业环境及培训需求都非常了解，能结合实际工作有针对性地设计培训方案并实施培训活动。

2. 管理者或业务骨干

在企业内部，经验丰富的管理者和业务骨干往往积淀了深厚的专业知识，他们能有效发挥"传帮带"的作用，通过分享和传授，对员工进行有针对性的培训和教育。

六、培训的时间及地点

确定培训的时间及地点是培训过程中一个不容忽视的环节，它确保培训活动能够有效且高效地进行。

（一）培训时间的确定

1. 分析员工的时间表和工作节奏

企业通常在了解员工的工作时间和休息日后，选择一个对员工日常工作影响最小的时间段开展。在规划任务时，务必考虑到员工的工作效率周期，例如避免在月初和月末工作负荷较重的时期开展培训。

2. 考虑培训内容的长度和复杂性

培训时间需根据课程内容的难易程度来确定，从几个小时到几天不等。对于较为复杂的培训内容，应当采取分阶段的方式进行，以保证学习者能够充分理解和吸收知识。

3. 协调资源和设施

培训前需确保在选定的培训时间内，所有教室、设施、教学设备及相关资源都可用。在计划使用任何特殊设备或外部设施时，务必提前进行预订并确保其可在所选定的时间使用。

（二）培训地点的确定

在安排培训活动时，必须选择能够容纳所有参与者的场地，同时需确保培训设施和资料可以满足所有参与者的需求。在选择培训场地时，需考虑公共交通是否便捷、停车位是否充足以及培训环境是否舒适等因素。在准备培训环境时,务必明确所有必要的设施设备是否到位,如投影仪是否正常、音响系统是否清晰、白板是否可用、网络是否稳定等。在确定培训场地时还需考虑租金、交通及餐饮开销等开支,确保这些都在预算范围内。

七、培训经费预算

培训经费预算是企业为了开展培训活动而预先规划的费用支出,包含直接费用和间接费用。

(一)直接费用

1. 培训师费用

培训师费用是指支付给培训讲师的费用,根据讲师的专业水平和知名度,费用会有所不同。

2. 教材及资料费用

材料及资料费用包括购买或编写教材和资料的费用。

3. 培训场地费用

如果选择外部场地进行培训,则需要支付租赁费用;若使用公司内部场地,则可能产生场地维护费用。

4. 教学设备费用

教学设备费用包括投影仪、音响等设备的租赁或购买费用。

5. 交通费用

交通费用包括参加培训的员工交通所产生的费用。

6. 住宿费用

如果培训地点远离员工居住地,可能需要支付住宿费用。

7. 餐饮费用

餐饮费用是指培训期间餐饮安排所产生的费用。

(二)间接费用

1. 工资与福利

工资与福利是指员工在培训期间的正常工资和福利支出。

2. 时间成本

时间成本是指员工参加培训所耗费的时间,这部分成本虽然不易量化,但应考虑其对工作效率的潜在影响。

3. 管理与组织费用

管理与组织费用包括培训前的策划和设计费用(如制订培训计划、设计培训课程等开支)和培训期间的管理费用(如培训协调、监督等开支)。

4. 其他潜在费用

其他潜在费用是指可能产生的其他杂项费用,如打印、复印、邮电等可能产生的费用。

培训经费的预算应合理,避免因预算过高导致资源闲置,或者过低导致资金短缺的问题。预算必须具备一定的灵活性以便能妥善处理不可预见的突发状况。在培训进程中,应持续监控经费使用情况,以便灵活地依据实际需要进行调整。

八、培训效果评估

(一)培训效果评估概述

培训结束后,应从培训目标的达成情况、培训内容和方式、培训师、培训的组织和管理、培训成本和效益等方面进行综合评价。在培训内容和方式方面需要评估培训内容是否符合实际需求、培训方式是否有效,可以通过收集学员反馈、观察学员在学习过程中的表现以及分析培训后的工作表现来进行评价。在对培训师的评价方面,需对培训师的专业能力、授课方式和互动效果进行评估,可以通过学员反馈、同行评价和专家评审等方式进行。在培训组织和管理方面主要评估培训时间、地点、人员安排的合理性,以及培训过程中的组织协调能力,可以通过学员反馈、观察培训过程以及分析培训管理数据来进行。在培训成本和效益方面需要对培训的成本和效益进行分析,以确定培训是否值得投入,可以通过比较培训前后的工作绩效、员工满意度等数据来进行。

(二)培训效果评估流程

企业通过培训效果评估流程,能够系统且全面地考察培训的实际成效,确保其是否真正达成了预计的培训目标。通过对培训效果的评估,确定是否有必要对培训的内容或者方法进行优化或调整。通过对培训效果进行评估,企业能够辨识出哪些培训项目已经产生了成效,而哪些方面则有待改进和提升。

培训效果的评估通常包含以下环节。

1. 制定评估目标

明确评估的具体目标和目的,例如评估学员在培训后的知识水平提升情况,或评估培训活动对组织绩效的影响等。

2. 设计评估方法

选择合适的评估方法,比如问卷调查、面试、观察和测试等,来收集相关数据。

3. 制定评估指标

根据培训目标和所选的评估方法,制定相应的评估指标,如知识水平提升评估可以设置知识测试成绩作为指标。

4. 进行数据收集

利用问卷调查、测试或观察等方式,收集与评估指标相关的数据。

5. 数据分析与解读

对收集到的数据进行统计分析和解读,以得出客观有效的评估结论。

6. 编写评估报告

根据数据分析结果,编写评估报告,总结并解释评估结果。

7. 反馈评估结果

将评估报告反馈给学员和相关部门,以便他们了解培训效果和自己的进步情况。

8. 改进培训活动

根据评估结果和反馈意见,对培训活动进行调整和改进,以增强培训效果。

9. 跟踪评估

在一段时间后,对培训活动的改进进行跟踪评估,确定改进措施的有效性。

第六章
员工职业生涯规划与管理

本章概要

在人力资源管理的领域中，员工职业生涯管理与规划占据着举足轻重的地位。本章全面阐述了职业生涯管理与规划的重要性、概念、方法及其与员工个人和企业发展的紧密联系。通过科学的方法和系统的规划，可以帮助员工实现个人职业发展目标，同时也为企业的发展提供有力的人才保障。

学习目标

知识目标

1. 理解职业生涯管理的基本概念。
2. 掌握职业生涯管理的理论框架。
3. 了解职业生涯管理的相关工具和技术。

能力目标

能够分析自身的职业需求、兴趣、价值观等，以便为自己制定个性化的职业发展规划。

素质目标

1. 树立正确的职业观和价值观。
2. 培养良好的职业道德。
3. 树立终身学习的观念。
4. 不忘初心，坚定信念。

本章导入

2021年3月1日，习近平总书记在中央党校（国家行政学院）中青年干部培训班开班式上提出,要深入学习党的理论创新成果,前后贯通学、及时跟进学,运用党的科学理论优化思想方法,解决思想困惑,检视自身思想作风和精神状态,牢固树立正确的世界观、人生观、价值观和权力观、政绩观、事业观,使自己的思维方式和精神世界更好适应事业发展需要。

在管理员工职业发展过程中,企业需在兼顾技能提升的同时关注员工的身心健康、道德素养和创新能力方面的培养,以确保员工能够全面适应企业和社会的发展需要。同时还应加强对员工思想政治的引领,引导其树立正确的世界观、人生观和价值观,坚定理想信念,增强责任感和使命感,促进员工与企业的共同发展,实现员工职业生涯的可持续发展。

第一节 职业生涯规划与管理概述

一、职业的定义及特点

(一)职业的定义

美国学者阿瑟·萨尔兹在其著作《社会科学百科全书》中将"职业"定义为:人们为了获取经常性的收入而从事连续性的特殊活动,是社会分工体系中人们所获得的一种劳动角色,是最具体、最精细、最专门的社会分工。

职业是随着人类社会分工的发展而逐渐形成的概念。在人类社会发展早期,人们通过狩猎、采集等方式获取生产资料,并没有明确的职业划分。随着社会的进步和生产力的提高,人们开始从事更加专门化的工作,从而逐渐形成了不同的职业。

(二)职业的特点

职业的特点包括专业性、稳定性、社会性、经济性、发展性和道德性。这些特点共同构成了职业的基本属性,使职业成为人们实现自我价值、服务社会的重要途径。

1. 专业性

每一种职业都有其独特的专业知识和技能要求。从业者需要具备一定的专业素养和技能水平,才能胜任相应的工作。这种专业性是职业的核心特点,也是职业区分于其他活动的重要标志。

2. 稳定性

职业通常具有相对的稳定性,从业者一旦选择了某种职业,往往会长期从事该职业,通过不断的学习和实践来提升自己的职业素养和技能水平。职业的稳定性有助于从业者积累经验和专长,从而更好地服务社会。

3. 社会性

职业是社会分工的产物,它反映了社会对不同技能和知识的需求。每种职业都在社会中扮演着特定的角色,为社会的发展和进步作出贡献。职业的社会性使得从业者能够在社会中找到自己的位置,实现个人价值。

4. 经济性

职业是获取经济收入的主要途径。从业者通过提供专业技能和知识服务,获得相应的报酬,从而维持生计和提高生活水平。职业的经济性是驱动人们从事特定工作的重要动力。

5. 发展性

随着社会的进步和科技的发展,职业也在不断地演变和更新。新的职业不断涌现,传统职业也在不断创新和发展。职业的发展性为从业者提供了更多的机会和挑战,促使他们不断学习和进步。

6. 道德性

每种职业都有其独特的职业道德规范,从业者需要遵守这些规范,保持良好的职业操守和道德品质。职业的道德性有助于维护行业的形象和声誉,促进社会的和谐与进步。

二、职业生涯的定义、特点及影响因素

(一)职业生涯的定义

职业生涯指一个人从初入职场到退休或选择退出职业舞台的全部与工作相关的经历和发展过程。职业生涯不仅是一个人的工作经历,更是一个人在职业领域内不断学习、成长和实现自我价值的过程。

人在其职业生涯历程中都将经历职业生涯的起步阶段、成长阶段、稳定阶段和衰退阶段,每个时期都伴随着独特的挑战与目标,需要个体不断调整自己的职业生涯规划和发展策略。职业生涯也涉及个人在职业岗位上的表现、能力提升、职位晋升、职业转型等方面的经历和变化。在这个过程中,个人需要不断学习和提升自己的技能和知识,以适应不断变化的市场需求和工作环境。

(二)职业生涯的特点

员工职业生涯具有发展性、阶段性、整合性、终身性、独特性和互动性等特点。这些特点共同构成了员工职业生涯的基本框架和内涵,对于员工的职业发展和个人成长具有重要意义。

1. 发展性

员工的职业生涯是一个不断发展的过程,他们在工作中需要不断学习新知识、新

技能,提升自己的能力和专业素养,从而实现个人职业发展。这种发展性体现在职位晋升、技能提升、知识拓展等多个方面。

2. 阶段性

职业生涯可以划分为不同的阶段,每个阶段都有其特定的目标和任务。员工需要根据自己所处的阶段来制定相应的职业生涯规划和发展策略,以应对不同阶段的需求和挑战。

3. 整合性

职业生涯是个人经历、能力、兴趣和价值观的综合体现。员工需要在职业生涯中整合自己的各种资源,包括知识技能、人际关系、工作经验等,以实现最佳的职业发展效果。

4. 终身性

职业生涯是一个长期的过程,贯穿于人的一生。员工需要持续学习和进步,不断适应市场变化和职业发展需求,以实现终身学习和职业成长。

5. 独特性

每个人的职业生涯都是独一无二的。员工需要根据自己的兴趣、能力和目标来制定个性化的职业生涯规划,走出一条适合自己的职业发展道路。

6. 互动性

职业生涯的发展离不开与他人的互动和合作。员工需要在工作中与同事、领导、客户等建立良好的关系,通过沟通和协作实现个人和团队的共同成长。

（三）影响员工职业生涯的因素

通过对员工职业生涯影响因素的深入了解,企业能够准确把握员工职业成长需求,提升他们的工作满足感和对组织的认同感,从而有效预防人才流失,稳固团队的稳定性,构建和谐高效的工作环境。

1. 个人因素

（1）性格特征。

每个人独一无二的性格都会影响一个人在职场中的表现和职业发展路径,如外向型的人可能更适合销售或公关等与人打交道的职业,而内向型的人可能更适合研究或技术类工作。

（2）能力水平。

个人的专业技能、沟通能力、领导能力、团队协作能力等都将直接影响其在职场中的定位和晋升机会。能力强的员工往往能够承担更复杂的任务,从而获得更多的发展机会。

（3）价值观。

个人的价值观决定其对职业的追求和要求,如有些人更看重物质回报,而有些人则更关注工作的社会意义和个人成长。

（4）兴趣爱好。

兴趣爱好可以影响个人的职业选择和发展方向。对某一领域的热爱会让人更愿意投入时间和精力去学习和提升，从而在该领域取得更好的职业发展。

（5）个人背景与经历。

个人的教育背景、工作经验和家庭环境等也会影响个体职业生涯，如受过高等教育的员工可能更容易获得高薪和高需求职位。

（6）进取心与责任心。

拥有进取心的员工会不断追求进步，而责任心强的员工则更能担当重任。

2. 组织因素

（1）组织特色与文化。

员工的工作态度和行为通常会受到组织的文化和特色的影响，如创新型的组织文化鼓励员工尝试新思路和方法，而传统的组织文化可能更强调规范和稳定。

（2）组织的规模、结构和气氛。

大型组织可为员工提供更多的晋升机会和培训资源，而小型组织更加灵活，员工有更多机会参与到企业的业务中。

（3）工作分析与设计。

职业分析、工作能力分析和工作绩效评估等方式可以帮助组织了解员工的能力和需求，从而为员工提供更适合的岗位和发展计划，促进其职业发展。

（4）资源与支持。

组织提供的如培训、技术支持和资金等资源可影响员工职业生涯的发展。这些资源可以帮助员工提升技能，拓宽知识领域，从而更好地适应职位要求和市场变化。

3. 环境因素

（1）宏观环境。

个宏观环境包含经济环境、政策环境、行业环境和技术环境等方面。经济发展水平的高低影响了个人择业和发展机会的多少；国家相关的政策法规影响了组织的目标和发展；行业的兴衰影响了员工得到职业上升的空间还是面临事业或职业转型的风险；技术的进步影响了某些职业重要性的增加或减少。这些因素都直接或间接地影响了员工的职业生涯。

（2）微观环境。

影响员工职业生涯的微观环境包含组织环境、家庭环境、教育环境等方面。企业文化影响和塑造员工的价值标准和行为方式；员工成长的家庭环境影响了其价值观念、行为模式和职业理想等；员工的所学专业和毕业院校会影响其能力、态度和价值观，进而影响其职业选择和职业生涯的发展。

三、职业生涯规划的概念及意义

（一）职业生涯规划的概念

职业生涯规划是指员工在结合自身的个性、动机、价值观、能力、兴趣的基础上，结合所处环境，根据自己的职业倾向，制定职业生涯目标并规划职业发展的过程。

职业生涯规划的目的是帮助个人确定其未来的职业发展的目标，并制定实现这些目标的策略和行动计划。通过对职业生涯的规划，个人可以更好地了解自己的优势和劣势，评估职业机会，并做出明智的职业抉择。

（二）职业生涯规划的意义

职业生涯规划不仅有助于员工个人实现自我价值，还能促进组织的稳定和发展。组织应重视并帮助员工进行职业生涯规划，以实现双赢的局面。

1. 优化组织人力资源配置

通过职业生涯规划，组织可以更加合理地进行人力资源配置，将员工的能力和岗位需求相匹配，从而提高人力资源的利用效率，减少人力浪费，提升运营效率和企业整体绩效。

2. 提升员工满意度及减少流失率

当员工有了明确的职业生涯规划后才会更加清晰地认识到自己的工作目标和未来发展方向，从而提升工作满意度和归属感，促进组织的稳定发展。

3. 促进个人与组织共同发展

职业生涯规划不仅有助于员工个人发展目标的实现，也有助于组织目标的实现。企业应在组织总体发展目标的指导下帮助员工规划其职业生涯发展方向，这样员工才能在实现个人职业目标的同时为组织的发展作出贡献。

4. 应对变革和发展的需要

在千变万化的市场环境中，组织和个人都需要不断调整以适应新的挑战。职业生涯规划有助于员工和组织更好地应对这些变革，抓住新的发展机遇。

5. 提高员工的职业素质和能力

通过职业生涯规划，员工可以通过学习、培训等方式对自身的职业素质进行有针对性的提升，从而增强个人在职业生涯中的竞争力。

四、职业生涯规划管理的理论基础

（一）特质-因素理论

特质-因素理论是最早的职业辅导理论，1909年美国波士顿大学教授弗兰克·帕森

Note

斯在其《选择一个职业》的著作中提出了人与职业相匹配是职业选择的焦点的观点。他认为，每个人都有自己独特的能力和兴趣，而不同的职业也有各自的要求，通过匹配个人特质和职业需求，可以达到最佳的职业选择。所谓"特质"指个人的人格特征，包括能力倾向、兴趣、价值观和人格等，这些都可以通过心理测量工具来加以评估。所谓"因素"则指在工作上要取得成功所必须具备的条件或资格，这可以通过对工作的分析而得知。

该理论主要由以下三方面构成。

1. 了解自我

个人需要对自己的能力、兴趣、气质、性格等个人特征有清晰的认识。可以通过人员素质测评、自我分析等方法来实现，了解自己的优势和局限是做出正确职业选择的基础。

2. 分析职业信息

为确保对职业市场有全面的了解，个人应对各种职业进行分析，充分了解职业的性质、工资待遇、工作条件、从业要求、相关培训机构以及就业机会等方面的信息。

3. 实现人-职匹配

实现人-职匹配是帕森斯理论的核心，即实现个人特质与职业需求的最佳匹配，即在了解个人特征和职业要求的基础上，选择一种和个人特点高度匹配的职业。人-职匹配分为两种类型：一是因素匹配，即活找人，如劳动条件较苦较差的职业需要有体格健壮、能吃苦耐劳的劳动者与之匹配；二是特性匹配，即人找活，如擅长抽象思考，喜欢独立解决问题的人宜于从事科学研究等需要深度思考的职业。

（二）职业性向理论

职业性向理论是由美国约翰·霍普金斯大学心理学教授约翰·霍兰德于1959年提出。霍兰德认为，个人的职业性向是决定其选择何种职业的一个重要因素。他提出了六种基本的职业性向，包括实际性向、调研性向、社会性向、常规性向、企业性向和艺术性向。霍兰德六种人格特征如表6-1所示。

表6-1　霍兰德六种人格特征

类型	共同特征	典型职业
实际性向	喜欢具体明确、需要动手操作和工具使用的工作。该类型的人动手能力强，做事手脚灵活，动作协调。偏好于具体任务，不善言辞，做事保守，较为谦虚。缺乏社交能力，通常喜欢独立做事	技术性职业工作者（如计算机硬件技术员、摄影师、制图员、机械装配工），技能型职业工作者（木匠、厨师、技工、修理工、农民等）
调研性向	擅长抽象思考和分析，倾向于独立解决问题，适合从事科学研究、工程设计等需要深度思考的职业	科学研究人员、教师、工程师、电脑编程人员、医生、系统分析员等

续表

类型	共同特征	典型职业
社会性向	乐于助人,善于与人打交道,关心社会问题,渴望发挥自己的社会作用。寻求广泛的人际关系,比较看重社会义务和社会道德	教育工作者(教师、教育行政人员)、社会工作者(咨询人员、公关人员)等
常规性向	强调注重秩序、规则,喜欢数据处理和细致的工作。喜欢关注实际和细节情况,通常较为谨慎和保守,缺乏创造性,不喜欢冒险和竞争,富有自我牺牲精神	秘书、办公室人员、记事员、会计、行政助理、图书馆管理员、出纳员、打字员、投资分析员等
企业性向	有领导才能,喜欢竞争和冒险,有野心和抱负,追求权力和物质财富,做事具有较强的目的性	项目经理、销售人员、营销管理人员、律师、企业领导等
艺术性向	具有创造力和想象力,做事理想化,追求完美,善于表达,较为怀旧	演员、导演、艺术设计师、雕刻家、建筑师、摄影家、广告制作人、歌唱家、作曲家、乐队指挥、小说家、诗人、剧作家等

霍兰德强调个人的职业性向应与职业环境相匹配,以达到最佳的职业适应性和工作满意度。当个人的职业性向与所从事的职业环境一致时,个人更容易感到满足和舒适,工作效率和创造力也会提高。同时霍兰德还开发了职业兴趣测试工具,如职业偏好表和自我导向搜寻表,帮助个体认清自己的职业性向。这些测试工具能够评估个体在六种职业性向上的倾向,为职业选择和职业生涯规划提供科学依据。霍兰德职业性向理论在职业指导、职业咨询及大学生职业教育中具有重要的应用价值,可以帮助个体了解自己的职业兴趣类型和主观倾向,引导个体进行准确的职业定位,避免因缺乏理解而做出盲目的职业选择。

(三)职业生涯发展理论

萨氏职业生涯发展阶段理论是由美国职业管理学家萨柏提出,它是一种纵向职业指导理论,重在对个人的职业倾向和职业选择过程本身进行研究。该理论将人的职业生涯划分为成长阶段、探索阶段、建立阶段、维持阶段和衰退阶段五个阶段。

1. 成长阶段(0—14岁)

这个阶段的主要任务是认同并建立起自我概念,对职业产生好奇,并逐步有意识地培养职业能力。在成长阶段,个体开始形成对自我概念的认同,这是职业生涯发展的基础。儿童会尝试各种不同的行为方式,并从中形成对人们如何对不同行为做出反应的印象,这有助于他们建立起独特的自我概念或个性。成长阶段的儿童会对职业产生好奇,他们会通过观察周围成人的工作,或者通过游戏、电视等途径来了解各种职业。这种最初的职业认知对于他们未来的职业选择和发展具有重要影响。随着自我概念的建立和职业认知的增加,儿童会开始有意识地培养自己的职业能力,他们可能会模仿成人的工作,或者通过参与一些与职业相关的活动来提升自己的技能和能力。

Note

该阶段被细分为三个成长期：幻想期（10岁之前），以"需要"为主要考虑因素；兴趣期（11—12岁），以"喜好"为主要考虑因素；能力期（13—14岁），以"能力"为主要考虑因素。这三个时期体现了儿童在成长过程中对职业认知的逐渐深化和发展，是职业生涯发展的起点，奠定了个体未来职业发展的基础。在这个阶段，个体通过自我认同、职业好奇、能力培养等方式，逐渐形成了对职业的初步认知和兴趣，为未来的职业生涯做好准备。

2. 探索阶段（15—24岁）

此阶段的任务是通过学校学习进行自我认识、角色鉴定和职业探索，完成初步的择业及就业。在自我认识与角色鉴定阶段，个人主要通过在校学习、实习、社会实践等方式进行自我考查，了解自己的兴趣、能力、价值观等，并开始对不同的职业角色进行鉴定，尝试找出适合自己的职业方向。在职业探索与初步定向阶段，个人会积极地探索各种可能的职业选择，通过实习、兼职、参加职业讲座或咨询等方式，收集关于不同职业的信息，以便做出初步的职业决策。在探索阶段的后期，个人会根据自己的探索结果，选定一个或几个适合自己的职业领域，并开始为进入这些领域做好充分的准备。

探索阶段可以分为三个时期：试验期（15—17岁），主要进行综合认识和考虑自己的兴趣、能力与职业社会价值等；过渡期（18—21岁），开始正式进入职业或进行专门的职业培训；尝试期（22—24岁），选定工作领域并开始从事某种职业。

3. 建立阶段（25—44岁）

这个阶段是大多数人职业生涯周期中的核心部分，主要任务是找到一个合适的工作领域并谋求发展。

该阶段分为两个时期：尝试期（25—30岁），个人在所选的职业中安顿下来并寻求职业及生活上的稳定；稳定期（31—44岁），这是富有创造性并致力于实现职业目标的时期。在这个阶段，个人可能会面临职业中期危机，需要重新评价自己的职业需求并做出相应调整，也可能事业稳步发展，实现其职业目标。

在建立阶段，个人需要不断地提升自己的专业技能和知识，建立良好的人际关系网络，平衡家庭和工作。当个人遇到职业发展的瓶颈或产生职业倦怠感时，需要寻找或调整职业路径。

4. 维持阶段（45—64岁）

这个阶段的主要任务是维护已获得的职业成就和社会地位；继续开发新的技能，以适应不断变化的工作环境；维持家庭和工作之间的和谐关系，确保两者之间的平衡；开始寻找和培养接替自己的人选，为未来的退休或职业转型做准备。

在维持阶段的个人可能会对自己的职业生涯进行回顾和反思，评估自己的成就和未来的发展方向。此外，个人可能会感受到一定程度的职业稳定和安全感，但同时也可能伴随着对未来的不确定性和焦虑感。

5. 衰退阶段(65 岁以上)

这一时期是职业生涯的后期,这一阶段的个体经验丰富但精力体力下降,许多人不得不减少权力和责任,面临退休并结束自己的职业生涯。这个时期的个人可能会感到失落、空虚,因为职业生涯即将结束。但同时也会有一种解脱感,因为不再需要承担职业带来的压力和责任,他们开始更多地关注个人兴趣、家庭和健康。

第二节　员工职业生涯规划的步骤

职业生涯规划是一个人在职业生涯中为实现个人职业目标而进行的有计划、有组织的行动。职业生涯规划的基本步骤包括自我分析、职业发展机会分析、职业匹配、制定职业发展目标、选择职业发展通道、计划的制订及实施、反馈与调整。

一、自我分析

在职业生涯规划中,自我分析是第一步,员工通过对自己深入的了解可更清晰地认识自己,从而找到最适合自己的职业道路。

(一)个人目标分析

在职业道路上,明确个人目标是实现成功的关键。明确的目标可使人的努力更有方向感和使命感,从而激发个人的内在动力,赋予其行动的动力。在制定个人职业目标时,需要明确自己的职业兴趣和优势,找到自己真正热爱并擅长的领域,结合自己的能力和实际情况,制定适合自己的短期和长期目标。需注意的是所制定的目标应具体、量化,以便后期进行评估和调整。

在实现个人目标的过程中,个体根据自己的实际情况合理分配和利用自身的技能、知识、经验、人际关系、财务资源、时间等条件和资源,以实现目标的达成。职业发展的过程也是一个不断学习的过程,个体应持续学习更新自身的技能和知识,关注行业动态和发展趋势,不断拓宽人际关系和人脉网络以应对不断变化的环境。

(二)个人能力分析

对个人能力进行分析可以帮助个人更好地了解自己的优势和不足,同时更好地发掘自己的潜力,并进行有针对性的改进,从而更加合理地规划其职业生涯。

在进行个人能力分析时,个体需要全面了解自己如沟通能力、组织能力、问题解决能力等技能储备并对其进行客观评分,然后思考如何进一步提升这些技能。除技能外,个体还应分析自身的个性特点及优势,以找到适合自己的职业发展方向。最后在此基础上需认识到自己的优点,同时也要勇敢面对自己的不足,这样才能更好地规划自己的职业生涯。

(三)个人兴趣分析

了解自己的兴趣和爱好是个人选择职业方向重要的一步,可以通过尝试学习新的技能,参加社交活动等方法达成。在了解自己的兴趣和爱好之后,才能选择自己喜欢并愿意投入精力的职业方向。比如个体发现自己喜欢音乐,那可以选择音乐行业作为职业方向;如果喜欢旅游,则可以选择旅游行业作为其职业方向。

(四)个人价值观

个人价值观是指一个人在生活中所坚持的信仰、道德准则和行为规范。在职业生涯规划中,个人价值观可以为职业目标指引方向,如一个人的价值观是追求创新和挑战,那么他可能更愿意选择科技、艺术、教育等需要不断学习和创新领域的职业;如果一个人的价值观是帮助他人和社会,那么他可能会更愿意从事医疗、教育、环保等为社会作出贡献的领域。

二、职业发展机会分析

对职业发展机会进行分析有助于个人了解自己所处的职业环境,以及在这个环境中可以获得的成长与进步空间。个人可以通过查阅行业报告、市场研究数据或参加相关行业会议来了解行业的增长率、市场规模、主要竞争者等行业发展趋势及发展动态。通过收集目标职业相关的职位需求量、薪资水平、招聘要求等就业市场数据来了解市场对该职业的需求和期望。

三、职业匹配

当个人在从事自己喜爱并擅长的工作时,更容易获得自我肯定,体会到工作的价值和意义,从而提升工作积极性和效率。因此在进行职业选择前,应深入了解自己心目中的目标职位,明确该职业的工作内容、工作时间、工作环境及其他特殊要求,确保自己能在工作和生活中找到平衡,以更好地适应工作环境并获得更大的发展空间。

四、制定职业发展目标

个人在制定职业发展目标时需制定长期、中期和短期目标。短期目标的时间范围一般为1~2年,这类目标是为解决当前问题或满足近期需求而设定的,所以应具体、可衡量,如完成一项专业技能的培训课程、在下个季度提升个人销售业绩等。中期目标的时间范围一般为3~5年,相较于短期目标,中期目标更具有战略性和规划性的特点,如完成某项重要的研发项目或业务扩展计划、在组织内部晋升为产品经理等。长期目标的时间范围一般为5~10年或更长时间,是明确个人的职业愿景,确定与自身兴趣和价值观相符的长期职业方向的目标，所以该目标是宏大的、具有战略性的特点，如实现个人财务自由或达到某个特定的财务目标等。

在制定目标时需遵循以下原则。

（一）个人和组织发展相结合原则

职业生涯目标应与个人所在组织的发展目标相一致，同时也要符合个人的价值观和发展需求。这样既能促进个人在组织中的成长，也有助于组织整体目标的实现。

（二）可行性原则

制定的目标应切合实际，考虑自身能力、兴趣、经验和市场需求，要避免设定过高而难以达成，也要避免目标过低而没有激励性。

（三）可量化原则

根据职业生涯规划，设定具体的时间表和行动计划，尽可能用量化指标来衡量目标进展，如收入达到什么水平、职位晋升到哪个层次等。

（四）挑战性原则

制定的目标应具有一定的挑战性，能够激发个人的潜能和创造力，促进职业发展。

五、选择职业发展通道

职业发展通道是指个体在职业生涯中可以选择和发展的不同路径。这些通道为员工提供了晋升和成长的机会，有助于他们实现自己的职业目标。

（一）纵向职业发展通道

纵向职业发展通道是指个体在职业生涯中沿着同一职业领域或行业，通过不断积累经验、提升技能和承担更多责任，实现从初级职位向更高级别职位晋升的发展路径。这条通道主要关注的是职位等级的提升和职业地位的上升，如从普通的景区导游或者售票员逐步晋升为景区某个部门的主管，进而成为部门经理。

纵向职业发展通道具有明显的等级结构，员工需要按照一定的顺序和层级逐步晋升，要求员工在特定领域或行业内不断深化专业知识和技能，而且随着职位的晋升，员工需要承担的责任也随之加大。通过纵向职业发展通道，员工可以清楚地看到自己在组织中的晋升路径，从而制定相应的职业生涯规划，在同一领域内不断深化自己的专业知识和技能。但对于一个组织而言，高层职位数量有限，并非所有员工都能达到最高层级，而且随着职位的晋升，竞争也变得更加激烈，可能导致职场压力和人际关系紧张。为解决这些无法避免的问题，组织可以采取如提供横向职业发展机会、实施轮岗制度、加强员工培训和职业生涯规划指导等措施，以支持员工的全面职业发展。

Note

（二）横向职业发展通道

横向职业发展途径是组织提供跨职能边界的工作变换,如工作轮换、工作内容丰富化等方式。这种方式可以赋予员工从事工作的挑战性,扩大员工的知识技能面,实现员工在组织内部的流动和发展,特别适合在组织扁平化趋势下为员工提供更多的发展机会,如员工可从酒店前台转型为酒店行政管理人员。

通过横向职业发展通道,员工可以适应更多的工作环境和任务,增强其职场适应能力。同时可从不同的部门和角度获取经验,有助于员工形成更全面的视角和创新的思维,以及获得更多的职业发展机会和选择。但员工在不同部门之间轮换可能需要更多的培训和资源投入,且过于频繁的横向流动可能导致员工没有明确的职业定位。为了最大化发挥横向职业发展通道的优势,组织需要制定明确的政策和程序来管理员工的横向流动,确保员工在轮换过程中能够获得有效的培训和支持。

（三）网状职业发展通道

网状职业发展途径是纵向和横向职业发展途径的结合,有助于培养全能型人才。员工可以在不同的部门和职能之间流动,同时也可以在层级上有所提升,形成一个网状的职业发展路径。

网状职业发展通道结合了纵向晋升和横向转换的多种可能性,形成了一个多方向交织的网络结构。员工在不同岗位间转换时,先前岗位所获得的技能和经验可以在新岗位上得到应用和提升。网状职业发展通道为员工提供了更多的职业发展机会,有助于激发员工的积极性和创造力,增强了员工对不同工作环境和任务的适应能力,有助于组织留住关键人才,并促进人才的全面发展。

（四）双重职业发展通道

双重职业发展途径是指组织为管理和技术专业人员同时设计的发展通道,其目标是鼓励专业人才在保持专业能力的同时,拓宽其职业晋升空间,不必为了晋升而离开自己的专业领域。

在双重职业发展通道中,个体可以选择两条不同的道路来发展自己的职业生涯:一条是管理道路,另一条是专业道路或称为技术职能型发展途径。管理道路主要是为那些有意愿和能力担任管理职务的员工设计的。员工通过展示自己的领导能力、团队协作能力和项目管理能力,可以逐步晋升为团队领导、部门经理、项目经理等管理角色。管理道路的晋升通常伴随着更多的管理职责和决策权,需要员工具备战略规划、人力资源管理、预算控制等综合能力。

专业道路是为那些希望深化自己专业技能的员工设计的。这类员工可以选择在特定领域或技术上不断学习和提升,成为该领域的专家或高级技术人员。在这条道路上,员工的专业知识和技能会得到持续的发展,他们可能不需要管理团队,但他们的专业知识和经验对于组织的成功至关重要。

双重职业发展途径的优点在于它承认了不同员工有不同的职业兴趣和发展目标，允许员工根据自己的能力和兴趣选择最适合自己的发展道路，从而提高了员工的满意度和留任率。同时，这种途径也有助于组织保留那些在特定领域里具有专业技能和知识的员工。需要注意的是企业在实施双重职业发展途径时需精心规划和管理，以保证两条晋升道路都能获得同等的支持与资源。

六、计划的制订及实施

在确定职业生涯发展目标与发展通道后，个体应着手制订详尽的行动计划。行动计划包括设计实现职业目标的具体步骤和时间表、确定需要获取的证书或资质、参加相关培训或会议以提升专业技能等。行动计划制订好后进入实施阶段，个人在计划实施的过程中，应持有积极主动的态度，勇于尝试新事物并乐于接受挑战，积极参加行业研讨会和社交活动，借此机会拓展人际关系网，不断从他人的专业经历中获取宝贵知识，以确保个人能紧随时代的步伐持续发展。

七、反馈与调整

职业生涯规划的反馈能够帮助员工检验职业生涯规划的有效性，并及时调整规划以适应变化的环境和个人发展需求。

个人在实施职业生涯规划过程中应定期进行自我评价，反思自己的努力是否达到了预期的目标，评价自己哪些方面做得好，哪些方面需要改进。除自我评价外，还可向同事、上级、导师或专业人士咨询对自己的职业发展的建议。当然在这个过程中还应关注市场动态和行业趋势，评价自己的职业生涯规划是否与市场需求相符合。

在收集到的反馈信息后，个人应开始进行信息的分析。这一步主要的工作是将反馈信息与自己的职业生涯规划目标进行对比，找出中间的差距，分析造成差距的原因并进行修正，使其更加符合实际情况和个人发展需求。同时还要从这些反馈信息中识别出个体在职业发展中存在的问题和需要改进的地方，然后采用参加培训课程、拓展人际关系等方法有针对性地处理问题。

第三节　员工职业生涯管理

员工职业生涯管理是指在员工职业生命周期中，对员工的职业培训、业绩评价、岗位变动、职务升降、事业发展等进行科学规划、设计、指导和动态管理的过程。它对于留住员工、开发员工潜能及促进员工实现自我价值具有重要意义。

Note

一、职业变动

职业变动是指个体在职业生涯中经历的工作岗位、工作职责、工作环境或职业领域的变化。这种变动可能由个人发展需求、组织调整、市场变化或技术进步等多种因素引发。职业变动可以是一个积极的调整,旨在追求更好的工作机会、更高的薪资待遇、更大的发展空间,或者更好地匹配个人的兴趣和能力。同时也可能是由于企业重组、经济环境变动或行业趋势等原因导致个体需要重新定位自己的职业发展路径的被动调整的过程。

(一)职业转换

职业转换是指个体从一个职业领域或行业转换到另一个完全不同的职业领域或行业的过程,如一个软件工程师转行成为一名教师。这种转换通常意味着个体需要放弃原来的职业身份和技能,重新学习新的技能和知识,以适应新的职业环境。

职业转换可能是由多种原因引发,可能源于个体对当前工作的不满意,对新职业的追求,或者是为了顺应市场变化和科技革新的要求。无论是什么原因,职业转换都需要个体做出重大的调整和努力。在职业转换过程中,个体通常需要敢于面对挑战,积极投入自我提升,以适应快速变迁的工作环境,不断强化专业技能和全面提升个人综合素质,如此才能确保职业转换的顺利实现。

(二)工作轮换

工作轮换指系统性地安排员工在组织内部的不同部门和岗位间进行有序的转移。通过轮岗制度,员工可在不同岗位学习并掌握更多技能,全面理解各部门的运作机制,从而积累多样化的工作经验以提高他们对变化的应对能力。通过体验不同的工作岗位,员工可以更清楚地了解自己的兴趣和能力所在,为未来的职业生涯规划提供方向。同时,新的工作环境和挑战可以激发员工的创新思维,为组织带来新的想法和解决方案。

企业在实施工作轮换时需确保轮换到的岗位与员工的能力和发展目标相匹配,并提供必要的培训,以确保他们能够胜任新的工作岗位。需注意的是轮岗周期不能过于频繁,也不能过于稀疏,这样才能确保轮岗的效果。

(三)职位晋升或降级

职位晋升是指员工向一个挑战性更高、所需承担责任更大以及享有职权更多的工作岗位流动的过程。职位晋升可提升员工个人素质和能力,充分调动全体员工的主动性和积极性,并在公司内部营造公平、公正、公开的竞争机制。企业对员工做出晋升决定通常是根据其高质量的工作成果、高效的工作效率等表现判定。但对于员工个人而言,需考虑这次晋升是否符合自己的职业生涯规划和长远目标。

与职位晋升相对应的是职位降级。职位降级通常是指由于员工的工作表现不佳、工作态度消极、业务能力无法达到岗位要求或其他原因,被从较高的职位调整到较低的职位。员工一旦被降级,将面临薪资待遇降低、职责减少等变化,同时也可能对员工的自尊心和职业发展可能产生负面影响。在某些情况下,降级可能是暂时的,员工有机会通过改进工作表现重新回到原职位或获得晋升。

(四)停滞

职业停滞期通常表现为员工在某个阶段遭遇发展障碍,使他们在晋升阶梯上停滞不前,进入一个瓶颈期,缺乏新的挑战和机遇,导致个人职业发展进入一个长期的停滞阶段。这种情况常常由企业传统的层级结构所引发,即高层管理岗位的有限导致许多有才能的员工上升空间受限。此外,员工在职业生涯中期,可能因循守旧,不注意及时更新自己的知识和技能,导致自身能力无法满足企业发展的新需求。随着员工步入中年,家庭责任增加,他们可能需要在工作和家庭之间取得平衡,这在一定程度上影响其职业发展。

当职业发展遭遇瓶颈时,员工应当重新进行自我评估和目标设定,重新了解自己的兴趣、价值观和技能,并根据这些因素来设定新的职业发展目标。他们可以通过参加培训、读书、参与行业活动等方式不断提升自己的能力,打破职业停滞的瓶颈。如果在当前企业无法获得晋升,可考虑转换到其他企业或跨行业寻找新的职业机会。尽管职业停滞是职业生涯中可能遇到的一个阶段,但并非不可逆转,员工可通过自我调整和学习提升重新找到职业发展的动力和方向。

(五)解雇和辞职

解雇通常由雇主主导决定,表示员工被强制终止合同,而辞职则是员工主动提出解除工作关系,两者在员工离职的主动性上有着明显的区别。企业可能因员工的个人问题,如绩效不佳、行为不当、违反企业规定或其他严重违纪行为等原因解雇员工。解雇可能会对员工的经济和心理造成一定影响,同时也可能对企业的运营效率和团队士气产生消极的作用。

辞职是劳动者向用人单位提出解除劳动合同或劳动关系的行为,通常是员工出于个人原因,如为了寻求更好的发展机会、对工作环境或待遇不满等而主动提出的离职申请。辞职意味着员工放弃当前的工作和可能的晋升机会,但同时也可能意味着更好的职业发展机会和生活质量。对组织来说,员工的辞职可能会导致工作流程的中断和团队士气的下降,但同时也为组织提供了招聘新人才的机会。

二、职业锚

职业锚最初由美国麻省理工学院斯隆管理学院的埃德加·H·施恩教授提出,他认为职业生涯规划实际上是一个持续不断的探索过程。在这一过程中,每个人都在根据自己的天资、能力、动机、需要、态度和价值观等慢慢地形成较为明晰的与职业有关的自我概念,最终成为一个占主导地位的职业定位,即职业锚。

职业锚强调个人能力、动机和价值观三方面的相互作用与整合。它是个体长期职业发展的定位,是个体全部工作经历和经验,以及其所接受的教育与训练所整合的结果,是个体关于职业发展的自我概念。职业锚并非固定不变,个体在职业生涯中可能会根据环境的变化和自身情况的改变而调整自己的职业锚。

识别职业锚对于个人和组织都非常重要。对个人而言,识别自己的职业锚有助于明确职业目标,制定合适的职业生涯规划,实现自我价值。对于组织来说,了解员工的职业锚可以更好地满足员工的职业发展需求,提高员工的工作满意度和忠诚度,从而有利于组织的长期发展。

以下是几种常见的职业定位类型。

(一)技术/职能型职业锚

具有技术/职能型职业锚的人不断追求在技术职能领域的成长和技能的提高,他们对自己的自信来自他们的专业能力。这类人喜欢面对来自专业领域的挑战,不喜欢从事一般的管理工作,因为这将意味着他们放弃在技术职能领域的成就。

(二)管理型职业锚

具有管理型职业锚的人表现出强大、独立的领导能力和强烈的升迁动机,他们愿意担负更大责任,倾向于从事有高度整合性的管理工作。这种职业锚的人具有分析整合能力、组织能力,会竭力进行权力基础的构建,并不懈地朝这个方向发展,以期获得更高的职位。

(三)创造/创业型职业锚

具有创造/创业型职业锚的人有强烈的创造需求和欲望,能发明新事物、新观念,他们常常追求创造完全属于自己的成就。他们意志坚定,勇于冒险,喜欢宽松的工作环境和自主权,以便有空间施展自己的才能。

(四)安全/稳定型职业锚

具有安全/稳定型职业锚的人更多追求的是职业的安全和稳定,他们的行为较为规范,对企业的依赖性也较大,不喜欢有高度挑战性的职业活动。这类职业锚的人大多选择公务员、银行职员、会计师、教师、医生等职业。

(五)自主/独立型职业锚

这种职业锚的特点是期望摆脱组织约束,追求能施展个人职业能力的工作环境。

具有自主/独立型职业锚的人认为自主和独立比职位和成功更重要,他们追求的是随心所欲地制定自己的步调和时间、生活方式和工作习惯,不喜欢来自组织的限制和制约。

（六）服务型职业锚

具有服务型职业锚的人更多关注的是工作带来的价值和来自他人的认可,而不是晋升和经济性的奖励。这类人喜欢为他人提供帮助,重视自己的职业使命感和社会责任感,常从事慈善、教育、医疗等行业。

（七）挑战型职业锚

具有挑战型职业锚的人喜欢解决看上去无法解决的问题,战胜强硬的对手,克服无法克服的困难障碍。对他们而言,参加工作或职业的原因是有机会让他们去战胜各种不可能。

（八）生活型职业锚

具有生活型职业锚的人喜欢平衡个人的、家庭的和职业的需要,他们通常不追求事业的成功。因此,生活型职业锚的个体需要一个能够提供足够的弹性让他们实现这一目标的职业环境。

三、组织发展和员工职业生涯发展的匹配

组织发展和员工职业生涯发展的匹配是一个双向的、动态的过程,需要员工和组织共同努力和协调,使员工个人发展目标与组织发展目标一致,以实现共同发展。

（一）员工职业生涯规划与组织目标的一致

员工应该了解自己的长处、短处和职业兴趣,并设定明确的职业目标。而组织则需要明确其长期、中期和短期目标,以及实现这些目标所需的技能和人才。通过比较和分析,员工和组织可以共同确定职业发展的方向和重点,使员工职业生涯规划与组织目标保持一致。

（二）培训和发展计划的制订

组织应提供定期的职业发展评估和培训,提升员工的技能和知识水平,满足组织发展的需要。同时员工应积极参与培训和发展计划,以提升自己的职业竞争力,为组织做出更大的贡献。

（三）灵活的职业路径设计

组织应设计灵活多样的职业路径,以适应不同员工的发展需求和期望,采用横向

轮岗、项目参与、晋升提拔等多种方式使员工能够在组织内部找到适合自己的发展道路。

（四）绩效管理和激励机制的完善

组织应建立公正的绩效管理体系,将员工的绩效与组织的目标相挂钩,促进其与组织共同发展。

（五）良好的沟通机制

组织应建立有效的沟通渠道,使员工能够了解组织的战略方向和业务需求,鼓励员工提出自己的想法和建议,促进员工与组织之间有效的互动和合作。

（六）关注员工的工作满意度

组织应关注员工的工作环境和福利待遇,确保员工能够在舒适的环境中工作。此外,企业还应提供必要的支持和资源,帮助员工平衡工作和生活,增强其对组织的归属感和忠诚度。

第四节　职业生涯管理发展的新趋势

随着社会经济的快速发展和个人职业需求的多样化,员工职业生涯管理已经成为企业在经营管理过程中越来越重视的领域。近年来,职业生涯管理发展呈现出一些新的趋势,这些趋势不仅影响了职业生涯管理的实践方式,也对个人和社会产生了深远的影响。

一、职业生涯管理发展的新趋势

（一）个性化趋势

随着社会发展和职场环境的变化,每个人的职业发展路径和需求都变得更加独特,传统的直线式职业发展路径已经不再是唯一的选择。个性化职业生涯管理鼓励个人根据自身的情况和市场环境的变化,通过部门转换、职业转型、创业或选择成为自由职业者等方式灵活调整职业发展路径。个性化职业生涯管理强调个人需要不断学习新知识、新技能,以适应不断变化的市场需求和行业趋势。个人可以通过在线课程、行业研讨会、社交网络和专业导师等多元化的方法获取更多的职业发展资源以丰富自己的职业经验和知识储备。

（二）终身学习趋势

随着知识经济时代的到来，终身学习已经成为一种新的职业发展方式。在职业生涯管理中，终身学习趋势表现在对个体职业发展的持续关注和支持。终身学习强调个人需要不断地学习新知识和技能，以适应职业市场的发展和变化。与传统的线性职业生涯规划不同，终身学习理念下的职业生涯规划更加灵活，个人可以根据个人的兴趣、能力和市场需求进行调整，以更好地应对来自内外部环境的潜在风险。

（三）国际化趋势

随着全球化进程的加快，越来越多的企业和个体开始关注全球范围内的职业机会和发展趋势，他们倾向于选择接受国际教育或培训来提升自己的跨文化沟通能力和扩大自己的国际化视野，从而为自己的职业生涯拓展更广阔的机遇和空间。

（四）社会化趋势

随着社交媒体的广泛普及，海量的职业信息与知识借助这些平台得以迅速传播。个人能够通过社交媒体平台获取丰富的职业发展指导，即时掌握行业动态并借此发现各种潜在的工作机遇。如今社交网络的功能已远远超出了单纯的娱乐交流，它在职业领域中正扮演着日益重要的角色，成为人们职业发展不可或缺的平台。职业社交平台如今已成为个体构建和发展专业人脉资源、搜寻就业良机、与行业精英互动交流并深度参与到行业话题讨论与合作的重要平台，这种社群化的学习方式有助于个人快速掌握新知识，提升职业技能。同时，个人可以通过分享自己的专业知识、经验和见解来塑造个人品牌，增强社会影响力，提升个人在行业内的知名度，还可能带来更多的职业机会和发展空间。

（五）数字化趋势

数字化趋势表现在对个体职业发展的数据分析和资源整合。通过对大量数据的挖掘和分析，个人可以更准确地了解自己的职业定位和发展方向。数字化推动了远程工作和虚拟招聘的普及，个人可以通过网络平台寻找远程工作机会，而企业也可以利用数字化手段进行线上招聘，打破了地域限制，拓宽了职业发展的可能性。随着在线教育的兴起，个人可以通过网络平台学习新知识和技能，以适应职业市场的需求，在线课程、专业认证等数字化教育资源为个人提供了灵活且高效的学习途径。数字化工具可以帮助个人进行职业技能和兴趣的评估，提供即时的反馈和建议。这种数字化的评估方式有助于个人更全面地了解自己的优势和不足，制定更有针对性的职业生涯规划。

Note

二、新趋势下的职业生涯管理策略

（一）培养多元化技能

随着全球化和技术的进步，职业环境变得越来越复杂，需要个人具备多种技能和知识。因此，培养多元化技能成为个人获得竞争优势的重要途径。多元化技能的培养需要人们主动学习和探索，不断寻求新的知识和技能，并愿意接受挑战和改变。

多元化技能的培养可以通过在线课程、研讨会、讲座等形式学习不同领域的知识和技能；还可通过积极参与各类志愿者服务帮助他人解决困难，提升自我能力和积累宝贵的实践经验。为了培养多元化的技能，个人需要具备良好的自我评估和反思能力，深入认识自身的优劣势，更好地制订自己的学习计划和发展方向，持续推动个人技能与知识的升级。

（二）注重人际关系与沟通能力

无论是在家庭、工作还是社交场合中，良好的人际关系都是个体获得成功和幸福的重要因素。在家庭中，良好的人际关系可以建立稳定和谐的家庭关系，享受家庭带来的幸福和温暖。在工作中，良好的人际关系可以帮助建立与同事、上司和客户的良好关系，提高工作效率和团队合作能力。在社交场合中，良好的人际关系可以帮助个体建立广泛的人脉，拓展社交圈，享受社交带来的乐趣和意义。

沟通能力是处理人际关系的重要能力。沟通能力不仅包括口头表达能力，也包括非口头表达能力，如肢体语言、面部表情等。在家庭中，良好的沟通能力可以让个体更好地与家人沟通，理解家人的需求和情感，建立和谐的家庭关系。在工作中，良好的沟通能力可以促进与同事和上司的沟通，理解他们的需求和要求，建立良好的工作关系。在社交场合中，良好的沟通能力可以让个体更好地与朋友、同事和陌生人沟通，建立广泛的人脉，拓展社交圈。

（三）积极应对职场变革与挑战

在职场中，无论是企业还是个人，都需要积极应对职场变革和挑战，以保持竞争力和发展潜力。若个体未能妥善应对接踵而至的变革与挑战，其职业竞争力可能会日渐削弱，甚至面临被职场淘汰的风险。若企业无法有效适应变迁与应对挑战，将可能遭遇市场的淘汰，甚至陷入破产危机的困境。

（四）建立个人品牌与提升个人影响力

建立个人品牌与影响力可以帮助个人在职业生涯中获得更多的机会和成功，同时也可以为个人带来更多的满足感和自豪感。个人品牌是一个长期的投资，需要持续的努力和精心的维护。个人需要持续积累和提升自身的专业知识与专长,通过参与专业研讨会、书写专业博客、公开演讲等形式有效地分享与传播这些知识与技能。个人影响力是指个人在社会中的影响力,可以通过社交媒体、公共演讲、媒体采访等方式来建立。

第七章
员工绩效管理

本章概要

　　员工绩效管理是一个系统性的过程,它涉及绩效目标的设定、绩效计划的制订、绩效执行与监控、绩效评估与反馈等多个环节。其核心目的是通过科学、合理的方法,对员工的工作表现进行客观评价,并基于评价结果提供必要的支持和指导,帮助员工提升工作效率和绩效水平,进而推动企业的整体发展。

学习目标

知识目标

1. 了解绩效与绩效管理的含义。
2. 掌握绩效考核的方法。
3. 熟悉绩效反馈的技巧。

能力目标

1. 能够根据企业实际情况,制定科学合理的绩效管理制度和计划。
2. 熟练掌握绩效管理的实际操作技能。
3. 能够运用绩效管理知识,解决企业在绩效管理过程中遇到的实际问题。

素质目标

1. 坚持以人民为中心的发展思想。
2. 创造和谐的工作环境。
3. 贯彻平等、民主和科学的思想。

本章导入

　　以人民为中心的发展思想是在党的十八届五中全会上提出的,这一理念旨在适应我国社会主要矛盾的变化,进而提升人民群众的获得感和幸福感。为此,我国政府应以"人民满意"作为核心价值取向,致力于构建政府与公众之间的良性互动机制,从而更好地满足人民群众日益增长的美好生活需求。

科学的绩效管理并不应仅仅聚焦于经济效益和短期目标,还应注重提高服务效率、创造持久的社会效益。那些仅为了完成任务而完成任务、过分关注个人经济利益的做法,往往会导致视野狭窄、忽视其他重要因素,并可能阻碍个人作为的展现。

因此,组织在实施绩效管理时,必须摒弃这种片面的思维模式,转而采取更加全面、以人为本的管理策略,确保工作始终围绕人民的根本利益展开,不断提升服务质量和水平,真正实现人民对美好生活的向往。

第一节　员工绩效管理概述

一、员工绩效概述

（一）绩效的概念

绩效指个人、团队或组织在特定任务或工作中所表现出来的行为和所取得的成果,这个成果和行为需与组织目标相关并且能够被评价。绩效不仅考量工作的质量和数量,还包括工作效率、工作态度、团队协作能力及创新能力等多方面的要素。在人力资源管理中,绩效评估被广泛应用于员工的薪酬、晋升、培训等方面的决策,同时也为组织提供了改进工作流程和提升整体业绩的依据。

（二）个人绩效与组织绩效

绩效包括个人绩效和组织绩效两方面,组织绩效的实现是在个人绩效实现的基础上,但个人绩效的实现并不一定保证组织是有绩效的。如果组织的绩效按一定的逻辑关系被层层分解到每一个工作岗位及每一个人的时候,只有每一个人达成了组织的要求,组织的绩效才能实现。

1. 个人绩效

个人绩效是指员工个体在工作中的表现和成果,具体指的是员工在特定工作时间内,凭借自身的能力所完成的工作任务和达成的目标。这些工作任务和目标可以是定量的,如销售额、生产量等,也可以是定性的,如客户服务质量、团队合作能力等。

个人绩效是衡量员工个体工作效率和工作质量的重要指标,它反映了员工对组织目标的贡献程度。在人力资源管理中,通过对员工的个人绩效进行评估,可以据此决定薪酬调整、职业发展路径及制订培训计划,以此激发员工的最大潜能,提升其工作热情,并优化整体的工作效率。

个人绩效通常会根据预先设定的绩效标准和目标进行衡量,这些标准和目标可以是组织具体化的整体目标,也可以是针对员工个人和工作职责相关的工作态度、团队合作能力、创新能力以及解决问题的能力等特定要求。

2. 组织绩效

组织绩效是指一定时期内,组织通过团队协作和资源整合所实现的总体业绩。组织绩效不仅关注组织在财务、市场、客户、内部业务流程及学习和成长等各个方面的表现,还涉及组织文化、员工满意度、创新能力等更广泛的领域。它是一个综合指标,反映了组织全面运营的状况。

评估组织绩效时,通常会根据组织的使命、愿景和战略目标来制定相应的绩效指标。这些指标可以是定量的,也可以是定性的,它们共同构成了组织绩效评价体系。组织绩效的优劣直接影响组织的生存和发展,良好的组织绩效能够提升员工的士气,增强组织的凝聚力和竞争力,为组织的长期发展奠定坚实的基础。

(三)员工绩效的结构

员工绩效由任务绩效、周边绩效和适应性绩效三部分构成。

1. 任务绩效

任务绩效特指与组织所规定的、与工作任务产出直接相关,能直接影响和评估员工工作成果的关键性业绩指标。任务绩效强调了员工或团队在其特定职业角色中展示出的高效任务执行能力及其所达成的工作业绩。任务绩效通常包括但不限于完成工作的数量与质量、项目的成本效益及个人或团队对组织整体目标的积极贡献等方面。各方面的表现可以通过一系列具体且量化的绩效指标进行评估,例如产品质量的达标率、任务完成的数量、响应时间的效率、项目执行的成本效益,以及外部反馈的评价等。

2. 周边绩效

周边绩效指的是员工在自己的工作职责之外,主动进行的、有利于组织、团队或他人的行为。与任务绩效不同的是,任务绩效更侧重具体工作任务的完成情况和效果,而周边绩效则关注的是员工对组织额外的非任务性贡献。

周边绩效可以营造良好的组织氛围,对工作任务的完成有促进和催化的作用,有利于员工任务绩效的完成及整个团队和组织绩效的提高。

3. 适应性绩效

适应性绩效是指适应性行为,即员工在一个任务上的学习能够有效地迁移到另一个任务上的行为。适应性绩效强调个体如何面对不确定的工作情境、不断学习新的技术和方法及创造性地解决问题。

　　适应性绩效是一个多维度的概念,包含创造性地解决问题、处理不确定性工作情境、学习新技术和方法、人际适应性、文化适应性、应对工作压力、危情处理、身体适应性八个维度。不同类型的工作可以取不同适应性绩效的维度来说明个体的适应性绩效水平。

(四)员工绩效的特点

　　员工绩效有多因性、多维性和动态性的特点,这些特点使员工绩效评估成为一个复杂而重要的任务,需要管理者采取科学、客观、全面的方法进行评估,以便更好地激励员工,提高员工的工作积极性和工作效率。

1. 多因性

　　员工绩效的优劣不是由单一因素决定的,而是受到员工个人、工作环境、工作性质等多种因素的影响。例如,员工的工作态度、技能水平、工作经验、团队合作能力,以及工作环境所提供的支持程度等都会对员工绩效产生影响。

2. 多维性

　　员工绩效的评估不是单一的,而是需要从多个角度来进行。这包括员工的工作结果、工作效率、工作质量、工作态度等多个维度。因此,对员工绩效需要从全面出发,多维度、全方位地进行评估,以确保评估的准确性和公正性。

3. 动态性

　　员工绩效并非一成不变,它会随着员工能力、经验、环境等因素的变化而发生变化。因此,对员工绩效的评估需要定期进行,以便及时发现员工绩效的变化,并采取相应的措施进行调整和改进。

二、绩效管理的含义

　　绩效管理指组织中的各级管理者和员工为了达到组织目标,共同参与的绩效计划、绩效辅导、绩效评估、绩效反馈、绩效结果应用的持续循环过程,如图7-1所示。

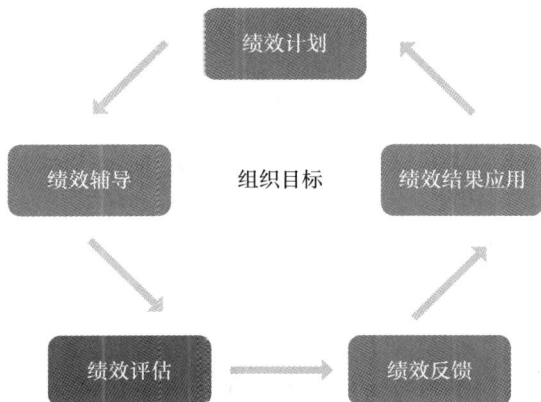

图 7-1　绩效管理循环

绩效管理强调组织目标和个人目标的一致性,通过管理者和员工之间的持续沟通和协商,制定合适的绩效计划和目标。在实施过程中,管理者要定期对员工的绩效进行评价和反馈,帮助员工识别和解决存在的问题,并为其提供必要的支持和辅导。同时,员工也要积极参与到绩效管理中来,通过自我管理和自我提升,不断提高自己的工作能力和绩效水平。

第二节　绩 效 计 划

一、绩效计划的含义

绩效计划是指在新的绩效周期开始时,由管理者和员工一起制定的关于员工在该绩效周期内需要达成的工作目标和计划。这个计划是基于组织和部门的目标,以及员工个人的职责和能力,来确定员工在该绩效周期内需要完成哪些工作任务、达成什么样的工作目标,以及如何衡量和评价这些工作成果。

绩效计划不仅仅是一份任务清单,更是一份明确工作方向、提升工作效率和质量的行动指南。它帮助员工了解自己的工作职责和目标,激发工作动力,同时也为上级提供了评价员工工作表现的标准和依据。

二、绩效计划的内容

(一)工作目标

工作目标是指员工在特定绩效周期内需要努力实现的具体业务目标或任务。所有工作目标必须确保与组织的整体战略目标和部门目标紧密契合,同时兼顾员工的岗位职责以及他们的个人能力。工作目标在绩效管理中扮演着不可或缺的角色,因为它们不仅为员工明确了方向和动力,激发了他们的工作积极性,而且还协助他们明确工作重点与预设的业绩指标,从而实现个人与组织的共同成长。

在设定工作目标时,需要遵循"SMART"原则。

"S",即 specific,强调工作目标的明确性,确保任务的具体细节被清晰无误地传达给员工,让他们明确知晓所需达成的任务内容。需要设定具体的指标或标准来衡量目标的完成情况,如在目标中需明确销售额、客户满意度、项目完成时间等指标。

M,即 measurable,指工作目标应尽可能量化,从而确保能够客观地评估员工的工作成果。这意味着需要设定具体的指标或标准来衡量目标的完成情况,如需明确具体的销售额度、顾客投诉解决率的具体数据等指标。

A,即 attainable,指工作目标应该是可达成的,既不能过于轻松以失去挑战性,也不能过于困难不能完成而使员工产生挫败感。企业进行目标设定时要充分考虑员工的实际能力和可用资源,以确保员工能在努力后能够完成目标。

R,即relevant,指工作目标应该与组织的整体战略和部门目标密切相关。这样可以确保员工的工作努力与组织的长期发展方向保持一致,从而推进整体绩效的提升。

T,即time-bound,指工作目标应该设定明确的完成时限。这有助于员工合理安排工作进度,并确保在规定的时间内完成任务。

(二)绩效指标

绩效指标是用于衡量和评估员工绩效表现的具体标准或参数。这些指标可以是定量的,如销售额、生产率、错误率等,也可以是定性的,如工作态度、团队合作能力、创新能力等。绩效指标应该与员工的工作职责和组织目标紧密相连,以便准确地反映员工的绩效表现。

绩效指标有多种分类方式,常见的有定量指标和定性指标两种。

定量指标指可以以数字准确定义、精确衡量的考核指标。定量指标又分为绝对定量指标和相对定量指标,绝对定量指标可以是质量、数量、时间或其他数量,如销售收入;相对定量指标可以是任何同单位数量的比值,如销售收入增长率、生产计划完成率这些指标。

定性指标虽然可以定义,但却不能精确衡量也无法设定数量化的指标,如工作态度、沟通能力、团队合作能力、领导能力、创新能力等,这些指标通常需要通过观察和评估来确定。

(三)绩效权重

在构建绩效管理体系时,权重分配的设定包括对各项绩效指标相对重要性的判断。对绩效的权重分配可以按照以下几种方式进行。

1. 根据绩效指标的重要性进行分配

绩效指标越重要,其权重应该越高。如对于销售岗位,销售额是一个非常重要的指标,因此应该分配较高的权重。

2. 根据绩效指标的达成难度进行分配

一般来说,达成难度越大的绩效指标,权重应该相对较高。这是因为高难度的目标达成需要更多的努力和投入,因此应该给予更多的重视。

3. 根据绩效指标对组织目标的贡献度进行分配

如果某个绩效指标对组织目标的贡献较大,那么其权重也应相应增加,以确保员工的努力方向与组织的整体目标保持一致。

4. 根据员工职责和岗位属性进行分配

不同的岗位有不同的工作重点和职责,此权重分配应该反映这些差异。如对于客户服务岗位,客户满意度可能是一个重要的指标,而对于技术研发岗位,创新能力和技术成果可能更为重要。

在分配权重时,要考虑到定量指标和定性指标之间的平衡,这样可以更全面地评估员工的绩效。此外,指标的权重分配不是一成不变的,而应随着组织目标、市场环境和员工能力的发展变化而进行相应的调整。

(四)时间表

时间表是绩效计划中的一个关键组成部分,它帮助员工和管理者清晰地追踪和监控工作进度,确保绩效目标的实现。

确定时间表的具体步骤如下。第一,确立整体时间框架,设定绩效计划的起始日期和结束日期,为整个绩效周期提供一个明确的时间范围。第二,将整体的绩效目标分解为更小、更具体的阶段性目标。根据阶段性目标设定合理的时间节点,确保每个阶段都有明确的时间要求。第三,设计一个包含关键时间节点的时间线,确保每个阶段性的目标都能在相应的节点上得到明确的实现,从而有效监控项目进度,确保各项工作按预定计划顺利进行。第四,估算每个阶段所需的时间和资源,并确保在时间表上进行科学而有效的资源分配,确保时间和资源的高效配置,以全力保障各阶段目标的顺利达成。第五,创建详尽的任务清单和时间表,列出每个阶段目标所需完成的具体任务,并为每项任务精确分配起始和截止日期,以保持任务间的顺畅衔接和顺序合理。第六,在时间表中应设立预留一个缓冲期,以备不时之需,应对可能出现的延误或突发情况。第七,根据实际工作进度调整时间表,以确保其始终与现实执行情况同步。第八,积极与员工就时间表进行充分沟通,确保双方对计划和时间表有共同的理解,以期获得员工的认可,以期达成共识并促进其后续的积极配合。

第三节　绩效辅导

一、绩效辅导的含义

绩效辅导是一种管理实践,又称为绩效监控,它贯穿于绩效管理的始终,是一种经常性的行为。绩效辅导是指管理者和员工以绩效目标为依据,讨论有关工作进展情况、潜在的障碍和问题、解决问题的办法措施、员工取得的成绩及存在的问题,以及管理者如何帮助员工等信息的过程。绩效引导作为一种有效的管理策略,紧密联结了管理者与员工,通过定期的深入对话,能前瞻性地识别潜在问题,并在问题浮现前及时消除,以此扫清障碍,推动双方共同进步,实现高绩效。

Note

二、绩效辅导的作用

一方面实施绩效辅导能够提升员工个人绩效。通过实施绩效辅导，员工可以更好地理解自己的职责和任务，并且能够得到及时的支持和反馈，从而提高员工的工作满意度和忠诚度，有效减少员工流失率。绩效辅导不仅能激发员工的潜能，增强他们的自我认知，提高他们的自信心和自尊心，还能优化他们的职业成长路径，提升整体的工作满足感。

另一方面实施绩效辅导能够提高组织绩效。通过绩效辅导，员工可以深入领会其岗位责任与任务要求从而提升了个人工作效率，也直接推动了组织的整体绩效提升。通过绩效辅导，能够积极推动员工间的团体协作，从而提高整个组织的整体绩效。

三、绩效辅导的内容

绩效辅导的首要内容是定期与员工讨论他们的工作进展情况，确保工作按照既定计划推进。通过对比实际进度与计划进度，可以及时发现并解决问题。在绩效辅导过程中需要关注员工在工作中可能会遇到的如资源分配、团队协作、工作流程等方面的障碍，并帮助他们找到解决方案。另外，企业需帮助员工明确他们的工作目标和计划，确保他们了解自己的工作重点和预期成果。同时，绩效辅导过程中还应关注员工的激励和支持，以增强他们的工作动力和信心，可以通过奖励机制、晋升机会、培训和发展计划等方式实现。绩效辅导还包括向员工提供具体的反馈，指出他们在工作中的优点和不足，并给予具体的改进建议。在绩效辅导过程中，无论是员工还是管理人员，都需要进行持续不断的沟通。员工需要汇报工作进展或就工作中遇到的障碍向上级主管求助，而主管则需要及时纠正员工的工作目标和工作计划之间出现的偏差。在绩效管理中，管理者既要重视员工即时的工作成效，也要长远考量他们的职业发展与规划，通过设计个性化的职业发展路径，创造提升空间，以促进员工的持续成长。

第四节　绩效评估

一、绩效评估的含义

绩效评估又称绩效考评或绩效考核，指评价主体根据组织的战略目标和绩效计划，依据一定的标准和程序对员工在一定时期内的工作成果、工作行为、工作态度等进行全面的评定和测量的过程。该过程旨在提供客观、公正的评价，帮助组织识别员工的优点和不足,为管理决策提供依据,同时也为员工提供反馈和改进方向,促进其个人发展和职业成长。

二、绩效评估的作用

绩效评估在推动组织发展与促进个人提升上均扮演着重要的角色。从组织层面来看,绩效评估有助于组织监控目标的完成情况,确保工作方向与组织的战略目标一致,从而推动组织目标的实现。绩效评估不仅有助于确保工作方向与战略目标保持一致,从而推动组织目标的顺利达成,而且通过深度的数据分析,可揭示并优化内部工作流程中的不足之处,从而提升组织的整体运营效率和管理水平。除此之外,绩效评估还构建了管理者和员工之间的双向沟通桥梁,让员工有机会反馈工作问题,管理层可以及时给予指导和援助,从而增强了团队内部的互动与合作。

从员工个人层面来看,绩效评估不仅为员工提供了工作反馈和自我认知的机会,而且可帮助员工明确职业发展路径,争取晋升和薪资调整的机会。

三、绩效评估的主体

绩效考评主体指在绩效考评过程中对员工的绩效表现进行评价和考核的人员。这些主体通常具备相关的专业知识和经验,能够根据既定的绩效标准和目标,对员工的工作表现进行客观、公正的评估。

绩效评估主体如图7-2所示。

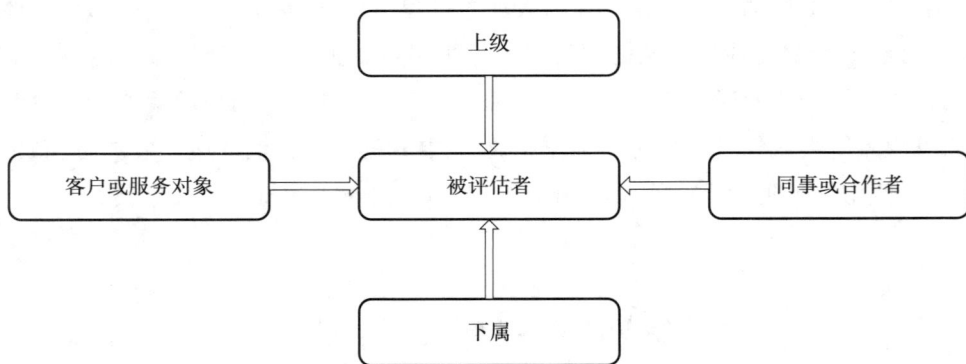

图7-2 绩效评估主体

1. 上级

在绩效评估中,上级是重要的考评主体之一。绩效评估中上级的评价往往占据重要地位,他们负责监督和指导员工的工作,因此对员工的工作表现有着直接的了解。上级在评价员工绩效时,应当始终坚持客观、公正和全方位的视角,坚决抵制任何主观偏见和个人情感因素的干扰,确保评价的公平与准确。

2. 下属

在绩效评估时,下属不仅是被评价的对象,更是积极参与并发挥作用的重要评价主体之一。下级员工在日常工作中与上级密切接触,他们能够从"被管理"和"被执行"的角度提供对上级领导的评价。这种自下而上的反馈,为绩效评估带来了更全面的视角。同时,下级员工可以就上级领导的管理风格、决策能力、团队协作能力等方面进行评价,有助于上级了解自身在领导和管理过程中可能存在的问题和不足。此外,下属的评价可以作为上级领导改进工作的重要参考。通过下级的反馈,上级可以更好地了解员工的需求和期望,进而调整管理策略,提升团队的整体效能。

3. 同事或合作者

同事或合作者能够直接观察到被考评者在团队合作中的表现,他们的评价有助于揭示被考评者在团队协作中的优点和不足,从而为其改进提供方向。同事或合作者的评价能够从不同于上级和下属的视角出发,为绩效考评提供更为全面的信息。由于他们与被考评者在日常工作中有直接的接触和合作,因此他们的评价往往更加客观和真实。

4. 被评估者

在绩效评估中,被评估者自己也是一个重要的参与方。自我评价不仅能让被评估者对自己的工作表现进行反思和总结,还能为整个考评过程提供有价值的视角。通过自我评价,被评估者有机会对自己的工作进行全面回顾,思考自己在工作中的优点、不足以及需要改进的地方。这种反思和总结对于个人成长和提升至关重要。被评估者作为工作的直接执行者,对自己在工作中的实际情况有着最直接的感受。他们的自我评价能够提供其他考评主体可能无法察觉的细节和体验,从而丰富考评的维度和深度。

5. 客户或服务对象

在绩效评估中,客户或服务对象作为考评主体之一,其评价直接反映了考评者的工作表现和服务质量。客户或服务对象是被考评者工作结果的直接体验者,能够提供关于服务质量、产品满意度等方面的直接反馈。这种反馈对于评估被考评者的工作效果和服务水平具有极高的参考价值。

四、绩效评估的方法

（一）简单排列法

排列法是根据某一评价标准,对员工的工作绩效进行从高到低的排序方法。考评者根据具体的评估内容或评估因素,将员工进行排序,形成一个明确的绩效优劣顺序。这种方法简单易行,能够快速区分员工绩效的高低,为组织提供明确的员工绩效评价结果。该方法适用于数量比较少且从事相同工作的员工绩效评估,如表7-1所示。

表 7-1 简单排列法示例

排列评估表

排名	姓名	部门	工作业绩	工作态度	工作质量	工作效率	综合得分
1		销售部					
2		销售部					
3		销售部					
4		销售部					
5		销售部					
6		销售部					

简单排列法的一个变形是交替排列法。交替排列法是先挑选出最好和最差的员工,然后依次选择次优和次差的员工,如此循环进行,直至所有的员工都纳入评估序列。使用该方式时需要注意的是,当员工绩效相近时,尤其是当他们的表现相差无几的情况下,应小心操作以避免不公平现象发生。

(二)配对比较法

配对比较法,也称为成对比较法,它要求将所有要评价的员工进行配对比较,根据某一特定的评价标准来确定员工绩效的相对优劣。评价过程中,会依据一个或多个具体的评价标准(如工作态度、工作质量、工作效率等)来判断哪位员工在该标准下表现更优。配对比较法适用于员工数量相对较少的情况,因为随着员工数量的增加,比较的次数将呈几何级数增长,这会增加操作的复杂性和时间成本。

配对比较法的优点是能够较为准确地反映出员工之间的相对绩效差异;缺点是当员工数量较多时,操作起来较为烦琐,且可能受到评价者主观性的影响。配对比较法如表 7-2 所示。

表 7-2 配对比较法示例

员工	A	B	C	D	E	"＋"的个数
A		＋	＋	－	－	2
B	－		－	－		0
C	－	＋		＋	＋	3
D	＋	＋	＋		＋	4
E	－	＋				1

注:"＋"代表"优于";"－"代表"差于"。

（三）强制分类法

强制分类法是一种基于正态分布规律和特定的比例要求，对员工进行绩效归类的考评方法，该方法的前提假设是员工的绩效表现呈现"两头小、中间大"的正态分布规律，即大部分员工的绩效表现处于中等水平，而表现优秀和表现不佳的员工相对较少。该方法适用于人员数量较多、规模较大的组织。

在员工绩效管理制度中，企业会明确划分出若干绩效等级，并设定每个等级中员工的数量或占比。这些等级通常包括优秀、良好、一般、较差、最差等，具体等级数量和名称可能因企业而异。企业会根据员工绩效和能力的整体表现情况，在绩效考核打分环节进行控制，以确保员工的整体绩效考核结果符合既定的比例分布。如可以设定优秀比例占10%，良好比例占20%，一般比例占40%，较差比例占20%，最差比例占10%等，如表7-3所示。

表7-3　强制分类法示例

员工总数	比例分布				
	优秀（10%）	良好（20%）	一般（40%）	较差（20%）	最差（10%）
200人	20人	40人	80人	40人	20人

强制分类法的主要目的是将员工绩效明确区分开来，为后续的员工奖惩、员工培养等管理工作提供支持。通过这种方法，企业可以更加客观地评估员工的绩效水平，并据此制定相应的人力资源管理策略。

但强制分类法可能存在边界模糊的问题。一方面，对于绩效相近的员工，确定他们属于哪一个具体类别可能会变得困难，这可能导致分类的争议和不准确性。另一方面，由于强制分类法通常涉及将员工分为不同的绩效等级，这可能导致员工之间产生竞争和压力，一些员工可能会对这种方法产生抵触心理，认为这种划分方式缺乏人性化，存在偏见或者过于刻板。

（四）量表评估法

量表评估法是一种标准化的绩效评价工具，该方法使用特定设计的量表来对被评价者的绩效进行客观、量化的评估。这种量表通常包括一系列的评价指标，每个指标下设有明确的评分标准或等级，以便评价者对被评价者在各项工作指标上的表现进行评分或评级，如表7-4、表7-5所示。

Note!

表7-4　绩效评估量表示例

某景区导游绩效评估质量表

员工姓名：		工作单位：		评估人：		评估日期：
评估指标	优:5分	良:4分	中:3分	差:2分	最差:1分	
接待游客数量						
专业知识掌握程度						
信息传递准确性						
行程安排合理性						
游客服务质量						
工作态度与责任心						
评估意见： 评估人签名： 员工意见： 员工签名：				5分:表现出色,完全达到预期标准。 4分:表现良好,大部分达到预期标准。 3分:表现一般,部分达到预期标准。 2分:表现较差,大部分未达到预期标准。 1分:表现非常差:完全未达到预期标准		

表7-5　绩效计分表示例

项目	评分	评价标准
专业知识掌握程度评价标准	5分	导游对景点的历史文化有深入了解,能够准确详细地解答游客的各类问题,提供丰富的背景知识
	4分	导游对景点的知识掌握较为全面,能够回答大部分游客的问题,但某些细节可能不够深入
	3分	导游对景点的基本知识有所了解,但回答不够详尽或有时无法回答较为复杂的问题
	2分	导游对景点的了解有限,经常无法准确回答游客的问题
	1分	导游对景点的知识几乎一无所知,无法为游客提供有价值的信息
信息传递准确性评价标准	5分	导游传递的信息完全准确无误,能够清晰地表达景点的历史、文化和特色。在讲解过程中,能够准确无误地回答游客的问题,没有误导性信息。提供的旅游建议和信息对游客具有高度的实用价值
	4分	导游传递的信息大部分准确无误,偶尔有小的瑕疵但不影响整体理解。能够较为清晰地讲解景点的相关知识,对游客的提问能够给予准确的回答。提供的旅游建议和信息基本符合游客需求
	3分	导游传递的信息基本上准确,但偶尔会出现一些不精确或模糊的描述。在讲解过程中,能够回答大部分游客的问题,但可能不够深入或全面。提供的旅游建议和信息对游客有一定的帮助,但可能不够完善

续表

项目	评分	评价标准
信息传递准确性评价标准	2分	导游传递的信息存在较多错误或模糊不清的情况。在讲解过程中,可能无法准确回答游客的某些问题,或给出的信息有误。提供的旅游建议和信息可能对游客造成一定的误导
	1分	导游传递的信息大部分都是错误的或者模糊不清的。在讲解过程中,经常无法回答游客的问题或给出错误的信息。提供的旅游建议和信息对游客几乎没有实用价值,甚至可能给游客带来困扰
行程安排合理性评价标准	5分	行程安排充分考虑了游客的需求和兴趣,活动丰富多样,时间分配恰当。各个景点之间的衔接顺畅,交通安排合理,避免了长时间的等待和拥堵。行程中留有足够的休息和自由活动时间,保证了游客的舒适度和自由度
	4分	行程安排基本符合游客的期望,主要景点都得到了合理的安排。交通和景点间的转移相对顺畅,虽有轻微延误,但不影响整体行程。游客有一定的休息和自由活动时间,整体感受较为舒适
	3分	行程安排较为紧凑,但基本能够涵盖主要景点。在交通和景点转移方面可能存在一些小的不便或延误。休息和自由活动时间相对较少,但仍能满足游客的基本需求
	2分	行程安排过于紧凑或松散,导致游客体验不佳。交通和景点间的转移存在明显的不便或延误,影响了游客的行程体验。休息和自由活动时间明显不足,游客可能感到疲惫或不满
	1分	行程安排混乱无序,完全忽视了游客的需求和兴趣。交通和景点间的转移安排严重不合理,导致大量时间浪费和游客的不满。几乎没有为游客提供休息和自由活动时间,游客体验极差
游客服务质量平标标准	5分	服务态度热情周到,对游客的问题和需求能够迅速响应。提供的信息详尽准确,能够为游客提供专业的指导和建议。在处理游客问题时,表现出高度的责任心和解决问题的能力。游客满意度非常高,几乎无投诉
	4分	服务态度友好,对游客的需求能够给予及时回应。提供的信息较为准确,能够为游客提供基本的旅游咨询。在处理游客问题时,表现出一定的责任心和解决问题的能力。游客满意度较高,投诉较少
	3分	服务态度一般,对游客的需求反应不够迅速。提供的信息可能存在一定的误差或遗漏。在处理游客问题时,责任心和解决问题的能力有待提高。游客满意度一般,偶尔会有投诉
	2分	服务态度冷淡,对游客的需求经常忽视或回应缓慢。提供的信息错误较多,不能为游客提供有效的旅游咨询。在处理游客问题时,缺乏责任心和解决问题的能力。游客满意度较低,投诉较多
	1分	服务态度恶劣,对游客的需求置之不理。提供的信息几乎都是错误的或误导性的。几乎无法处理游客的问题,缺乏责任心和解决问题的能力。游客满意度非常低,投诉频繁

续表

项目	评分	评价标准
工作态度与责任心评价标准	5分	工作态度极其认真负责,始终保持高度的专业素养。对待游客热情周到,始终将游客的需求和满意度放在首位。在工作中,能够主动承担责任,积极解决问题,不推诿、不敷衍。对于工作中的失误或不足,能够主动反思并及时改正,不断提升自己的服务质量
	4分	工作态度认真,能够较好地完成导游工作。对游客友好热情,能够积极回应游客的需求和问题。在遇到问题时,能够勇于承担责任,并尽力解决。对于工作中的不足,愿意接受批评并努力改进
	3分	工作态度一般,能够基本完成导游工作。对游客的态度较为友好,但有时可能不够主动热情。在遇到问题时,能够承担一定的责任,但需要一定的监督和指导。对于工作中的不足,有时需要他人指出后才能意识到并改进
	2分	工作态度较为消极,对待导游工作不够认真负责。对游客的态度有时较为冷淡,甚至可能出现忽视游客需求的情况。在遇到问题时,往往逃避责任,不愿意主动解决问题。对于工作中的不足,往往缺乏自我反思和改进的意愿
	1分	工作态度极差,对待导游工作极不认真,经常敷衍了事。对游客态度恶劣,经常忽视或怠慢游客的需求。在遇到问题时,完全逃避责任,甚至将问题推给其他人或部门。对于工作中的不足和错误,不仅不反思改进,还可能找借口为自己辩解

量表评估法的核心在于量表的构造,它要求将绩效因素或指标细化,并为每个指标设定具体的如分数、等级或描述性的评价标准或评价尺度。评价者根据被评价者的实际工作表现,对照量表中的指标和评分标准进行打分,最终通过汇总各项指标的得分来确定被评价者的总体绩效水平。其评估流程为首先制定具体的评估量表,明确各项指标和对应的评分标准。然后,由评价者对被评价者的实际表现进行评分。最后,汇总各项指标的得分,得出总评分。

量表评估法的主要优点在于其结构化和标准化的特点,它减少了主观评价的影响,提高了评价的客观性和准确性。同时,量表评估法也便于对多个被评价者进行横向比较,有助于组织内部的人力资源管理和决策。然而,这种方法也可能受限于量表的设计质量和评价者的评分准确性,因此在实施时需要确保量表的科学性和评价者的专业培训。

（五）目标考核法

目标考核法指按照一定指标或评价标准来衡量员工完成既定目标和执行工作标准的情况,并根据衡量结果进行相应奖励的一种考核方法。它是在整个组织实行目标管理制度下,对员工进行的考核,旨在精确衡量员工的工作成果、提供反馈并激励员工提升工作表现。

目标考核法通过设定明确而具体的工作目标,确保员工充分理解其岗位责任及预期达成的业绩指标,以客观事实和数据为依据进行考核,减少主观评价的干扰,从而确保考核过程与结果的公正性。同时,通过设定奖励机制,激励员工努力实现工作目标,提升工作绩效。通过定期考核和反馈机制,帮助员工识别自己的不足并进行改进,实现个人和组织的持续发展。

采用目标考核法时,第一步是确定考核目标,根据组织的整体目标和各部门的职责,制定具体、可量化的个人或团队工作目标。第二步是制定考核标准,考核标准应明确、具体,以便客观地衡量员工的工作成果。第三步是按照设定的时间周期(如季度、半年或年度)定期对员工的工作成果进行考核,评估其目标完成情况。第四步将考核结果及时反馈给员工,指出其工作中的优点和不足,并提供必要的辅导和支持,以帮助其改进和提升。第五步是根据考核结果,对员工进行相应的奖励或惩罚,如晋升、加薪、奖金或其他形式的激励措施,以此激发员工的工作积极性和创造力。

(六)关键事件法

关键事件法的主要原则是认定员工与职务有关的行为,并选择其中最重要、最关键的部分来评定其结果。该评估法强调了评定者应聚焦于员工的关键表现,这些关键表现包括员工在执行职责过程中所出现的特别好或特别差的行为。通过记录和分析这些关键事件,可以对员工的绩效进行客观、准确的评价,如表7-6所示。

表7-6　关键事件法示例

类型	某公司销售人员关键事件法举例
好的关键事件	销售员小王在与客户的长期沟通中建立了深厚的信任关系,客户不仅多次回购,还主动为该销售人员推荐了新的客户
坏的关键事件	销售员小章在没有与生产部门和物流部门协调好之前给客户承诺了一个不切实际的交货期,导致产品未能按时交付,公司赔偿了违约金,并损坏了信誉

在实践中,关键事件法的实施往往依赖直接上级其他观察者来执行。在日常管理中,他们会系统性地监控并记载员工的重要表现事项,以此作为评估员工工作绩效的重要依据。这种方法不仅关注员工的工作结果,还关注员工在工作过程中的行为表现,从而实现对个人能力与态度的全方位评价。

关键事件法的优点在于它以客观事实为基础,从实际发生的关键事件来进行评价,有效减少主观偏见对考核结果的影响。通过对员工的关键绩效进行评估,不仅能揭示他们当前的工作表现,还有助于他们认识自身的优缺点,从而为其提供改进的方向和动力。尽管这种方法在一定程度上具有价值,但它仍存在一定的局限性,比如难以全面评估员工的整体表现,并且可能受到观察者主观判断而使评价结果产生误差。

Note

（七）行为锚定等级评价法

行为锚定等级评价法由美国学者帕特里夏·凯恩·史密斯和洛恩·肯德尔于20世纪60年代提出。这种方法将同一职务工作可能发生的各种典型行为进行评分度量，建立一个锚定评分表，以此为依据，对员工工作中的实际行为进行测评记分。

行为锚定等级评价法融合了关键事件法与量表评估法，兼具两者之长。该方法通过构建一个详细的等级评价表，将关于特别优良或特别劣等绩效的叙述加以等级性量化，从而更精确、更公平地评价员工的工作绩效。

如图7-3所示，每个等级在评定量表上不仅有明确的数值标注，还详尽地附有对应的具体行为描述，增强了该方法的可操作性和透明度。除此之外，行为锚定等级评价法具有良好的连贯性和较高的信度，确保了评价结果的一致性和稳定性。然而，这种方法在设计与执行过程中往往伴随着较高的成本付出和较长时间的消耗，而且对于评价某些复杂的工作较为困难。

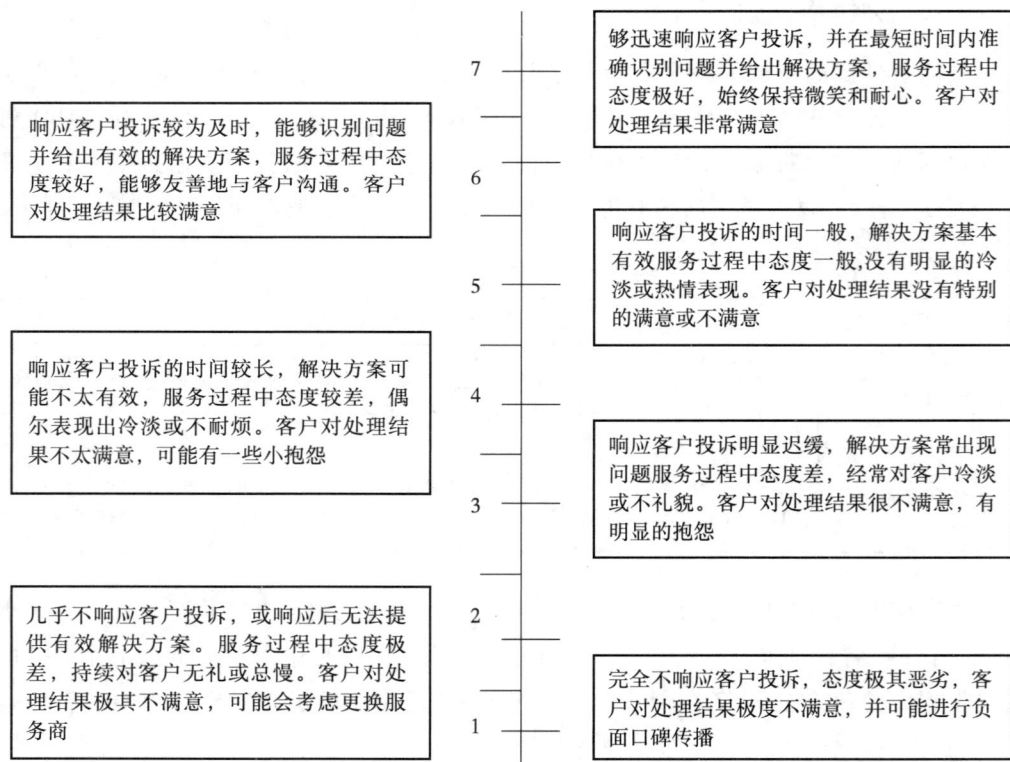

响应客户投诉较为及时，能够识别问题并给出有效的解决方案，服务过程中态度较好，能够友善地与客户沟通。客户对处理结果比较满意

够迅速响应客户投诉，并在最短时间内准确识别问题并给出解决方案，服务过程中态度极好，始终保持微笑和耐心。客户对处理结果非常满意

响应客户投诉的时间一般，解决方案基本有效服务过程中态度一般，没有明显的冷淡或热情表现。客户对处理结果没有特别的满意或不满意

响应客户投诉的时间较长，解决方案可能不太有效，服务过程中态度较差，偶尔表现出冷淡或不耐烦。客户对处理结果不太满意，可能有一些小抱怨

响应客户投诉明显迟缓，解决方案常出现问题服务过程中态度差，经常对客户冷淡或不礼貌。客户对处理结果很不满意，有明显的抱怨

几乎不响应客户投诉，或响应后无法提供有效解决方案。服务过程中态度极差，持续对客户无礼或总慢。客户对处理结果极其不满意，可能会考虑更换服务商

完全不响应客户投诉，态度极其恶劣，客户对处理结果极度不满意，并可能进行负面口碑传播

图7-3　行为锚定等级评价法

（八）关键绩效指标法

关键绩效指标法（Key Performance Indicator，简称KPI）是一种绩效管理方法，该方法通过制定和跟踪关键绩效指标来评估组织、团队或个人的工作表现。这些关键指标

具有明确的可量化特性,能公正且客观地衡量和评估被考查对象的工作成果。KPI并不仅仅局限于单一的衡量标准,而是一个全面且系统性的业绩评价框架。

在实施关键绩效指标法时,首先要明确组织的战略目标,然后将这些目标分解为具体、可衡量的绩效指标,以便于有效地追踪和评估。这些指标应与组织的核心业务流程紧密相连,并能够反映组织在实现战略目标方面的关键成功因素。

通过比较实际绩效与预设标准的差异,组织可以及时了解工作进展,发现存在的问题和机会,并采取相应的改进措施。然而,关键绩效指标法并非完美无缺,它在实践中暴露出一些问题,比如倾向于聚焦短期目标而忽视长远规划,过于侧重量化数据而忽视了对质量维度的评估等。因此,企业应用这种方法时,需因地制宜并灵活调整,以确保绩效评估的全面性和有效性。

(九)目标和关键成果法

目标和关键成果法(Objectives and Key Results,简称OKR)是一种目标设定和成果评估的方法。它帮助企业或团队明确主要目标,并设定可衡量的关键成果来评估这些目标的完成情况。目标(Objectives)是企业或团队想要实现的主要战略方向或业务目标。目标设定可以具备定性与定量的双重维度,旨在描绘出一个期望的、具体的结果或理想状态。关键成果(Key Results)是为了实现这些目标而设定的具体、可衡量的过程指标。关键成果必须是量化的,以便于追踪进度和评估成果,它们是对目标达成情况的客观衡量标准,帮助团队了解是否正朝着目标前进。该方法目前广泛应用于IT行业、风险投资行业、娱乐游戏行业及需要项目管理的其他行业。

在使用目标和关键成果法时需注意每个被评价者的目标通常不超过5个,以确保方向清晰、重点突出。每个目标下的关键成果也不超过4个,便于抓住重点和操作。此外,每个关键成果都必须是能够直接完成相对应目标的。在企业内部,每个人的目标和关键成果,以及最终的评分都是公开和透明。最终设定目标时,应遵循自上而下的层次结构,即先由公司层面确立,然后逐步下达到部门、团队和个人,确保所有层级的目标都达成一致共识。

OKR与KPI是两种不同的绩效评估方法,它们有不同的特点和适用范围,这两种方法的比较如表7-7所示。

表7-7 OKR和KPI的比较

	OKR	KPI
核心	核心在于目标导向和成果的量化评估	核心在于对绩效的细致量化评估
特点	强调目标的设定与挑战性。关键成果是可衡量的,但更注重目标的实现过程。适用于需要灵活性和创新性的工作环境	侧重具体的绩效指标和达成情况。更加关注量化结果和对结果的考核。适用于稳定、成熟的业务流程

Note

（十）360度绩效评估法

360度绩效评估法，又称为"360度绩效反馈"或"全方位评估"，是一种全面的绩效评价方法。该方法是指从与被评估者发生工作关系的如上级、下级、客户及本人等多方主体那里获得被评估者的信息，以此对被评估者进行全方位、多维度的绩效评估的过程，如图7-4所示。

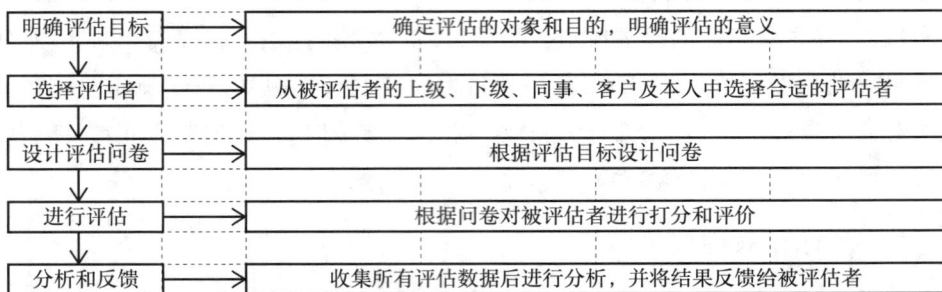

明确评估目标	→	确定评估的对象和目的，明确评估的意义
选择评估者	→	从被评估者的上级、下级、同事、客户及本人中选择合适的评估者
设计评估问卷	→	根据评估目标设计问卷
进行评估	→	根据问卷对被评估者进行打分和评价
分析和反馈	→	收集所有评估数据后进行分析，并将结果反馈给被评估者

图7-4　360度绩效评估法流程

360度绩效评估法通过对上级、同级、下级、客户等多个角度来评估，使绩效考核中收集的信息更全面、更客观。该方法采用匿名的形式，避免了由于担心打击报复或破坏人际关系的顾虑，从而使各方做出的评估更趋于客观。此外，由于评估者来自不同层次，且每个层次的评估者都是若干名，因此评估结果更接近客观情况，可减少个人偏见和评分误差。同时，被评估者可以获得来自多层面的人员对自己工作绩效、个人能力及工作态度等的评估，从而更全面地了解自己，为改进不足、不断提升自己提供参考。

360度绩效评估法是一种全面、客观的绩效评价方法，通过从多个角度获取被评估者的信息来对其进行全方位的评估。这种方法有助于被评估者了解自己的优点和不足，从而制订改进计划以提高个人绩效，同时也促进了组织战略目标的实现与整体发展。但是，应注意其可能存在的缺点，如时间成本高和可能存在偏见等，如表7-8所示。

表7-8　360度绩效评估法的优缺点

优点	缺点
多元化视角：能够全面评估员工的表现。 促进交流：有助于员工了解自己的职业发展机会和提高空间，并与上司、同事建立更好的沟通关系。 提高绩效：员工可以根据评估结果了解自己的不足并制订改进计划，从而提高个人绩效	时间成本高：需要花费大量时间和精力进行数据的收集、整理和分析。 可能存在偏见：不同评估者可能存在不同的偏见和主观意见

（十一）平衡计分卡

平衡计分卡（Balanced Scorecard，BSC）是一种综合性的绩效评价体系。它不仅包含传统的财务指标，还结合了非财务指标，通过四个主要的视角（财务、顾客、内部业务、创新与学习)来全面评估组织的业绩。这种方法旨在将组织的长期战略和短期行动结合起来,从而提供一个清晰的战略框架和相应的绩效衡量指标体系。

1.平衡计分卡的特点

(1)综合性视角。

平衡计分卡通过四个维度(财务、顾客、内部业务、创新与学习)来衡量公司的绩效,这种综合性的视角有助于公司更全面地了解自身的绩效表现,从而制定更为精准的战略。

(2)战略导向。

它将财务绩效与非财务绩效指标相结合,使公司能够更清晰地衡量和管理战略目标的实现情况。通过设定具体的关键绩效指标和目标,组织可以明确战略重点,更有效地配置资源,并与激励机制相结合,推动战略目标的实现。

(3)信息传递与对齐。

平衡计分卡有助于将组织的战略目标和绩效指标传递给各个部门和员工,使组织内部的信息传递和目标对齐,增强组织的协同性,确保所有成员都朝着共同的目标努力。

(4)风险管理。

除关注财务绩效,平衡计分卡还强调对非财务因素(如客户满意度、内部流程效率等)的监测和评估,有利于组织及时发现和应对潜在的风险和问题,降低不利因素对业务的影响。

(5)短期目标与长期目标的平衡。

平衡计分卡不仅关注当前的绩效表现,还着眼于组织的未来发展。它通过将长期战略目标分解为短期可操作的指标,帮助组织在追求短期业绩的同时,不偏离长期战略目标。

2.平衡计分卡的基本框架

平衡计分卡四个角度如图7-5所示。

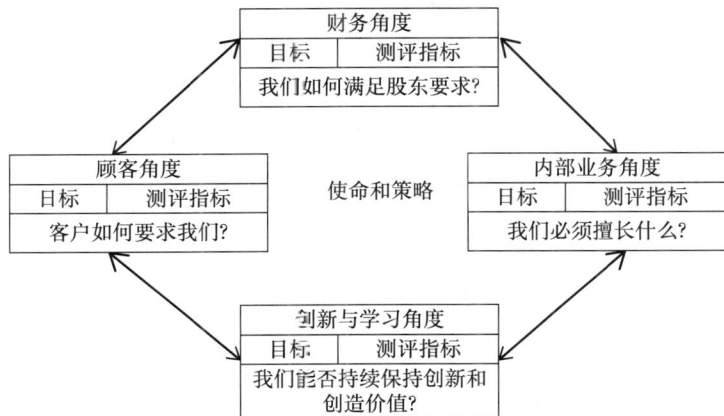

图7-5　平衡计分卡框架

　　财务角度:关注组织如何满足股东和投资者的期望。传统的财务指标如收入、利润、成本等仍然是评价组织经济效果的重要依据。

　　顾客角度:强调组织全面理解并积极满足客户的需求和期望,通过监控客户满意度、提升市场份额及维持高客户保留率等关键绩效指标用以衡量组织在市场上的表现和竞争力。

　　内部业务角度:关注组织内部运营的效率和质量,涉及生产流程、产品质量、响应速度、风险管理等方面,以确保组织能够高效地提供优质的产品或服务。

　　创新与学习角度:着眼于组织的未来发展潜力,包括员工培训和发展、技术创新、组织文化等方面的投入和成果,以确保组织能够持续进步和适应变化的环境。

　　平衡计分卡可使组织得以全方位审视自身的业务表现,挖掘可能存在的隐性问题与机遇,并据此设计出精准的优化策略。这种方法有助于将组织的战略目标转化为具体的行动计划,并监控这些计划的实施情况,以确保组织能够朝着既定的战略目标前进。

　　3.平衡计分卡的实施步骤

　　(1)建立企业愿景与战略。

　　明确企业的使命、愿景与战略,确保所有成员对企业的发展方向有共同的理解。成立实施团队,向企业内部各层次宣传、教育并解释企业的使命、愿景与战略。

　　(2)制定平衡计分卡。

　　从财务、顾客、内部业务、创新与学习四个方面,建立具体的指标体系及评价标准。确保所选指标能够全面反映企业的战略目标和关键成功因素。

　　(3)数据处理与分析。

　　根据指标体系收集原始数据,并通过专家打分等方法确定各个指标的权重,然后对收集到的数据进行综合处理和分析,以便了解企业当前的绩效状况。

　　(4)分解指标并设定目标。

　　将指标分解到企业、部门和个人层次,确保各个层次的目标与企业的整体战略保持一致。将指标与目标进行比较,发现数据变动的因果关系,以便更好地调整战略和行动计划。

　　(5)制定绩效衡量指标。

　　预测并制定每年、每季、每月的绩效衡量指标的具体数字。将这些指标与企业的计划和预算相结合,确保目标的实现具有可行性。

　　(6)实施与监控。

　　根据制订的行动计划开始实施,并定期监控指标的完成情况。对实际业绩与预期目标进行对比分析,及时调整策略以确保目标的实现。

　　(7)反馈与持续改进。

　　定期采纳员工意见和建议,对平衡计分卡进行完善。根据实施情况对战略进行修正和改进,以确保平衡计分卡的有效性。

4.实施平衡计分卡的注意事项

（1）战略目标的可分解性。

企业的战略目标必须能够层层分解，与内部的各部门及个人的目标达成一致。这意味着每个层级的目标都应该以企业的整体战略目标为指引并与之相协调，个人利益需服从组织的整体利益。

（2）健全的内部制度。

企业应具备与实施平衡计分卡相配套的其他健全制度，包括但不限于财务制度、内部信息化平台管理制度、业务流程管理制度、绩效考核制度等。

（3）指标间的因果关系。

平衡计分卡所揭示的四个维度指标之间存在明确的因果关系，企业必须能够理解和找到这些指标之间的联系，以确保平衡计分卡的有效实施。

（4）指标创建与量化。

除了财务指标，其他三个方面的指标的创建和量化相对困难。这些指标可能存在不易收集和难以量化的特点，因此，企业的信息传递和反馈系统需完善。

（5）指标权重分配困难。

在使用平衡计分卡时，不同指标的权重分配是一大难题。这不仅涉及四个层面指标权重的分配，还包括同一层面不同指标的权重分配，这要求企业要使用一个客观标准来指导权重的确定，尽可能避免权重分配过程存在主观性。

第五节　绩效反馈及绩效结果应用

绩效反馈是绩效管理过程中的一个重要环节。它指的是在绩效评估结束后，管理者与被评估者之间应进行的一次正式或非正式的对话，主要是为了讨论和评估被评估者在过去一段时间内的工作表现，以及工作中存在的问题和需要改进的地方。通过这种反馈，被评估者可以了解自己的工作状况，知晓工作中的优点和不足，从而得到相应的指导和帮助，以便更好地完成工作并提升个人绩效。

一、绩效反馈的目的

绩效反馈的核心目的是改善和提升员工的工作效率和质量，同时也是为了增强员工对组织目标的认同感和工作满意度。在绩效反馈过程中，通常会涉及具体的工作成果、工作态度、工作能力等方面的评价，并会提出建设性的改进意见和发展建议。通过绩效反馈，员工不仅能够明确自己的工作方向，还能感受到组织的关心和支持，从而更加积极地投入工作。

二、绩效面谈

绩效面谈指在绩效考核结束后,由直接主管和员工进行面对面正式沟通的过程。这个过程的主要目的是对员工在过去一段时间内的绩效表现进行评估,给予反馈,并共同讨论、制定下一阶段的工作计划和目标。在绩效面谈中,主管会依据之前的绩效标准和考核指标,对员工的具体工作业绩进行详细且客观的评估。在评估员工表现时,会明确指出他们在工作中的优缺点及存在的问题,同时针对这些问题,提供详尽的改进建议与操作指导。绩效面谈时上级主管会鼓励员工积极发声,分享个人见解,同时允许他们坦诚地陈述工作中的困扰与所需援助。

(一)绩效面谈的内容

1. 目标回顾与评估

回顾员工在过去一段时间内设定的工作目标,并对目标的完成情况进行全面评估。分析目标完成情况,以及员工为实现目标所采取的措施和方法。

2. 工作表现和成果

评估员工在工作中的具体表现和取得的成果,如工作质量、工作效率、团队合作等方面的成绩,并给予其具体的反馈。

3. 正面反馈与指导

对员工的优秀表现给予正面反馈和鼓励,同时指出需要改进之处,并提供具体、可操作的建议和指导。

4. 职业发展和学习计划

与员工共同讨论其职业发展目标和长期规划。了解员工的学习需求并提供培训、学习和发展机会,以支持员工的持续成长。

5. 绩效奖励与激励

讨论员工可能获得的如绩效奖金、晋升机会、股权激励等绩效奖励,明确激励措施,以增强员工的工作动力和满意度。

6. 意见和需求收集

倾听员工的意见、需求和问题,了解员工对工作环境、团队合作等方面的真实想法,寻找解决方案,以满足员工的合理需求。

7. 目标设定与计划

共同制定下一个评估周期的工作目标和绩效指标,确保双方对期望的结果达成共识,以便员工能够有针对性地努力。

8. 长期职业生涯规划

与员工一起探讨长期的职业生涯规划和发展路径,提供必要的支持和建议,以确保其在组织中有良好的职业发展机会。

（二）绩效面谈的步骤

如图7-6所示,这些步骤构成了一个完整的绩效面谈流程,在提高员工的工作效率和绩效的同时也有助于组织实现其战略目标。

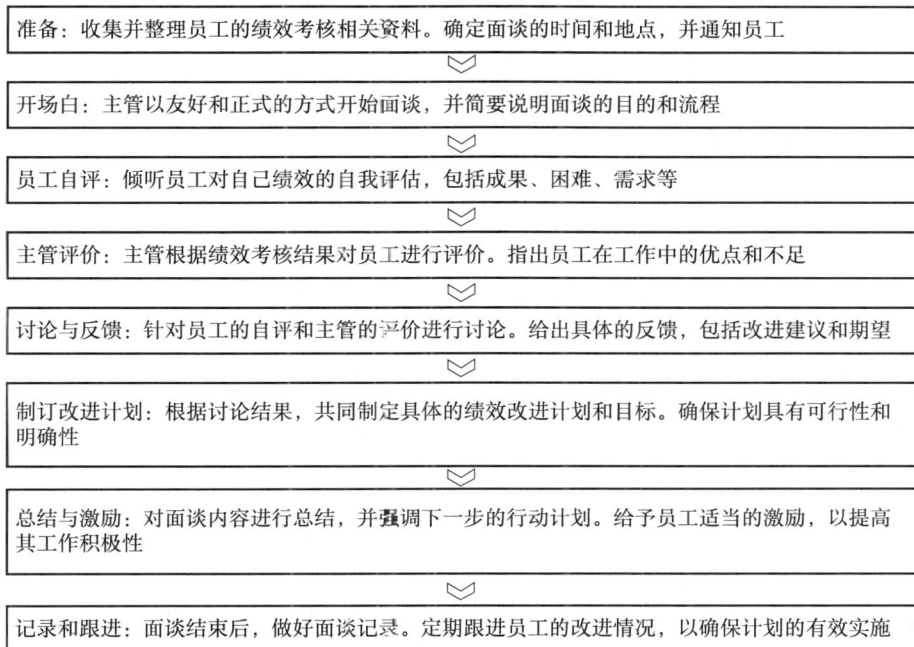

准备：收集并整理员工的绩效考核相关资料。确定面谈的时间和地点，并通知员工

开场白：主管以友好和正式的方式开始面谈，并简要说明面谈的目的和流程

员工自评：倾听员工对自己绩效的自我评估，包括成果、困难、需求等

主管评价：主管根据绩效考核结果对员工进行评价。指出员工在工作中的优点和不足

讨论与反馈：针对员工的自评和主管的评价进行讨论。给出具体的反馈，包括改进建议和期望

制订改进计划：根据讨论结果，共同制定具体的绩效改进计划和目标。确保计划具有可行性和明确性

总结与激励：对面谈内容进行总结，并强调下一步的行动计划。给予员工适当的激励，以提高其工作积极性

记录和跟进：面谈结束后，做好面谈记录。定期跟进员工的改进情况，以确保计划的有效实施

图7-6　绩效面谈的步骤

三、绩效反馈的技巧

（一）清晰明确的目标和标准

在给出绩效反馈之前,应先确保目标和标准已经明确,并且员工对其有清晰的了解,这样可以使绩效反馈更具有可操作性。

（二）积极中肯的语言

绩效反馈过程中上级主管应使用积极向上的语言,强调员工的优点和成就,同时给予中肯的批评和指导,以帮助员工意识到存在的问题并提供解决方案。

（三）专注于结果和行为

绩效反馈应集中于员工的实际表现和行为,避免涉及个人主观理解,确保反馈更具客观性和准确性。

（四）提供具体的例子和事实

用具体的例子和事实来支持观点和评价,以帮助员工更好地理解自己的表现,并提供改进的方向。

（五）建立有效的对话和互动

绩效反馈应是双向的对话过程，上级主管应鼓励员工积极提出问题和疑虑，并要针对这些问题给予回应和解答。

（六）设定明确的目标和行动计划

在绩效反馈结束时，上级主管要与员工一起设定明确的目标和行动计划，以确保达成共识。

（七）定期跟进和回顾

绩效反馈是一个持续的过程，需要上级定期跟进和回顾员工的表现，并及时提供反馈和指导，以帮助员工不断提高自己的绩效。

四、绩效结果的应用

绩效评估完成后，应将员工的绩效考核成绩作为依据，将其应用于企业管理中。绩效考核结果的应用通常包含价值评价和绩效改进两个方面的内容。价值评价是企业人力资源决策的重要依据，用于员工的奖励惩罚、工资调整及人事变动。绩效改进是根据绩效评估结果为员工培训和员工职业生涯管理规划方面提供决策依据。以此来促进员工与企业共同成长与发展，为企业带来正向的推动。绩效考核结果的应用如图 7-7 所示。

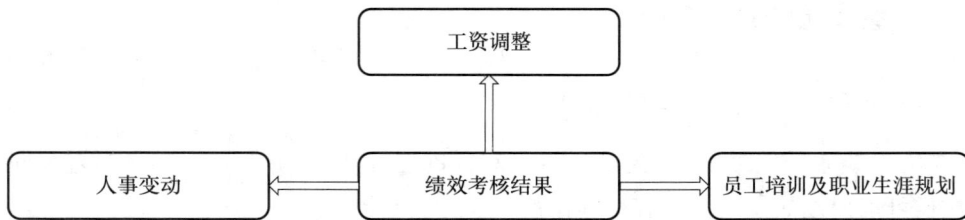

图 7-7 绩效考核结果的应用

第八章
员工薪酬管理

本章概要

　　员工薪酬管理是人力资源管理中的核心模块之一,它直接关系到员工的切身利益,也是激励员工、提高工作积极性和绩效的重要手段。本章将深入探讨员工薪酬管理的各个方面,包括薪酬设计、员工福利及薪酬激励等,旨在帮助企业构建科学合理的薪酬体系,实现员工个人与企业的共同发展。

学习目标

知识目标

1.了解薪酬管理的基本概念和理论基础。
2.理解并掌握薪酬管理的基本流程。
3.掌握薪酬设计的原则和方法。

能力目标

1.能够根据企业的实际情况,制定合适的薪酬管理策略。
2.熟练掌握薪酬管理的实际操作技能。
3.能够运用薪酬管理知识,解决企业在薪酬方面遇到的实际问题。

素质目标

1.强调以人为本的薪酬管理理念。
2.倡导公平、公正、公开的薪酬管理原则,确保薪酬的透明度和公信力。
3.树立社会责任感,形成积极人生态度。
4.培养职业素养和增强制度自信。

本章导入

古人说："经国序民，正其制度。"这句话的意思是治理国家，使人民安然有序，就要健全各项制度。中华人民共和国成立70多年来，我们党领导人民不断探索实践，逐步形成了中国特色社会主义国家制度和法律制度，为当代中国发展进步提供了根本保障，也为新时代推进国家制度和法律制度建设提供了重要经验。

社会主义基本分配制度以按劳分配为主体，同时容纳多种分配方式，这一制度在保障效率的同时，也致力于公平的实现。这种分配制度显著地展示了我国社会主义制度在薪酬分配领域的优势，即能够在维护劳动者合法权益的基础上，促进经济发展和社会稳定。此外，我国已基本建成全覆盖的发展型社会福利体系，这一新型的社会福利体系覆盖广泛，不仅关注基本生活保障问题，还涵盖了教育、医疗、养老等多个领域，为人民提供了全方位的支持和保障，进一步彰显了我国社会主义制度在福利分配领域的制度优势。

在员工薪酬管理过程中，组织应明确薪酬管理政策与社会主义基本分配制度的一致性，建立公开透明的薪酬体系、注重薪酬与绩效的挂钩、关注员工福利与社会责任、加强员工沟通与参与及持续优化薪酬管理制度等。这些措施有助于提升组织的管理水平和员工满意度，进一步坚定和增强社会主义制度自信。

第一节　员工薪酬管理概述

一、薪酬概述

（一）薪酬的概念

薪酬指员工向其所在单位提供所需的体力劳动或智力劳动后获得的各种经济的或非经济的回报和补偿。经济性回报和补偿指体现为货币的报酬，包括基本薪金、绩效薪酬、奖金等以现金形式直接或间接支付的部分。非经济性回报和补偿指员工从工作中获得的各种非货币形式的满足，如工作的挑战性、决策的参与、获得个人成长的机会等，这些通常可以让员工感到自己的工作是被认可的，虽然不直接以货币形式支付，但对员工来说具有很大的激励效应。

（二）薪酬的构成

1. 基本薪金

基本薪金又称为基础工资，指雇主按照一定标准，根据员工所承担的具体工作而支付的固定薪资,是员工在既定时E内获得的基本报酬。基本薪金是员工薪酬体系中的核心部分,通常以月为单位定期发放,用于保障员工的基本生活。基本薪金不受员工的个人绩效和公司整体业绩的影响,是相对稳定的收入来源,所以又被称为"不变薪酬"或"固定薪酬"。

2. 绩效薪酬

绩效薪酬是根据员工的绩效表现和贡献程度来确定的薪酬。绩效薪酬旨在激励和奖励优秀员工,同时对表现不佳的员工进行相应的薪酬调整。员工在工作中的表现越好,对企业的贡献越大,所获得的报酬也就越高。绩效薪酬可更好地激发员工的工作积极性,提高其工作效率及工作质量,为企业创造更大的价值。由于绩效薪酬是灵活可变的,所以又被称为"可变薪酬"。

3. 奖金

奖金是企业对员工优秀的工作表现所支付的金钱或其他形式的酬劳,是企业为了肯定和鼓励员工在过去一段时间内的优秀表现而支付的一种福利。奖金通常与员工的工作绩效及完成的任务挂钩。比如,销售人员完成了销售目标,就可能会获得销售奖金;研发团队成功研发出新产品,也可能会有研发奖金。除此之外,节日奖金、年终奖等都是企业为了感谢员工的辛勤付出而给予的额外奖励。

4. 红利

红利是指企业在盈利后,按照一定比例和规则,以现金或其他形式发放给员工的额外报酬。红利主要来源于企业的盈利,当企业经营状况良好,实现盈利时,为了激励员工和回馈员工的辛勤付出,企业会选择发放红利,以表彰员工并激励员工持续努力。

红利的发放形式分为现金红利和股票红利两种。现金红利是以货币形式直接发放给员工,员工可以自由支配这部分资金。企业也可以选择以股票的形式发放红利,员工可以获得公司股票,从而成为公司的股东,共享公司未来的增值收益。

5. 股票期权计划

股票期权计划是企业针对核心人才的长期薪酬,指企业授予员工在一定期限内,按照事先约定的价格购买一定数量的公司股票的权利。期权持有人有权在未来的某个时间,以约定的价格购买公司股票。股票期权是一种权利而非义务,被赋予权利购买期权的员工有权选择是否行使该权利。如果市场价格高于事先约定的价格,员工可以行使购入权而获得收益;反之,则可能选择不行权,从而避免损失。由于股票期权通常有一定的锁定期,可以鼓励员工长期为企业工作,有助于留住核心员工,从而保持企业的稳定性和持续发展能力。

股票期权计划使员工有机会共同分享公司未来的增长和价值,从而增加员工的忠诚度和工作动力。由于期权的行使通常在未来某个时间点,这降低了公司当前的现金流压力。通过让员工成为公司的"部分所有者",股票期权计划有助于协调股东和员工的利益,降低代理成本。

6. 期股

期股也是企业针对其核心人才的长期薪酬的一种形式。它是企业所有者与经营者之间的一种报酬约定,要求经营者必须购买本企业的相应股份,以此作为长期激励的一部分。企业出资者与经营者事先确定好股票价格,在任期内,经营者可以通过各种方式(如个人出资、贷款、将奖励部分转化等)获取企业的一定比例的股份。期股制度旨在通过让经营者持有公司股份,使其个人利益与公司长期利益相一致,从而激发经营者为公司创造长期价值的动力。该制度有助于稳定经营团队,提高经营者的责任心和归属感。

相较于股票期权,期股更倾向于鼓励经营者实质上持有公司股份,而非仅仅赋予他们买入或卖出的权利。期股通常需要经营者实际出资购买,因此其风险与收益更加直接相关。值得注意的是,不同公司的期股制度在具体执行时会有所差异,这些差异可能体现在股份购置的价格机制、获取途径、持有有效期等多个方面。

(三)薪酬的作用

1. 保障作用

薪酬是员工维持生活的主要经济来源。合理的薪酬能够满足员工的基本生活需求,确保员工及其家庭的经济安全。

2. 激励作用

通过设定与绩效挂钩的薪酬体系,员工可以更积极地投入工作,提高工作效率。当员工看到自己的工作成果直接影响薪酬时,他们更有可能付出额外的努力。

3. 吸引和留住人才

具有竞争力的薪酬水平可以帮助企业吸引和留住优秀的员工。在人才市场竞争激烈的今天,提供有吸引力的薪酬福利是企业成功招聘和保留人才的关键因素。

4. 提升员工忠诚度

公平的薪酬体系和良好的福利待遇能够增强员工对企业的信任和忠诚度。员工感受到企业的关怀和认可,从而更愿意长期为企业贡献自己的力量。

5. 促进组织目标的实现

通过将薪酬与企业的战略目标和业绩挂钩,可以引导员工的行为符合企业的期望,从而推动组织目标的实现。

6. 社会认可和地位象征

在一定程度上,薪酬水平也反映了员工在社会中的地位和认可度。较高的薪酬通常意味着员工在其职业领域具有较高的声望和地位。

（四）影响企业薪酬的因素

影响企业薪酬的因素是多方面的，既包括企业内部的经营状况、员工个人情况等，又包括外部环境如法律法规、经济发展状况等。企业在设定薪酬时，需要综合考虑这些因素，以确保薪酬体系的合理性和竞争力。

1. 外部影响因素

（1）国家法律法规。

国家规定的最低工资标准、劳动法等法律法规是企业设定薪酬时必须考虑的重要因素。许多国家通常会设定最低工资标准，这是企业支付员工薪酬的底线。企业必须严格遵守这一标准，确保员工薪酬不低于该水平。

劳动法规定了员工的工作时间、加班补偿、福利待遇等，这些都会影响企业的薪酬结构。企业在运营和管理过程中必须严格遵循劳动法的各项条款，包括对加班费支付的明确规定及员工福利待遇的要求，这些法律法规在无形中对企业薪酬体系施加了法律性的管控。

税收政策也会影响到企业的薪酬设计。个人所得税政策会影响员工的实际到手收入。当税收政策发生变化时，员工的税后收入也会相应调整。企业在进行薪酬策略规划时，必须充分考量税收政策对员工薪酬的实际影响，以确保薪酬结构中税前和税后部分的均衡与合理性。

国家对劳动者的保护政策，如工伤保险、生育保险等，也会影响企业的薪酬成本预算。企业应按照相关政策为员工支付相应的保险费用，这些费用也是企业薪酬成本的一部分。企业应密切关注相关法律法规的更新和变化，及时调整薪酬策略以确保合规性。

（2）当地的经济发展情况及物价水平。

地区经济发展水平高，通常意味着更多的就业机会和更高的生产力，这些因素往往会促使企业提高薪酬以吸引和留住人才。以北京、上海、广州和深圳等引领经济前沿的一线城市为例，其高度发达的经济体系直接提高了当地的平均薪资水平。尤其在经济高度发达的地区，各行业的竞争也更为激烈，为了吸引和留住优秀的员工，企业应考虑提供具有竞争力的薪酬待遇和福利方案。

当地物价水平也会影响企业对薪酬的设定。当物价上涨时，员工通常会希望获得更高的薪酬以保持原有生活水准。为了应对物价上涨带来的生活成本增加，企业可能需要调整薪资待遇以保证员工的购买力得以维系。这种调整可以是定期的或不定期的，具体取决于物价上涨的速度和幅度。同时，物价上涨也会导致企业运营成本的增加，为了保持盈利能力，企业可能需要在提高产品或服务价格的同时，也相应适度调整员工的薪酬。

（3）劳动力市场供求情况。

当劳动力市场供应充足时，即应聘者人数多于企业需求，通常会导致薪酬水平相对平稳或呈现下降的趋势。因为企业在招聘时有更大的选择空间，有时可能会倾向于压低薪资以实现成本节省。如果劳动力供应紧张，即职位空缺多于求职人数，企业通常会采取提高薪资待遇的策略，以争夺并保持核心人力资源。

在劳动力市场供需紧张的时期，企业往往会采取积极策略，如提升薪资待遇和增加诱人福利，以加速招聘适合员工的进程。在劳动力市场供应过剩、需求疲软的情况下，企业往往倾向于削减薪酬开支，以此作为削减成本的策略。

不同行业的劳动力市场需求和供应情况不尽相同，这也会影响薪酬水平。举例来说，对于那些具备高度技术和高市场需求的职位，其薪酬水平往往呈现出明显的增长趋势。行业的竞争激烈程度显著地影响着薪酬水平。在竞争白热化的行业环境中，企业往往需要付出更具竞争力的薪酬待遇，以此来吸引和留住卓越的人才。

同时，不同地区的劳动力市场供求情况也有所不同，这会导致薪酬水平的地区性差异。普遍而言，经济发达的地区往往具备较高的薪酬待遇。

（4）其他企业的薪酬水平。

企业在制定员工薪酬时，通常会参考同行业或相似行业中其他企业的薪酬标准，以确保薪酬的公平性和市场竞争力。在竞争激烈的商业环境中，倘若同类企业提供了更为丰厚的薪酬待遇，为了保持自身的市场竞争力，企业不得不考虑提升其薪酬结构。

实际上，员工往往会将自己的薪资待遇与同行业内其他企业进行横向比较。当其他企业的薪酬待遇较高，员工可能会由于薪酬差距而感到不满，这可能直接冲击员工的工作热情和留存率。因此，企业在制定薪酬时，必须充分评估并顾及员工的期望值与满意度，以确保能激发他们的工作热情和增强其归属感。

虽然企业的薪酬决策会受到其他企业薪酬水平的影响，然而在制定时，还得充分考量自身的财务承受能力和经营策略。企业在调整薪酬策略时不能盲目跟风，应全面权衡自身的财务状况、战略目标及市场定位，从而做出理智决策。

2. 内部影响因素

（1）企业的经营战略和企业文化。

企业的经营战略决定了企业的人力资源规划，包括员工的结构类型、数量和素质。举例来说，如果企业的战略是扩大市场份额，通常会考虑增强销售团队，这就可能导致在员工薪酬预算上有所增长，以吸引和留住更多的销售专业人才。同时，企业战略决定薪酬水平是高于、等于还是低于市场平均工资水平。比如，采取增长型战略的企业，其薪酬水平可能要采取领先型策略，以吸引优秀人才。此外，由于各级别员工所肩负的战略职责各异，他们所对应的薪资待遇自然有所区别。尤其是高级管理人员和核心技术专家，由于常常肩负着重大的战略决策职责，他们的薪酬待遇普遍较高。

企业文化为薪酬体系提供了核心价值观和目标。当企业文化特别强调以成果为导向并追求卓越的表现时，其薪酬结构会倾向于紧密关注员工的个人成就与绩效表现。同时秉持公正、透明原则的企业文化有助于建立公正的薪酬体系,使员工知道他们的工作会得到公平回报,这种公正性不仅能激发员工的工作积极性,也能提升他们的职业满意度和幸福感。更为重要的是,一个注重学习和创新的企业文化会鼓励企业不断优化薪酬体系,以适应变化的市场和员工需求。这种文化推动着薪酬体系的不断完善,为员工提供更好的发展机会和激励措施。

（2）企业所处的发展阶段。

企业所处的发展阶段对薪酬的制定具有重要影响。不同阶段的企业需要根据自身情况制定相应的薪酬策略,以吸引、激励和留住关键人才,从而驱动企业的稳定且长远的进步。

初创期的企业往往资金有限,企业的薪酬策略通常倾向于精细的成本管控。员工薪酬结构可能以基本工资和福利为主、绩效奖金为辅,以确保公司的财务稳健并激励员工高效工作。为了吸引和留住关键人才,企业可能会提供股权激励计划等更具吸引力的薪酬方案。

处于成长期的企业薪酬制定倾向于兼顾内部公平性和外部竞争性,通过提高基本工资,增设更多的福利和奖金制度,以激励员工并吸引更多人才。此时,企业的薪酬体系逐渐规范化,开始考虑长期激励措施,如员工持股计划等。

成熟期的企业薪酬制定更加注重内部公平性和员工的个性化需求。企业可能会提供更具吸引力的福利待遇,如弹性工作时间、独立的研究项目等,以满足员工对自我提升和事业发展的期望。此时企业的薪酬体系更加完善,可能包括宽带薪酬设计,突出绩效在薪酬结构中的重要性。

在衰退期,企业可能需要适当降低薪酬水平,以控制成本。薪酬制定会更多地考虑对人工成本的控制,避免提供过高的薪酬。此时企业可能会提供有针对性的福利政策,如转岗培训、提前退休计划等,以降低员工流失率。

（3）企业的财务状况。

企业的财务状况与其薪酬支付能力息息相关。当企业财务状况良好时,就会有更多的资金用于支付员工薪酬,包括基本工资、奖金和福利等。如果企业财务状况发生变化,如收入增加或减少,企业可能需要相应地调整薪酬结构。在财务状况不佳时,企业可能会减少非必要的奖金或福利支出,以确保核心薪酬的支付。

企业的财务状况影响其薪酬水平在市场中的竞争力。财务状况良好的企业往往能提供更具竞争力的薪酬,以吸引和留住优秀人才。相反,财务状况不佳的企业可能难以提供与市场相匹配的薪酬水平。

同时,财务状况也影响企业的绩效奖金及福利。当企业财务状况良好时,可以设立更为丰厚的绩效奖金及更丰富的员工福利,以激励员工提高工作效率和质量。而在财务状况不佳时,企业可能需要调整或缩减这部分支出。

（4）员工的素质。

员工的知识和技能水平是薪酬制定的重要考虑因素。具备更高专业知识和技能的员工,通常能够承担更复杂、更具挑战性的工作,因此他们在薪酬上往往会得到相应的优待。丰富的工作经验意味着员工在处理问题和应对挑战时更加得心应手,这种能力直接体现在薪酬策略的考量之中。一般而言,拥有丰富行业经验的员工往往能赢得相对较高的薪酬待遇。员工的绩效表现是薪酬制定的直接依据,表现出色的员工往往能获得更高的绩效奖金和其他激励,并且各个职位在企业中所起的作用各异,因此薪酬也会有所不同。在组织中,关键岗位和核心员工往往会获得更高的薪资待遇,这是对他们价值与影响力的认可。

(五)薪酬管理

薪酬管理是指企业为了激励员工、提高员工的工作积极性和工作效率,对员工的薪酬进行计划、组织、实施和控制等一系列活动的过程。薪酬管理涉及员工的工资、奖金、福利、津贴、股票期权等多个方面,其目的是吸引、激励和留住优秀的人才,提高企业的竞争力和员工的满意度。

在薪酬管理中,薪酬制度是核心内容之一。薪酬制度包括工资制度、奖金制度、福利制度、津贴制度等多个方面。工资制度是企业按照员工的工作岗位、职责、能力和业绩等因素,确定员工的薪酬水平。奖金制度是企业根据员工的工作绩效、项目完成情况、市场竞争力等因素,对员工进行奖励。福利制度是企业为员工提供的一系列福利,如医疗保险、养老保险、失业保险、工伤保险等。津贴制度是企业为员工提供的额外补贴,如通信补贴、交通补贴、住房补贴等。

二、薪酬体系设计

薪酬体系设计是一个系统、全面的过程,旨在根据企业的实际情况,紧密结合企业的战略和文化,科学、合理地确定员工的薪酬结构和水平。薪酬体系是企业为了激励员工、保持员工稳定性和工作积极性而设计的一套薪酬机制。

(一)薪酬体系设计的目标

1. 吸引及留住人才

薪酬是员工在劳动力市场上的主要吸引因素之一。合理及有激励效应的薪酬体系可吸引并留住企业的最佳人才,以保持公司的竞争力和人才储备。

2. 激励员工

薪酬体系应该与员工的工作表现和公司的绩效目标相联系,以激励员工为公司做出更大的贡献。通过设计具有挑战性和激励性的薪酬体系,可以鼓励员工提高自己的技能和绩效,并促进企业的长期成功。此外,公司的薪酬体系应该与公司的价值观和战略目标相一致,符合公司的文化和发展方向。通过将薪酬体系与公司的战略目标相结合,公司可以确保员工的努力和贡献与公司的整体目标相一致,从而提高员工的工作满意度和忠诚度。

3. 适应市场和行业的变化

薪酬体系应与市场和行业的变化相适应,以确保公司的薪酬体系保持竞争力。通过不断研究和分析市场和行业的薪酬趋势和变化,可以调整其薪酬体系,以吸引和留住最佳的人才,并促进企业的发展。

4. 促进公平和透明

薪酬体系应该基于公正和透明的原则进行设计,以确保员工之间的薪酬公平和一致。通过建立透明的薪酬体系,公司可以提高员工的工作满意度和忠诚度,并减少员工之间的不满和竞争。

(二)薪酬体系设计的要素

1. 薪酬水平

薪酬水平是薪酬体系设计中最基本、最重要的要素。薪酬水平应该根据企业的行业地位、企业规模、员工的工作职责和能力、员工的工作绩效、市场薪酬水平等因素进行综合考虑,并制定出合理、公平的薪酬水平。

2. 薪酬结构

薪酬结构是指企业薪酬体系中各项薪酬项目的构成比例。

3. 薪酬制度

薪酬制度是指企业制定的薪酬管理制度,包括薪酬的计算方法、发放时间、发放方式及薪酬调整机制等。

4. 薪酬福利

薪酬福利是指企业为员工提供的除薪酬以外的其他福利,包括医疗保险、养老保险、失业保险、工伤保险、年假、病假、产假、员工旅游、员工培训等。

(三)薪酬体系设计的原则

1. 公平性原则

企业在进行薪酬体系设计时应遵循公平性原则,包含内部公平、外部公平和过程公平。

内部公平指同一企业内部,不同职位、能力和贡献的员工之间的薪酬应相对公平。企业应确保员工的薪酬与其职位、能力和贡献相匹配,建立合理的薪酬体系。

外部公平强调企业在薪酬设定上需与市场标准保持同步,通过对市场薪酬水平进行调研,确保员工的薪酬不低于同行业、同地区的平均水平,以保持薪酬的外部公平性。

过程公平指薪酬分配的过程应公开、透明,并遵循一定的规则和程序。企业应建立明确的薪酬制度和分配机制,使员工充分理解其薪酬分配的依据和标准,确保过程的公平性。

2.合法性原则

企业在制定薪酬体系时,应确保所有条款和内容都符合国家和地方劳动法律法规的规定,包括但不限于最低工资标准、加班工资、员工福利等。同时,企业不得通过违法手段减少税收负担,同时也要确保员工的个人所得税得到合法申报和缴纳。此外,企业应按照约定的时间和方式及时支付员工工资,不得拖欠或克扣员工工资。

3.有效性原则

企业应该根据行业特点、企业规模、员工的工作职责和能力、员工的工作绩效等因素来确定薪酬结构,确保薪酬体系能有效地支持组织目标的实现,以激励员工的工作积极性、提高员工的工作效率和满意度。

4.激励性原则

薪酬设计应与员工的绩效紧密挂钩,以激励员工提高工作质量和效率。例如,可以设立绩效奖金或业绩提成,根据员工的工作成果给予相应的奖励。此外,薪酬体系应考虑到员工的个体差异,包括技能水平、工作经验、岗位职责等。通过设立不同的薪酬层级和档次,以体现对不同能力和贡献员工的差异化激励。除了基本的薪酬福利,企业还可以考虑其他形式的激励方式,如员工股权计划、晋升机会、培训和发展机会等,以满足员工多样化的需求。

第二节　薪酬设计的程序及方法

企业基本薪酬体系可分为职位薪酬体系、技能薪酬体系、绩效薪酬体系等类型。

职位薪酬体系是对每个职位所要求的知识、技能、工作职责等维度进行评估,并基于这些评估结果设定薪酬等级和薪酬范围的体系。在职位薪酬体系中,薪酬的分配与职位密切相关,通过评估确定职位的相对价值并以此作为设定薪酬的依据,并根据职位价值将职位归入不同的薪酬等级。在实际操作中,管理类、生产类的员工大多采用以职位为基础的基本薪酬制度。

技能薪酬体系是指组织根据一个人所掌握的与工作有关的技能、能力以及知识的深度和广度来支付基本薪酬的一种报酬制度。技能薪酬体系的核心特点是薪酬设计以任职者个人的特质和能力为基础。薪酬支付的依据是员工个人经过组织认可的、鉴定程序认可的知识、技能与能力水平。技能薪酬体系虽然能够激发员工潜能,但也可能因技能未能充分利用而影响绩效。在实际操作中,专业技术或研发类员工往往采用以技能为基础的基本薪酬制度。

绩效薪酬体系是根据员工的绩效表现来确定其薪酬水平的一种制度。绩效薪酬

Note

体系是以绩效为导向,薪酬与员工的实际工作绩效紧密相连,并可以根据不同岗位和员工的特点制定不同的薪酬方案。然而这种激励机制有可能会引发员工之间的过度竞争,需要加以引导和平衡。在实际操作中,营销类的员工往往采用以绩效为基础的基本薪酬制度。

一、职位薪酬体系设计程序

职位薪酬体系是比较传统的确定员工基本薪酬的制度,目前我国大多数企业采用的是以职位为基础的基本薪酬制度。薪酬体系设计流程如图8-1所示。

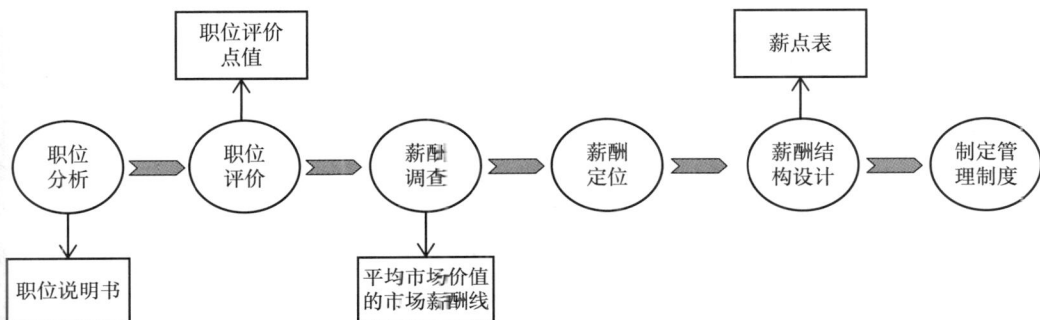

图8-1 企业薪酬体系设计流程

二、职位评价的方法

(一)排序法

排序法是职位评价中使用较早的一种较为简单、最易于理解的评价方法。这种方法主要依赖评价人员对各个职位的主观判断,他们依据诸如职位的复杂性、承担的责任量、工作环境等因素进行总体比较,对各个职位进行深入的多维度分析,并据此进行系统性的等级划分。

简单来说,排序法就是要求评价者对所有职位进行总体判断后,直接排列出职位的相对价值顺序。这种方法不依赖于复杂的量化指标,而是基于评价者的整体印象和直观判断。

尽管排序法操作简便,但由于其高度依赖评价者的主观判断,因此可能受到个人经验、偏好等因素的影响,从而存在一定的主观性和不精确性。除此以外,排序法只适用于同类职务人员,且考核人数不宜过多,通常以5~15人为宜。在实际应用中,通常需要结合其他更客观的量化评价方法,以获得更全面、准确的评估结果。

(二)分类法

分类法(套级法)是预先制定出一套职位级别标准,然后将待评价的职位与这套标准相比较,从而确定这一职位的相对价值或重要性的职位评价方法。首先需要将企业中的所有职位划分为若干个类别,再根据每个类别的岗位职责、要求、复杂程度等标准进一步将每种类型分为若干等级。然后,在每个等级中会找出一个典型岗位作为参照,构成评级的标准。其余岗位会与这些标准岗位进行对比,从而确定它们相应的级别。这种方法对于岗位的评价相对粗略,但可以从中看出各岗位重要程度的顺序。分类法的优点在于简便易行,能够减少评价过程中的主观性。然而,分级标准可能不够完善,难以进行非常精确的评比。分类法如表8-1所示。

表8-1　分类法示例

销售职位等级	说明
第一级(销售员)	简单工作,在直接主管的监督下按照既定程序从事例行工作
第二级(销售主管)	简单工作,在销售经理的监督下工作,具备一定的经验、技术水平及判断能力
第三级(销售经理)	中等复杂程度工作,监督下级,同时又受销售总监的监督,具备较强的专业知识、一定经验及独立思考能力
第四级(销售总监)	较复杂的工作,需要监督他人工作,具备高级专业技术、较丰富的经验及独立决策能力

(三) 分数法

分数法(计点法)是一种量化职位评价技术,它首先选定职位的主要影响因素(报酬要素),并采用一定点数来表示每一个因素,然后按预先规定的衡量标准,对现有职位的各个因素进行逐一评比、估价,以求得点数,经过加权求和,最后得到各个职位的总点数。这个总点数即代表了职位的相对价值。

分数法的核心要素如下:报酬要素,即用于评价职位价值的关键因素,如责任大小、技能要求、工作复杂性、工作环境等;要素等级,即每个报酬要素都会被划分为不同的等级,以便更精确地评估职位在各个要素上的表现;点数或分值,即每个要素等级都会被赋予一定的点数或分值,用于量化评估结果。

使用计点法时,第一步,确定评价要素,这些要素通常包括岗位职责、技能要求、工作复杂性、工作环境等,应全面反映岗位特征。第二步,定义要素等级,针对每个要素,定义不同的等级。第三步,制定评价表,根据确定的要素和等级,制定岗位评价表。这一步骤需确保每个要素都有明确的评分标准,以便评价者能够准确地进行评价。第四步,使用评价表对每个岗位进行系统性评价。第五步,将每个岗位在所有要素上的得分或点数相加,得到岗位的总分。第六步,根据总分对岗位进行排序,从而确定岗位的相对价值。

　　计点法的优点在于其系统性和精确性,能够为企业提供关于职位价值的详细信息,有助于企业做出更明智的人力资源决策,并且这种方法具有相当的灵活性,使企业可以根据自身的实际情况和需求进行调整和优化。

(四)因素比较法

　　因素比较法是一种职位评价方法。先选择一些对职位价值有重要影响的关键因素,如技能要求、工作责任、工作复杂性等,并将这些关键因素进行量化评分或设定等级。然后,评价者针对每个关键因素,对不同职位进行比较,依据职位在这些关键因素上展现出的相对差异,来确定各个职位的相对价值。

　　这种方法的核心在于确定并比较不同职位在关键因素上的差异,借此实现它们之间的相对价值排序。因素比较法结合了排序法和分数法的双重优势,既能够反映出职位的整体价值顺序,又能提供具体的评估依据,帮助组织更科学、客观地进行职位评价和薪酬设定。

第三节　员工福利

　　员工福利是企业基于雇佣关系,依据国家的强制性法令及相关规定,以企业自身的支付能力为依托,向员工提供的、用以改善其本人和家庭生活质量的,以非货币工资和延期支付形式为主的各种补充性报酬和服务。员工福利包括健康保险、带薪假期或退休金等形式。这些奖励作为企业成员福利的一部分,奖给职工个人或者协作高效的团队。这些福利待遇一般都有前提条件,它与员工的工作业绩及贡献度无关,只要员工符合相应条件都可以享受福利。

　　员工福利计划是一个比较笼统的概念,通常指企业为员工提供的非工资收入福利的综合计划。在现代人力资源管理的视角下,员工福利计划是指企业为员工提供的非货币的集体福利项目,旨在提升员工满意度和忠诚度。员工福利计划包括风险保障型福利、设施型福利、文娱型福利、提升型福利等类型,企业可以根据员工的需要来提供丰富的福利内容,具有多样性和灵活性。

　　员工福利计划对企业的发展具有许多重要的作用,它作为企业人力资源管理重要内容之一,是吸引和留住人才的重要手段,有利于提升员工的工作满意度,增强员工的归属感,加强企业的凝聚力。同时,与工资薪酬相比,福利不需要纳税。因此,作为企业管理者,在制订员工福利计划时,应遵循合法性、公平性、时效性、先进性、共同需求的原则,并结合企业自身的发展目标和经济实力、员工构成和需求等,最大限度地发挥员工福利的作用。

Note

一、法定福利

法定福利是企业按照国家法律法规和政策规定为员工提供的一系列保障计划。法定福利具有强制性,即通过国家立法强制性实施,企业和员工都必须依法参与并缴纳相应的费用。法定福利是员工的基本权益之一,旨在保障员工的基本生活和未来发展。企业和员工都应当了解和遵守相关法律法规和政策规定,确保员工的福利权益得到充分保障。

(一)法定社会保险

法定社会保险指通过国家立法强制性实施的社会保障制度,在法律规定的范围内,企业或用人单位都必须依法参加社会保险,按规定缴纳社会保险费。我国现行的法定社会保险依据是2010年10月通过,2011年7月实施的《中华人民共和国社会保险法》(以下简称《社会保险法》),《社会保险法》明确规定我国的社会保险由基本养老保险、基本医疗保险、工伤保险、失业保险、生育保险五大险种组成。

1. 基本养老保险

基本养老保险是国家和社会根据一定的法律和法规,为解决劳动者在达到国家规定的解除劳动义务的劳动年龄界限,或因年老丧失劳动能力退出劳动岗位后的基本生活而建立的一种社会保险制度。其目的是保障老年人的基本生活需求,为其提供稳定可靠的生活来源。基本养老保险是社会保障制度的重要组成部分,是社会保险五大险种中最重要的险种。我国于1997年颁发的《国务院关于建立统一的企业职工基本养老保险制度的决定》按照社会统筹与个人账户相结合的原则,对企业和个人缴费比例、个人账户的规模和基本养老金计发办法等方面做出规定。2005年颁布的《国务院关于完善企业职工基本养老保险制度的决定》改革了基本养老金计发办法,规定从2006年1月1日起,个人账户的规模统一由本人缴费工资的11%调整为8%,全部由个人缴费形成,单位缴费不再划入个人账户。2015年1月正式发布的《国务院关于机关事业单位工作人员养老保险制度改革的决定》对机关事业单位工作人员养老保险制度进行改革,决定了我国公务员和事业单位工作人员的基本养老保险参照企业等城镇从业人员缴纳养老金,并发放全国统一的社会保障卡,从单位养老转向社会化养老。改革后的机关事业单位工作人员新的基本养老金待遇分为两部分:一是基础养老金,二是个人账户养老金。并轨后机关事业单位工作人员与企业职工的养老缴费和发放都基本一致,形成了单位、个人、政府共担的新机制。

基本养老保险具有强制性、互济性和社会性。其强制性体现在由国家立法并强制实行,企业和个人都必须参加而不得违背;互济性体现在养老保险费用一般由国家、企业和个人三方共同负担,统一使用、支付,使企业职工得到生活保障并实现广泛的社会互济;社会性体现在养老保险影响很大,享受人多且时间较长,费用支出大。

2. 基本医疗保险

基本医疗保险是为补偿劳动者因疾病风险造成的经济损失而建立的一项社会保险制度。其目的是通过社会集资，为参保人员患病就诊提供医疗费用补助，以避免或减轻因患病、治疗等带来的经济风险。1998年颁布的《国务院关于建立城镇职工基本医疗保险制度的决定》规定了城镇所有用人单位及其职工都要参加基本医疗保险，实行属地管理；基本医疗保险费由用人单位和职工双方共同负担；基本医疗保险基金实行社会统筹和个人账户相结合。基本医疗保险费由用人单位和职工共同缴纳。用人单位缴费率应控制在职工工资总额的6%左右，职工缴费率一般为本人工资收入的2%。

3. 工伤保险

工伤保险旨在为劳动者在工作中或在规定的特殊情况下，因意外伤害或患职业病导致暂时或永久丧失劳动能力，以及死亡时，提供物质帮助。工伤保险主要针对在工作中受到伤害的劳动者或其遗属。这包括但不限于因工作原因受到的事故伤害、职业病等。工伤保险实行无过错责任原则，即无论工伤事故的责任在用人单位还是职工个人或第三者，用人单位都应承担相应的保险责任。工伤保险不仅提供医疗、康复所需费用，还包括保障基本生活的费用。

中华人民共和国成立初期，国务院颁布的《中华人民共和国劳动保险条例》建立了企业职工工伤保险制度，对职工因工伤残后的补偿和休养康复等作出了规定。2003年国务院公布《工伤保险条例》并于2010年修订，该条例规定用人单位必须为本单位所有职工缴纳工伤保险费，在用人单位守法缴费的情况下，发生工伤事故后的补偿由工伤保险基金承担，这是工伤保险与养老、医疗、失业保险的主要区别之处。这一特点是工伤保险产生历史过程所决定的。国际上最早的工伤保险制度是从雇主无过错赔偿责任制度演化而来的。在雇主无过错赔偿的工伤补偿制度中，雇员在工作过程中受到伤害，无论雇主有否过错，都应对雇员进行补偿，雇员不用承担责任。工伤保险主要通过行业差别费率和企业浮动费率来实现，其实际费率与行业或职业的风险程度和企业上一缴费周期实际发生的事故率相关，即风险程度高的行业，费率相应高，反之则低。

4. 失业保险

失业保险是指国家通过立法强制实行的制度。其目的在于为因非本人意愿中断就业而失去工资收入的劳动者提供一定时期的物质帮助及再就业服务。1999年国务院发布的《失业保险条例》规定，城镇企业事业单位按照本单位工资总额的2%缴纳失业保险费。城镇企业事业单位职工按照本人工资的1%缴纳失业保险费。失业人员失业前所在单位和本人按照规定累计缴费时间满1年不足5年的，领取失业保险金的期限最长为12个月；累计缴费时间满5年不足10年的，领取失业保险金的期限最长为18个月；累计缴费时间10年以上的，领取失业保险金的期限最长为24个月。重新就业后，再次失业的，缴费时间重新计算，领取失业保险金的期限可以与前次失业应领取而尚未领取的失业保险金的期限合并计算,但是最长不得超过24个月。失业保险金的标准,按照低于当地最低工资标准、高于城市居民最低生活保障标准的水平,由省、自治区、直辖市人民政府确定。

5. 生育保险

生育保险是通过国家立法规定,在劳动者因生育子女而导致劳动力暂时中断时,由国家和社会及时给予物质帮助的一项社会保险制度。其宗旨在于通过向生育的职业妇女提供生育津贴、医疗服务和产假,帮助她们恢复劳动能力,重返工作岗位。我国生育保险制度建立于1951年,国务院颁布的《中华人民共和国劳动保险条例》规定,劳动保险的企业内工作的女工人和女职工以及男职工的妻子,均可享受不同程度的生育保险待遇。1955年国务院发布《国务院关于女工作人员生产假期的通知》,对机关、事业单位女职工生育保险作了规定,其基本内容和《中华人民共和国劳动保险条例》中企业的女职工是一致的。1994年12月,劳动部颁发了《企业职工生育保险试行办法》,将原有的用人单位负责管理的生育保险制度转变为实行生育保险社会统筹。

生育保险待遇主要包括生育津贴和生育医疗待遇。生育津贴是在女职工生育后离开工作岗位、不再从事有报酬的工作以致收入中断时,给予定期的现金补助。生育医疗待遇则包括女职工生育的检查费、接生费、手术费、住院费和药费等费用的补偿。凡是与用人单位建立了劳动关系的职工,包括男职工,都应当参加生育保险。生育保险由用人单位按照国家规定缴纳,职工个人不需要缴纳生育保险费。

（二）住房公积金

住房公积金是一项由国家机关、国有企业、城镇集体企业、外商投资企业、城镇私营企业及其他城镇企业、事业单位、民办非企业单位、社会团体等及其在职职工对等缴存的长期住房储金,是住房分配货币化、社会化和法治化的主要形式。国务院1999年4月颁布了《住房公积金管理条例》,并于2002年3月和2019年3月分别对该条例进行了修改和修订。该条例规定,职工个人缴存的住房公积金和职工所在单位为职工缴存的住房公积金,属于职工个人所有;职工和单位住房公积金的缴存比例均不得低于职工上一年度月平均工资的5%;有条件的城市,可以适当提高缴存比例。单位应当按时、足额缴存住房公积金,不得逾期缴存或者少缴。

（三）法定假期

法定假期是指由国家法律法规统一规定的,用于开展纪念、庆祝活动的休息时间,也是劳动者休息时间的一种,是劳动者的合法权益之一。这些假期是企业和员工都必须遵守的,具有法律效力。

根据《中华人民共和国劳动法》,法定假期主要包括公休日、法定节假日、带薪年休假等。其中,公休日是每周的固定休息日,通常是周六和周日;法定节假日是国家规定的具有特定纪念意义的放假时间,如春节、国庆节等;带薪年休假则是根据员工的工作年限和企业的规定,员工可以享受一定天数的带薪休假。

这些法定假期的设置旨在保障劳动者的休息权和身心健康,同时也是对劳动者付出的一种回报。企业和员工都应当遵守相关法律法规,确保劳动者的合法权益得到保障。

二、非法定福利

非法定福利是指组织根据自身的发展需要和员工的需要选择提供的福利项目。这些福利并非由法律规定必须提供,而是企业为了吸引和留住人才、提高员工的工作满意度和积极性而自愿提供的。

非法定福利主要包括经济性福利和非经济性福利。

经济性福利包括:住房性福利,如提供住房补贴或优惠购房政策;交通性福利,如提供交通补贴、免费班车等;饮食性福利,如提供员工食堂、免费午餐等;教育培训性福利,如提供在职培训、专业进修机会等;医疗保健性福利,如提供补充医疗保险、定期体检等;有薪节假,如给予员工特定的带薪休假;文化旅游性福利,如组织员工旅游、提供文化娱乐活动等;其他生活性福利,如提供通信补贴、子女教育补贴等。

非经济性福利包括:压力管理,帮助员工缓解工作压力;非经济性家庭援助计划,如为员工提供家庭护理、老人照顾等支持;咨询性服务,如免费提供法律咨询与心理健康咨询等;保护性服务,如平等就业权利保护、隐私权保护、工作环境保护等。

企业福利计划灵活多样,可分为企业年金与职业年金、健康保障计划和员工服务计划。

(一)企业年金与职业年金

企业年金是由企业自愿设立的一种补充养老保险制度,旨在为员工提供退休后的经济保障。它不是强制性的,而是基于企业和职工的自愿参与。2017年12月,人力资源和社会保障部等公布了《企业年金办法》,并于2018年2月实施,该办法规定依法参加基本养老保险并履行缴费义务,具有相应的经济负担能力,并已建立集体协商机制的企业,均可建立企业年金。企业年金所需费用由企业和职工共同缴纳,企业缴费不超过年度工资总额的8%,企业和职工缴费之和不超过年度工资总额的12%。企业年金的管理由企业自行负责,可以选择将资金投资于股票、债券、房地产等不同的投资渠道,以获取更高的回报。这体现了企业年金的市场化运营和管理特点。

职业年金是针对公职人员的一种长期储蓄和投资计划,作为基本养老保险之外的补充养老保险。它具有强制性,适用于特定职业群体,如公务员、教师等。国务院办公厅于2015年印发的《机关事业单位职业年金办法》规定,职业年金所需费用由单位和工作人员个人共同承担。单位缴纳职业年金费用的比例为本单位工资总额的8%,个人缴费比例为本人缴费工资的4%,由单位代扣。单位和个人缴费基数与机关事业单位工作人员基本养老保险缴费基数一致。根据经济社会发展状况,国家适时调整单位和个人职业年金缴费的比例。职业年金的管理由政府或专门的机构负责,资金主要投资于低风险的固定收益产品,以确保养老金的稳定支付,这体现了职业年金的安全性和稳定性特点。

(二)健康保障计划

健康保障计划是企业为了员工健康而自愿提供的一项福利。这个计划的目的在于补充社会医疗保险的不足,并为员工提供更全面的健康保障。健康保障计划主要包含以下内容。

1. 补充医疗保险

企业可能会为员工提供补充医疗保险,以覆盖社会医疗保险不支付的部分,如某些药品费用、高端医疗服务等。这种补充保险可以降低员工因疾病带来的经济压力。

2. 定期体检

组织员工进行定期体检,以便及早发现并预防潜在的健康问题。

3. 健康讲座、培训与咨询

邀请健康专家为员工进行健康知识讲座,增强员工的健康意识和自我保健能力。此外,还可提供健康咨询服务,帮助员工解答关于健康问题的疑惑,并给予专业的建议。

4. 健身与运动设施

企业可以在工作场所提供健身房或运动设施,鼓励员工通过锻炼保持健康。有些企业还会组织员工参加体育活动或比赛,增强团队合作精神。

5. 疾病与伤残支持

在员工遭遇重大疾病或伤残时,企业提供经济援助、病假安排或工作调整等支持措施。

这些健康保障计划的内容会根据企业的实际情况和员工需求进行调整。总的来说,健康保障计划对于提高员工的健康水平、工作满意度和忠诚度具有重要作用。

(三)员工服务计划

员工服务计划是企业自主设立的一套系统的、长期的服务措施,旨在提供更好的工作环境和条件,满足员工在工作和生活中可能遇到的各种需求。该计划通过提供一系列的服务和支持,帮助员工解决工作和个人生活中遇到的问题,从而增强员工的满意度、忠诚度和工作效率。

员工服务计划通常包括但不限于职业培训、健康保障、工作与生活的平衡支持、个人发展计划、心理咨询、法律咨询、金融咨询、休闲放松活动、餐饮服务、教育援助、儿童护理及家庭支持等内容。这些服务都是为了更好地关心和支持员工,使其在工作中能够发挥出最佳状态,同时也能够平衡工作与生活。

通过员工服务计划,企业可以传递出对员工的关怀,加强员工与企业的联系,提升员工的归属感和团队精神,进而促进企业整体绩效的提高。

第四节 员工激励

一、激励概述

(一)激励的含义

激励,就是激发人的内在潜力,使人感到力有所用,才有所展,劳有所得,功有所奖,从而增强自觉努力工作的责任感。因此,激励是一个心理活动过程,也是通过一定的制度和管理方式,对组织成员的行为进行激发、推动、加强的动力手段。它在管理活动中起着重要的作用。

激励主要是指持续激发人的动机的心理过程。通过激发和鼓励,使人们产生一种内在驱动力,使之朝着所期望的目标前进的过程。具体来说,激励就是通过设计有吸引力的奖励制度和工作环境,以一定的行为规范和惩罚性措施,借助有效的信息交流来激发、引导、保持和规划组织成员的行为,以有效地实现组织及其个人目标的系统性活动。

在企业管理中,激励可以理解为创造满足职工各种需要的条件,激发职工的动机,使之产生实现组织目标的特定行为的过程。激励这个概念用于管理,是指激发员工的工作动机,也就是说用各种有效的方法去调动员工的积极性和创造性,使员工努力去完成组织的任务,实现组织的目标。因此,企业构建激励机制的最根本的目的是正确地激发员工的工作动机,使他们在实现组织目标的同时实现自身的需要,增加其满意度,从而使他们的积极性和创造性继续保持和发扬下去。因此,激励机制运用的好坏在一定程度上是决定企业兴衰的一个重要因素,如何运用好激励机制也就成为各个企业面临的一个十分重要的问题。

(二)激励的作用

1. 提高工作积极性和效率

通过激励,可以激发员工的工作热情和动力,使其更加积极地投入工作,从而提高工作效率。这种积极性可以转化为具体的工作表现,推动企业目标的实现。

2. 增强团队合作意识

激励不仅可以作用于个人,还能增强整个团队的凝聚力和合作意识。激励措施可以促进团队成员之间的相互支持和协作,促使他们共同为企业的目标努力。

3. 促进员工个人发展

激励可以激发员工的自我提升意愿,使他们不断学习新知识、新技能,进而促进个人职业发展。这种个人发展不仅对员工本人有益,也有助于提升企业的整体竞争力。

4. 提升企业竞争力

通过激励,企业可以吸引和留住优秀人才,提高企业的整体素质和创新能力,从而增强企业的市场竞争力。

二、激励理论

激励理论是关于如何调动人的积极性的理论,主要研究如何通过满足人的各种需要、调动人的积极性和创造性,以充分发挥人的智力效应,从而发挥其最大潜能。激励理论主要分为三大类:内容型激励理论、过程型激励理论和行为改造型激励理论。

(一)内容型激励理论

1. 马斯洛需要层次论

马斯洛需要层次论由美国著名心理学家亚伯拉罕·马斯洛在1943年出版的《人类动机论理论》中首次提出。他认为人类需要从低到高按层次分为五种,分别是生理需要、安全需要、社交需要、尊重需要和自我实现需要。这些需要层次逐渐升级,从基本的生存需要到个人成长和发展的需要,如图8-2所示。

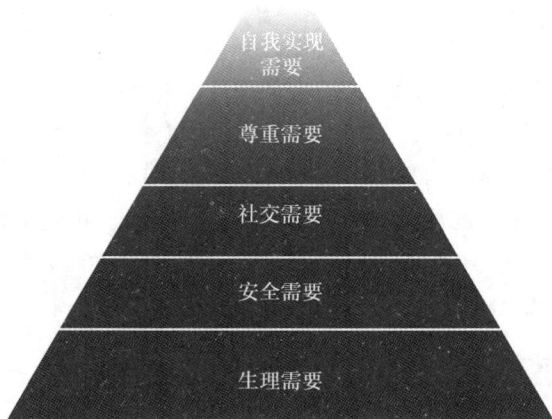

图8-2 马斯洛需要层次论

(1)生理需要。

生理需要是人类维持自身生存的最基本要求,包括吃饭、喝水、穿衣、睡眠等方面的要求。如果这些需要得不到满足,人类的生存就成了问题。在这个意义上说,生理需要是推动人们行动的最强大的动力,只有这些最基本的需要得到满足后,其他的需要才能成为新的激励因素。

(2)安全需要。

安全需要是人类要求保障自身生命安全、摆脱失业和丧失财产威胁、避免职业病的侵袭等方面的需要。马斯洛认为，整个有机体是一个追求安全的机制，人的感受器官、效应器官、智能和其他能量主要是寻求安全的工具，甚至可以把科学和人生观都看成满足安全需要的一部分。

（3）社交需要（情感和归属的需要）。

社交需要包括对友谊、爱情及隶属关系的需要。当生理需要和安全需要得到满足后，社交需要就会凸显出来，进而产生激励作用。在马斯洛需要层次论中，这一层次是与前两层次截然不同的另一层次。

（4）尊重需要。

人人都希望自己有稳定的社会地位，要求个人的能力和成就得到社会的承认。尊重的需要又可分为内部尊重的需要和外部尊重的需要。内部尊重是指一个人希望自己在各种不同情境中有实力、能胜任、充满信心、能独立自主，即人的自尊。外部尊重是指一个人希望自己有地位、有威信，受到别人的尊重、信赖和高度评价。马斯洛认为，尊重需要得到满足，能使人对自己充满信心，对社会满腔热情，体验到自己活着的价值。

（5）自我实现需要。

这是最高层次的需要，指实现个人理想、抱负，最大限度地发挥个人能力，达到自我实现境界的人，接受自己也接受他人，解决问题能力增强，自觉性提高，善于独立处事，要求不受打扰地独处，完成与自己的能力相称的一切事情的需要。

马斯洛认为这五种需要之间是逐级递升的关系，只有当低层次的需要得到满足后，才会转向对更高层次需要的追求。但这样的次序不是完全固定的，存在例外的情况。

每个时期都有一种需要占主导地位，而其他需要处于从属地位。当低层次的需要得到满足后，并不会因为产生了高层次的需要而消失，而是依然存在，只是对行为的影响力减弱了。

在实际应用中，企业应首先识别员工当前所处的需要层次。不同的员工可能处于不同的需要层次，因此，了解员工的具体需要是制定有效激励措施的前提。然后提供合理的薪酬和福利待遇，确保员工的基本生理和安全需要得到满足，例如提供良好的工作环境、安全保障和薪资福利。同时，应鼓励团队合作和社交活动，增强员工的归属感。企业可以组织团建活动，促进员工之间的交流与合作，满足他们的社交需要。此外，给予员工足够的尊重和认可，让他们感受到自己的价值和重要性。可以通过公开表扬、晋升机会、奖励制度等方式实现。另外还应为员工提供具有挑战性和发展机会的工作任务，激发他们的自我实现需要。企业可以通过提供培训、发展计划和挑战性项目来帮助员工实现自我价值。

鉴于员工的需要层次可能不同，企业应制定个性化的激励策略，对于处于不同需要层次的员工提供不同类型的奖励和激励方式。员工激励是一个持续的过程，企业需实施周期性的评估，以深入理解员工的需要变化，不断审视并优化激励策略，确保其始终能有效激发员工的工作积极性。

2. 奥德弗的ERG理论

奥德弗的ERG理论,也称为生存、相互关系、成长三核心需要理论,是由美国耶鲁大学组织行为学教授克雷顿·奥德弗在大量实证研究基础上对马斯洛需要层次论加以修改而形成的一种激励理论。该理论认为人的核心需要由生存需要、关系需要和成长需要组成。

(1)生存需要。

生存需要(existence needs)是最基本的需要,与人们基本的物质生存需要有关,即生理和安全需要(如衣、食、行等),关系到人的存在或生存,相当于马斯洛需要层次论中的前两个需要。

(2)关系需要。

关系需要(relatedness needs)指人们对于保持重要的人际关系的要求。这种社会和地位需要的满足是在与其他需要相互作用中达成的,这与马斯洛需要层次论的社交需要和自尊需要分类中的外在部分是相对应的。

(3)成长需要。

成长需要(growth needs)表示个人谋求发展的内在愿望,包括马斯洛需要层次论的尊重需要分类中的内在部分和自我实现层次中所包含的特征,即个人自我发展和自我完善的需要,这种需要通过创造性地发展个人的潜力和才能、完成挑战性的工作得到满足,这相当于马斯洛需要层次论中第四、第五层次的需要。

此外,奥德弗的ERG理论还表明了人在同一时间可能有不止一种需要起作用;如果较高层次需要的满足受到抑制的话,那么人们对较低层次的需要的渴望会变得更加强烈。与马斯洛需要层次论不同的是,ERG理论并不认为各类需要层次是刚性结构,也就是说即使一个人的生存和相互关系需要尚未得到完全满足,但他仍然可以为成长发展的需要工作,同时这三种需要可以同时起作用。奥德弗的ERG理论提供了一种更全面、灵活的视角来看待员工的需要,有助于企业制定更有效的激励策略。

3. 麦克利兰的成就需要理论

麦克利兰的成就需要理论是一种研究人对成就需要的理论,该理论由美国哈佛大学教授戴维·麦克利兰提出。他认为在生存需要得到满足的前提下,人最主要的需要由成就需要、权利需要和友谊需要组成。

成就需要指争取成功、追求优越感,希望做得最好的需要。具备高度成就欲望的人倾向于关注职业的成功与失败,愿意承担责任,设定明确的奋斗目标,偏好富有创造性的工作,并能坚韧不拔地应对挑战。

权力需要指影响或控制他人且不受他人控制的需要。具有高权力需要的人往往更关心自己的威信和影响力,而不是工作绩效。

友谊需要指人们对于良好人际关系、真挚情感和友谊的追求,能够从社会交往中得到快乐和满足。

麦克利兰的成就需要理论专注于人的高层次需要和社会性动机,他认为在这三种高层次需要中,成就需要处于核心地位。他详细描述了高成就需要者的特征,包括他们喜欢设立具有适度挑战性的目标,不喜欢接受特别容易或特别困难的任务,渴望从自身的奋斗中体验成功的喜悦与满足,以及他们希望得到及时明确的反馈信息来了解自己的进步。该理论不仅深入探讨了动机的心理学基础,还强调了其在组织行为和管理实践中的应用。例如,组织可通过识别和满足员工的成就需要,提高员工的满意度、忠诚度和绩效。

4. 赫茨伯格的双因素理论

双因素理论,也称为"激励-保健理论",是由美国心理学家弗雷德里克·赫茨伯格在20世纪50年代提出的。该理论认为,影响员工绩效的主要因素可以分为两种:激励因素(满意因素)和保健因素(不满意因素),如图8-3所示。

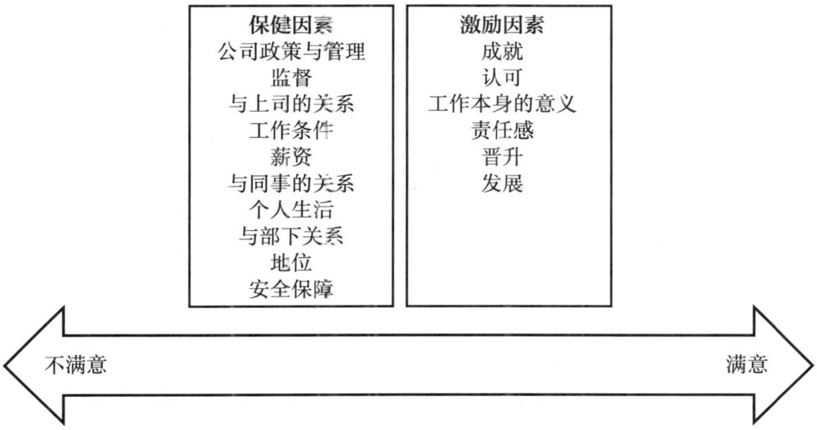

保健因素	激励因素
公司政策与管理	成就
监督	认可
与上司的关系	工作本身的意义
工作条件	责任感
薪资	晋升
与同事的关系	发展
个人生活	
与部下关系	
地位	
安全保障	

不满意 ←————————————————————→ 满意

图 8-3 双因素理论

激励因素主要与工作本身或工作内容有关,包括成就、认可、工作本身的意义、责任感、晋升、发展等。当这些因素得到满足时,员工会感到满意和受到激励,从而提高员工的工作满意度和工作动机,促进工作效率和生产力。若得不到满足,员工也不会像保健因素得不到满足时那样产生不满情绪。

保健因素主要涉及工作环境和工作条件,如公司政策与管理、监督、与上司的关系、工作条件、薪资等。当这些因素得到满足时,能消除员工的不满情绪,维持原有的工作效率,但不能产生更积极的行为。若得不到满足,则可能导致员工产生不满、消极怠工甚至罢工等对抗行为。

双因素理论认为不是所有的需要得到满足就能激励员工的积极性,而是只有激励因素的需要得到满足才能调动员工的积极性。不具备保健因素时将引起员工强烈的不满,但具备时并不一定会调动员工强烈的积极性。激励因素是以工作为核心的,主要是在员工进行工作时发生的。

在员工满意度方面，传统观点通常认为员工的满意度是一个从满意到不满意的连续体，即员工要么满意，要么不满意，没有中间地带。而赫茨伯格双因素观点提出了满意与不满意的二维模型。有激励因素时，员工感到满意；没有激励因素，员工可能感到不满意。同样，没有保健因素，员工会感到不满意；而有保健因素时，员工并不会因此感到满意，但可以消除不满意。传统观点与赫茨伯格双因素理论观点的比较如图8-4所示。

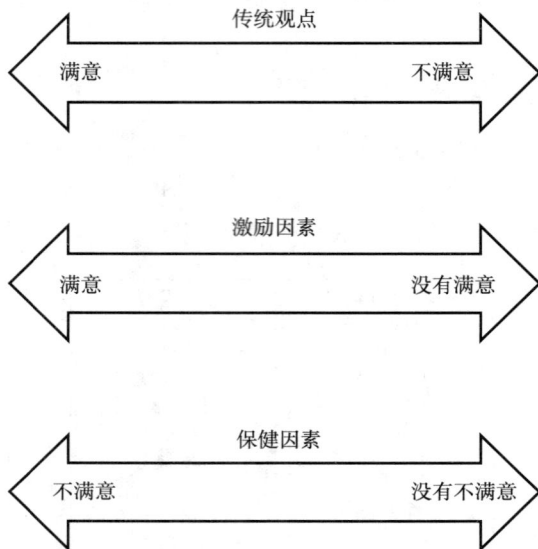

图8-4　传统观点与赫茨伯格双因素理论观点的比较

传统观点侧重通过提高薪资、改善工作条件等外部因素来激励员工，可能会导致管理者过于关注物质激励和外部环境，而忽视了工作本身的激励作用。而赫茨伯格双因素观点则明确指出，只有激励因素（如成就、认可、工作本身的意义等）得到满足，才能真正调动员工的积极性。保健因素（如工作条件、薪资等）虽然能消除不满，但并不能产生真正的激励效果。双因素观点可引导管理者在注重物质利益的同时，更加关注员工的精神需求和个人成长，如提供发展机会、认可员工的工作成果等，以实现更持久的激励效果。

（二）过程型激励理论

内容型激励理论着重研究激发动机的诱因，围绕着如何满足需要进行研究的，探讨的是什么样的需求或奖励能够激发人们的动机，以及这些需求和奖励是如何影响人们的行为的。而过程型激励理论则着重研究人从动机产生到采取行动的心理过程。它的主要任务是找出对行为起决定作用的某些关键因素，弄清它们之间的相互关系，以预测和控制人的行为。过程型激励理论关注的是动机的产生及如何将动机转化为实际行动的过程。

1. 弗鲁姆的期望理论

期望理论又称作"效价-手段-期望理论",由美国心理学家维克托·弗鲁姆于1964年在《工作与激励》一书中提出。期望理论认为,人们采取某项行动的动力或激励力取决于其对行动结果的价值评价和预期达成该结果的概率。也就是说,人们在预期行动将有助于达到某种希望的结果,并且该结果实现的可能性较大时,才会被激励而采取行动。

$$激励力量＝目标效价×期望值$$

激励力量是指调动个人积极性、激发人内部潜力的强度;期望值是个体根据自己的经验和判断,对达到特定目标的概率或可能性的估计;目标效价表示个体对达到目标所能带来的满足感和价值的主观评价。该公式揭示了人的积极性被调动的程度与期望值与效价的乘积成正比。该公式揭示了人的积极性(激励力量)与期望值(对实现目标的信心)和效价(目标实现的价值)的乘积成正比。换言之,一个人对目标的把握越大,估计达到目标的概率越高,且达成目标对他而言价值越大,那么他被激发的动力就越强烈。

期望理论强调个人目标与其需求之间的紧密联系。只有当员工认为实现目标能够满足他们的个人需求时,他们才会被激励去努力达成这些目标。在管理中,该理论可以用来解释为什么在某些情况下,员工即使面临困难也会积极努力,而在其他情况下则可能缺乏动力。管理者可以通过调整工作目标、提供适当的奖励和及时反馈等方式来影响员工的期望值和效价,从而激发他们的积极性。

2. 亚当斯的公平理论

公平理论是由美国管理心理学家斯塔西·亚当斯于20世纪60年代中期提出。该理论主要研究的是工资报酬分配的合理性、公平性及其对员工生产积极性的影响。该理论的基本观点是,当一个人做出了成绩并取得了报酬以后,他不仅关心自己的所得报酬的绝对量,而且还关心自己所得报酬的相对量。因此,他会进行各种比较来确定自己所获报酬是否合理,比较的结果将直接影响今后工作的积极性。具体来说,他会进行两种类型的比较:横向比较与纵向比较。

横向比较指员工会将自己获得的报酬(包括经济收益、工作任务分配以及获得的赏识等)与自己的投入(包括学历、所作努力、用于工作的时间、精力和其他无形损耗等)的比值与组织内其他人做社会比较,只有相等时,他才认为公平。当出现不公平时,员工可能会产生不满情绪,并采取一系列行为来恢复平衡,如改变自己的投入、改变自己的收益、歪曲对自己的认知和对他人的认知、选择其他参照对象、考虑转行等方式,试图在心理上重新找回平衡。

纵向比较指员工会把自己目前投入的努力与目前所获得报酬的比值,同自己过去投入的努力与过去所获得报酬的比值进行历史性的对比分析。只有当这两个比值相等时,他才认为公平。

根据公平理论的观点,管理者应该关注员工的公平感受,确保薪酬和奖励制度的公平性和透明度。企业在制定薪酬和奖励政策时,应考虑到市场标准和行业标准,以避免员工产生不公平感。管理者应该与员工进行开放、诚实的对话,解释薪酬和奖励制度的制定依据和原则。当员工产生不公平感时,管理者应迅速介入,并通过调整策略来确保员工的公平感,从而维持他们的工作热情和满意度。

(三)行为改造型激励理论

行为改造型激励理论关注的是如何通过外部刺激和影响来改变和塑造人的行为。它旨在探讨如何使人的心理和行为由消极转变为积极,从而有利于组织的运作和发展。行为改造型激励理论在管理、教育、心理咨询等领域有着广泛的应用。在管理领域,管理者可以通过运用强化理论和归因理论来激发员工的积极性、改变员工的不良行为、提高员工的工作效率。

1. 目标设置理论

目标设置理论是由美国心理学家埃德温·洛克于20世纪60年代提出。洛克认为目标本身就具有激励作用,目标能将人的需要转变成动机,使人们的行为朝着一定的方向努力。该理论的核心观点是目标能把人的需要转变为动机,使人们的行为朝着一定的方向努力,并将自己的行为结果与既定的目标相对照,及时进行调整和修正,从而实现目标;设置目标时应清晰具体,避免模糊和含糊不清的表述。明确的目标有助于衡量进展和成就;目标必须是可以量化和衡量的,以便客观地评估个人的进展和成就;目标要具备一定的挑战性,但同时也要符合实际可达的范围;目标必须和个人的价值观和长期目标相一致,只有与个人愿望和梦想相关的目标才能持续激励前行。

在实际应用中,管理者应为员工设定明确、具体的目标。这些目标应该包括明确的内容、时间限制和可衡量的指标。例如,在销售部门,可以为销售团队设定具体的销售额或客户增长目标。

在员工努力达成目标的过程中,及时的反馈是非常关键的。无论是表扬还是建设性的批评,反馈都能是激励员工的动力,积极的反馈能赞赏他们的付出与提升,而负面反馈则能明确指出需要改进的地方以实现成长。反馈应该准确、具体,并尽量做到及时,以便员工能够根据反馈调整自己的行为。

为了顺利达成目标,员工个人也须制订具体的行动计划。包括明确的步骤、时间表和资源分配方案。行动计划有助于员工更好地组织和管理自己的时间和资源,举例来说,专业的市场营销团队通常会制订一份详细的推广计划,包括各种推广活动的时间表、负责人和预期成果。

在实施行动计划的过程中,定期对员工的进展进行监督和评估是必不可少的环节。这有助于及时发现问题和改进方向,确保目标的顺利达成。同时,管理者需要根据员工的实际情况调整目标难度,以激发员工的积极性和挑战性。

2. 强化理论

强化理论是行为改造型激励理论中最具代表性的理论，又被称为操作条件反射理论或行为修正理论。该理论是由美国著名心理学家伯尔赫斯·弗雷德里克·斯金纳于在20世纪30年代提出的。强化理论主要关注的是如何通过奖励和惩罚来强化或削弱某些行为，从而改变和塑造个体的行为模式。

该理论是建立在操作性条件反射基础之上的，即人的行为是对外部环境刺激所作出的反应，只要创造或改造外部的操作条件，人的行为便会随之改变。强化理论认为，有效利用或改变组织内外环境诱因，对员工行为进行强化，是调动员工的工作热情、提高工作绩效的有效方法。强化可以分为正强化、负强化、惩罚和自然消退四种类型。

正强化：通过给予正面的结果（如奖励），鼓励某种行为的重复出现。

负强化：通过避免不愉快的刺激或撤销惩罚来鼓励某种行为的发生。

惩罚：通过引入不愉快的结果来抑制某种行为。

自然消退：对某种行为不予理睬，从而表示对该行为的否定。

根据强化理论，管理者可通过给予正面奖励来加强员工的积极行为。如对于表现优秀的员工，可以提供奖金、晋升、表扬等形式的奖励，以此鼓励他们继续保持良好的工作表现。这种方式能够激发员工的积极性和工作热情，提高工作效率。当员工出现某种不良行为时，管理者应及时告知员工该种行为是不可取的，如果继续这种行为会受到什么惩罚，从而削弱这种行为，它和惩罚有着本质的区别。如对于表现不佳的员工，管理者可以采取警告或轻微处罚等措施，以促使其改善表现。这种方式旨在纠正员工的不良行为，并引导他们向更好的方向发展。

3. 归因理论

归因理论是由美国心理学家弗里茨·海德于20世纪50年代提出，指人们对他人或自己行为原因的推论过程，即解释和推论他人和自己行为的原因。归因理论是一个解释人类行为的重要思维方式，有助于更好地理解人类行为，并提高人的沟通和协调能力。通过归因理论，可以更准确地判断他人的能力和预测行为结果，从而更好地应对各种人际情境。

归因理论关注的是人们如何解释自己或他人的行为，以及这些解释如何影响他们的动机和行为。归因理论认为，人们对成功或失败的归因会影响他们的情绪、期望和行为。例如：当一个人成功时，可能会将其归因于他的能力或努力（内部归因）；当一个人失败时，可能会归因于任务太难或运气不好（外部归因）。

根据归因理论，当员工表现出色时，通过归因分析，可以确定这是因为员工的能力强、工作努力，还是因为任务简单或运气好。这种理解有助于管理者更准确地评估员工的绩效，并采取相应的激励措施。同时，管理者可以制定个性化的激励策略。对于倾向于内部归因的员工（认为成功或失败主要取决于个人因素），可以通过提供更具挑战性的任务和自主权来激励他们。而对于倾向于外部归因的员工（认为成功或失败主要受外部环境影响），则可以通过提供明确的指导和支持来增强他们的信心和工作动力。当员工面临挫折或失败时，归因理论可以帮助管理者引导员工进行合理归因，避免过度自责或推卸责任。通过引导员工正确归因，可以帮助他们调整心态，重拾信心，以更积极的心态面对工作。

第五节　员工薪酬福利管理的未来发展趋势

薪酬管理作为人力资源管理的重要组成部分，其发展趋势直接影响着企业的竞争力。近年来，随着我国经济的快速发展，企业对人才的需求越来越大，薪酬管理也呈现出新的特点。

一、全面薪酬

全面薪酬体系是一种兼顾员工内在需求和外在需求的薪酬体系，旨在达到物质激励和精神激励的统一。全面薪酬体系涵盖了员工与雇主关系的各个方面，包括货币性薪酬（基本工资、奖金、股票期权等）和非货币性薪酬（工作环境与组织环境、培训学习机会、组织文化等）。它不仅关注员工的经济回报，还重视员工的职业发展、工作生活平衡及心理健康等方面。该体系强调与员工的充分沟通，并根据员工的个人需求和绩效来设计薪酬方案。

此外，全面薪酬体系通过多元化的激励措施，如绩效奖金、晋升机会、培训和发展机会等，来激发员工的工作积极性和创造力。同时，它也包含一定的约束机制，以确保员工的工作行为和绩效符合组织的目标和价值观。

需要注意的是全面薪酬体系不是一成不变的，而是需要根据市场环境、企业发展情况和员工需求的变化进行动态调整和优化，以保持其有效性和吸引力。

二、宽带薪酬

宽带薪酬是一种创新的薪酬制度设计策略，它打破常规的薪酬等级划分，通过整合原有的薪酬级别并拓宽每个级别的薪酬区间，实现了薪酬层级减少而每个级别支付幅度增大的模式，构建出一个薪酬区间宽泛的新型薪酬架构。

宽带薪酬制度的特点在于显著减少薪酬等级数量，通常只有几个薪酬级别，但每个薪酬等级的带宽（即最高薪酬与最低薪酬之间的范围）大幅拓宽，以反映员工的工作绩效和能力差异。这种设计使员工的薪酬更多地取决于他们在工作中的表现、承担的责任和技能水平，而不是仅仅依赖于职位等级。

　　宽带薪酬体系还具有市场导向的特点,能够根据劳动力市场的变化和行业竞争情况来调整薪酬水平,使企业能够更好地吸引和留住人才。

三、长期薪酬

　　长期薪酬是指企业为核心员工提供的长期激励,这些激励措施通常与员工的长期绩效、能力和贡献相挂钩。长期薪酬体系中,股票期权计划和期股等激励措施占据重要地位。这些激励措施往往与员工在公司的持续贡献挂钩,包括他们的工作表现、服务年限,以及公司整体的长期业绩等。

　　长期薪酬的特点在于其长期性和与绩效的关联性。它不仅仅基于员工的日常工作表现,更看重员工对公司长期目标的贡献。此外,长期薪酬也具有一定的风险共担性质,员工通过持有公司股票或其他形式的长期奖励,与企业共同承担风险并共享收益。长期薪酬的主要目的是激励核心员工为企业创造长期价值,并确保关键人才能够长期留在公司。

四、团队薪酬

　　团队薪酬是一种综合考虑团队成员绩效和贡献的薪酬体系,旨在激励团队成员共同努力,提高团队整体绩效。在这种制度下,团队成员的薪酬不仅考量个人的业绩表现,还与整个团队的绩效和成果紧密相联。

　　团队薪酬通常会根据团队的目标完成情况、工作效率、创新能力等多个方面进行综合评估,并以此为基础来确定薪酬分配。这表明,即使某个团队成员的个人表现可能并不显眼,但只要整个团队展现出卓越的协作与绩效,他们依然有可能收获相应回报。

　　而且,团队薪酬机制鼓励了成员间深度的知识共享与经验互动,因为每个人都清晰地认识到,只有当团队整体成就突出,个人的薪酬收益方能同步增长。这种新型制度有效地打破了传统的"各自为战"的工作格局,催生了更加强调协作与效率的团队氛围。

第九章
员工关系管理

本章概要

员工关系管理涵盖了员工与管理者、员工与员工之间的所有互动与联系,是组织内部环境营造和组织文化塑造的关键环节。本章全面阐述了员工关系概念与特征、相关理论、员工沟通及劳动关系管理等内容,旨在帮助组织构建和维护其与员工之间和谐稳定的关系,以支持组织目标的顺利实现。

学习目标

知识目标

1.理解员工关系管理的基本概念。
2.掌握员工关系管理的主要职责及核心内容。

能力目标

1.培养与他人进行有效沟通的能力。
2.具备协调和协商能力。
3.能够独立分析和解决员工关系管理中出现的问题。

素质目标

1.促进社会公平正义,维护社会和谐稳定。
2.坚持以人民为中心的根本立场。
3.培养良好职业道德和遵守行为规范。

本章导入

坚持以人民为中心是我们党的根本执政理念,是新时代坚持和发展中国特色社会主义的一条基本方略。习近平总书记强调，人民立场是中国共产党的根本政治立场。把人民拥护不拥护、赞成不赞成、高兴不高兴、答应不答应作为衡量一切工作得失的根本标准。

组织应建立以人为本的管理理念、加强员工沟通与倾听、优化员工关怀与福利、促进员工发展与成长以及营造以人为本的企业文化，关注员工的需求和权益，提升员工的满意度和忠诚度，为企业的长期发展奠定坚实的基础。

第一节 员工关系管理概述

一、员工关系的概念及特征

（一）员工关系的概念

员工关系是指在组织中，员工与雇主之间、员工与员工之间及员工与组织之间所建立的一种社会关系。员工关系是组织内部最为重要的人力资源关系，对组织的稳定和发展起着关键作用。

1. 员工与雇主之间的关系

这种关系是员工关系的核心，包括雇佣关系、劳动关系、劳资关系等。员工与雇主之间的关系是组织内部最为重要的人力资源关系，决定了员工的工作积极性、工作满意度及员工的流动率。

2. 员工与员工之间的关系

员工与员工之间的关系主要体现在同事关系、上下级关系、团队关系等方面。员工与员工之间的关系直接影响着员工的工作氛围、工作协作及员工之间的竞争与合作。

3. 员工与组织之间的关系

员工与组织之间的关系主要体现在企业文化、组织氛围、组织结构等方面。员工与组织之间的关系直接影响着员工的工作满意度、工作忠诚度以及员工的流失率。

（二）员工关系的特征

1. 利益相关性

员工关系是一种利益相关关系，员工与雇主、员工与员工、员工与组织之间都存在利益关系。员工与雇主方面的利益关系体现在薪酬、福利、晋升等内容；员工与员工方面的利益关系主要体现在工作分配、团队合作、竞争与合作等内容；员工与组织方面的利益关系主要体现在企业文化、组织氛围、组织结构等内容。

2. 社会性

员工关系是一种社会性关系,受到法律法规、道德规范、文化传统等因素的影响。员工与雇主、员工与员工、员工与组织之间的关系都需要遵守这些规则、制度和文化。

3. 动态性

员工关系不是一成不变的,而是随着组织的变化、员工的成长、社会的变迁而不断变化,需要不断优化和调整员工与雇主、员工与员工、员工与组织之间的关系。

4. 多样性

员工关系具有多样性的特征,例如正式和非正式关系、稳定和非稳定关系、积极和消极关系。企业在进行员工关系管理时需采取相应措施来协调这些关系,这样才有利于整个企业的和谐发展。

5. 复杂性

员工关系是一种复杂性关系,受到组织结构、企业文化、员工素质、社会环境等多种因素的影响,在进行员工关系管理时需要对这些因素进行综合考虑和分析。

二、影响员工关系的因素

(一)外部影响因素

1. 经济环境

经济环境的好坏直接影响企业的经营状况和员工的收入水平,在经济较好的时候,企业处于盈利状态,员工收入增加,这时的员工关系通常较为和谐。而在经济萧条的时候,企业通常会采取裁员、降薪等措施缓解经营压力,这时的员工关系会比较紧张。

2. 技术环境

技术的进步使企业对员工的知识和技能要求越来越高。新技术、新设备的引入改变了员工的工作方式和角色定位,进而使员工关系受到影响。在自动化和人工智能技术广泛应用的今天,部分员工面临着失业或转岗的危机,这将给企业在进行员工关系管理时带来挑战。

3. 政策环境

企业的用工成本和员工福利受到劳动法规、税收政策、社会保障政策等因素的影响,从而影响员工关系。

4. 社会文化环境

员工的价值观、行为习惯及沟通方式在不同的地域、民族和文化背景下会有所不同,这些差异会导致员工之间的误解及冲突。所以企业需要加强文化建设,促进员工之间的文化交流和融合,以建立良好的员工关系。

(二)内部影响因素

1.企业文化

企业文化是员工共同需遵循的价值观和行为准则。积极、健康、和谐的企业文化可增强员工的归属感和忠诚度,促进员工之间的团结和协作。消极、不健康的文化则会导致员工之间的隔阂和冲突。

2.沟通渠道

沟通渠道受阻是造成员工关系紧张的原因之一,沟通不畅会导致信息传递不顺畅,引起员工的误解和冲突,对员工关系产生负面影响。有效的双向沟通渠道可促进积极和谐的员工关系的形成,从而提升员工的满意度及工作效率。

3.薪酬福利制度

薪酬福利制度也会影响员工关系,当员工感觉自己的付出与所获回报不相匹配时,他们会觉得受到了不公平的待遇,会产生不满和消极的情绪,导致影响和谐的员工关系。

4.工作环境

工作环境包括物理环境和人文环境,舒适、安全、整洁的工作环境可提高员工的满意度和工作效率,有利于建立良好的员工关系。

5.管理层的理念

管理层的理念直接影响企业的决策过程及员工关系管理。当员工对管理层的理念不持认同态度时,员工与管理层之间的关系往往会变得紧张。

6.冲突

企业内部冲突是员工之间、员工与管理者之间因观点、需求、利益等不同而产生的矛盾。冲突处理不当会破坏员工关系,甚至影响企业的稳定和发展。

第二节　员工关系相关理论

一、交换理论

交换理论是一个广泛应用于社会学、经济学、心理学等多个领域的重要理论,它从不同角度解释了人们为什么进行交换以及交换如何影响个体和社会。交换理论最初是针对结构功能主义提出的,它倾向于实证主义、自然主义和心理还原主义。该理论不仅是研究人的外显的社会交往活动的理论,而且认为人们的交往实际上是一种交换活动,包括物质交换和非物质的交换。在交换过程中,人们遵循着类似经济学的成本、价值、利润原则,以追求最大的价值和奖赏。

交换理论受古典政治经济学、马克思经济思想及文化人类学思想的影响。亚当·斯密在《国富论》中阐述了交换的普遍性和重要性,马克思则通过分析资本主义社会的商品交换关系,揭示了人与人之间的关系。同时,文化人类学家弗雷泽、马林诺夫斯基等人的研究对交换理论产生了深远影响。霍曼斯在吸收这些思想的基础上,进一步发展了交换理论,他认为交换不仅产生了经济关系,还促进了社会发展和进步。交换使整个社会关系阐述,社会结构由此形成。

交换理论的研究范畴和概念有价值、最优原则、投资、奖励、代价、公平和正义等方面。这些概念在交换过程中发挥着重要作用。在人际交往中,人们会评估自己的付出和所得,从而决定是否继续交往,这种评估过程和结果是基于交换理论的核心概念而进行的。

在交换理论中有一个重要的概念叫作"公平感"。公平感是指个体在交往过程中,对交往结果的满意程度。当个体感觉交往结果公平时,他们会更愿意继续与对方进行交往。如果个体感到交往结果不公平,他们则会减少或终止与对方的交往。在企业员工关系管理实践中,交换理论认为企业与员工之间的相互作用是一种交换关系,当企业提供的工资等于或大于员工为企业做出的贡献时,员工会感到满意,该理论强调了员工与企业之间的互惠互利关系。此外,交换理论还可以解释人们愿意为公共产品和服务付费或人们相互帮助等社会现象。

二、员工关系的价值取向

(一)一元论

一元论主要体现在管理者对雇员的期望和要求上,其核心思想是强调权威和忠诚的单一核心价值取向,并认为工作场所是一个和谐、统一的整体。一元论强调管理者的权威及雇员对企业的忠诚。一元论认为应由管理者制定目标,员工执行目标。在一元论下,组织被视为一个相互合作的利益共同体,里面没有利益冲突。无论是在劳动者、所有者还是管理者之间,或是在提供不同技术、知识和经验的工人之间,都强调共同的目标和利益。

在对待工会的态度上,一元论倾向于避免或消除工会的存在,它认为工会的存在会降低员工对企业的忠诚度,并会引发不必要的冲突。在对待员工关系管理方面,一元论认为管理者将致力于维护和谐的员工关系以确保每个员工都能为实现共同的组织目标而努力。

（二）多元论

与一元论相反，多元论承认并尊重员工之间的个体差异，包括文化背景、教育程度、工作经验、技能特长及个人价值观等方面的不同。使用多元论对员工关系进行管理可满足员工的多样化需求，提高其工作满意度和忠诚度，从而降低员工流失率。多元论认为员工有自己独特的需求和期望，管理者应关注并满足员工多样化的需求以激发其工作积极性和创造性。多元论提倡企业根据员工的个体差异，提供个性化的管理方式和激励措施，同时倡导包容性的企业文化以鼓励员工表达自己的想法和观点。

三、X理论与Y理论

（一）X理论

X理论是关于人性假设的管理学理论，由美国心理学家道格拉斯·麦格雷戈在1957年提出。X理论认为，员工天生好逸恶劳，胸无大志，缺乏进取心，不愿承担责任的，他们以自我为中心，缺乏解决问题的能力及理性思维的能力，极易受到外部环境的影响。

X理论主张在进行员工管理时采用严格的管理制度，明确每个人的任务和责任，进行指挥、控制、监督，并强调纪律的重要性。同时，该理论认为应建立严格的绩效考核制度和与绩效挂钩的薪酬制度，在激励员工时以经济利益为主要激励手段，使他们的行为尽可能地符合组织要求。若员工的行为不符合组织期望时应对其进行严厉的惩罚。

X理论不仅影响企业的经营管理，还影响了心理学、教育以及市场营销等领域。在心理学领域，它帮助心理学家更好理解人类的行为模式。在教育领域，教师通过了解学生的心理可制定更有效的教学策略和方法。

但X理论也面临着一些争议和批评，例如有人认为X理论简化了复杂的现实情况，忽略了人与人之间的差异性。还有人认为，X理论忽略了环境等外部因素对个体的影响。

（二）Y理论

Y理论是与X理论相对的一种人性假设理论，同样由美国心理学家道格拉斯·麦格雷戈在1957年提出。与X理论相比，Y理论更加注重员工的自主性和发展需求，因此，它在现代管理实践中得到了广泛的应用和认可。Y理论认为人性本善，员工从本质上来说喜欢工作，并渴望在工作中发挥自己的才能和创造性。员工被看作是有责任心、愿意承担责任并寻求工作挑战的个体。

　　Y理论在研究机构、高新技术企业等需要高度创造性和员工自主性的组织中应用广泛,同时也在教育、咨询等领域也影响深远。Y理论强调创造宽松、自由的工作环境,这样才能使员工更好地发挥自身才能和创造力。该理论认为管理者应鼓励员工参与到决策中,为其提供有挑战性工作的机会,并鼓励员工对自己的工作进行评价。管理者需关注员工的各种需求,通过启发和诱导使员工发自内心地朝着组织的目标方向努力。同时,Y理论强调信任、尊重和支持员工,通过激发员工的内在动力,有助于提高员工的归属感和工作满意度。

四、行为调适理论

　　行为调适理论源于行为主义心理学,强调环境对个体行为的影响,该理论认为人的行为是可以进行引导的。组织可通过奖惩机制和反馈机制来进行调整和改变人的行为,同时也可通过设定明确的目标和奖惩机制来进行强化或弱化人的行为。

　　正向反馈机制是行为调适理论的内容之一。该机制是通过设定奖励来激发和强化个体的积极行为,旨在强化正确行为的目的,从而激励人们更好地完成工作和任务。行为调适理论在教育、心理治疗、企业管理等多个领域被广泛应用,如在教育领域,教师可以通过给予学生适当的奖励来激发学生的学习积极性和学习参与度;在心理治疗方面,医生可以通过设定目标和奖惩机制来帮助患者调整不良行为或习惯。

五、内外控制理论

　　内外控制理论指出了个体如何归因于内部或外部因素来解释自己行为的结果。内外控制分为内控和外控两方面,内控主要指的是个体通过自我意志、行动来改变事物发展的结果,强调主体的主观能动性。在企业管理中,内控体现在风险评估、内部审计等制定和执行内部控制政策和程序上,这些政策可确保企业经营目标的实现。外控指将事物发展的成败归因于运气、他人帮助等外部的不可控因素上,突出了外界的不可控因素对个体行为结果的影响。但实际上个体往往同时受到内控和外控的影响,趋向于内控的人,同时也可能受到外控因素的影响。

　　国内外在内部控制理论和实践方面存在一定的差异,可以相互借鉴各自的研究和实践经验以提升内部控制的有效性和可行性。在理论方面,国内的内部控制理论主要集中在企业会计控制理论和公司治理理论两个方面,其中公司治理理论的研究比较丰富;而国外的内部控制理论则包括职能理论、秩序理论和自主理论等不同的理论体系。在方法方面,国内较为常见的方法是设计和实施内部控制制度,强调操作性和可执行性,如采用ISO9000质量管理体系进行内部控制的设计与实施;国外则更加强调风险管理和内部控制的全面性,常采用COSO框架进行内部控制的设计与实施。

Note

第三节 员工沟通与协作

一、员工沟通管理

（一）沟通的定义

沟通是指信息传递与接收的过程，即发送者通过某一渠道将信息传递给接收者，并期望得到接收者的反馈的过程。在沟通过程中，信息需要被传递、解释和理解，有效的沟通需要发送者和接收者之间有良好的共识和理解，发送者需要清晰地表达自己的想法，确保信息准确无误地传达给接收者，而接收者则需要接收信息并理解发送者的真实意图，并对此给出反馈，如图9-1所示。

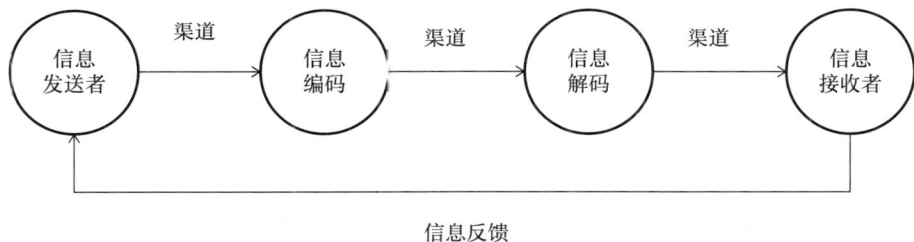

图 9-1 沟通的过程

沟通是一种双向的交流过程，在人际交往、企业管理等多个领域都起着重要的作用。有效的沟通可使人们更好地协调工作、解决问题，并建立良好的人际关系。

（二）沟通的种类

1. 语言沟通和非语言沟通

语言沟通是以语言文字为载体实现的沟通，主要包括口头语言沟通和书面语言沟通，如使用面对面的谈话、信函、公示等方式进行信息的传递。非语言沟通指通过非语言途径所呈现的信息，包括使用肢体语言、面部表情、眼神交流等方式向他人传达信息。

2. 垂直沟通和水平沟通

垂直沟通分为上行沟通和下行沟通。上行沟通指与上级或比自己地位高的人进行沟通，如工作汇报、请示等沟通方式。下行沟通指与下级或比自己地位低的人进行沟通，如工作安排、跟进等沟通方式。水平沟通指与职位相当或同级的人员进行沟通，如同事之间的交流等。

3. 面对面沟通、远程沟通和社交媒体沟通

面对面沟通指双方现场见面进行交流。远程沟通是通过电话、视频会议等工具进行跨区域交流。社交媒体沟通指利用微信、微博等网络社交平台进行沟通。

4. 正式沟通和非正式沟通

正式沟通指在正式场合或工作环境中进行的比较严肃和规范的沟通。非正式沟通指人们在日常生活中的随意交流,如朋友聚会聊天等。

5. 单向沟通和双向沟通

单向沟通指信息只从信息发送者传递到信息接收者,而不需要接收者进行反馈。双向沟通指发送和接收双方发送、接收并反馈信息的过程,这种沟通方式存在互动环节。

(三)沟通的重要性

1. 沟通有利于构建和谐的人际关系

在日常生活中,个体有与他人分享彼此的想法和情感的需求,通过沟通能够更好地理解他人的感受,从而建立和谐的人际关系。

2. 沟通有利于组织内部的协调

在企业或组织中,成员之间需要通过沟通来进行目标的制定、任务的分析及问题的解决。有效的沟通可确保信息的流动,提高团队的工作效率,推动工作的顺利开展。

3. 沟通有助于化解矛盾,解决冲突

在人际交往或团队合作过程中难免存在意见不统一的状况,只有通过坦诚的沟通才能及时消除误会,达成共识,而避免矛盾的出现和冲突的发生。

4. 沟通有助于自我了解和他人了解

通过与他人的交流,个体可以更好地认识到自己的优点和缺点,及时调整自己的行为和态度。同时,通过沟通可深入了解别人的需求,为建立良好的人际关系打好基础。

5. 有效的沟通还能提升个人的影响力

对领导者来说,善于沟通可赢得他人的尊重和信任,激发团队成员的积极性和创造力,推动团队的共同进步和发展。

(四)沟通的原则

1. 明确性

沟通的目的和内容应清晰明了,避免使用含糊不清和模棱两可的表述方式,这样才能确保信息能够准确传达并被理解。

2. 完整性

沟通时传递的信息应当完整,以便接收者能够全面理解信息的含义和重要性。

3. 及时性

重要的信息应当及时传达,不能延误或错过时机,这样才能确保沟通的时效性和有效性。

4. 准确性

沟通时,信息发送者所传递的信息应当准确无误,避免因客观或主观的原因产生歧义,导致信息接收者未能正确理解信息的深层次含义。

5. 尊重性

沟通过程中不管是发送者还是接收者都应尊重对方,不能使用侮辱性或攻击性的语言,这样才能建立良好的沟通氛围,确保信息的有效传递。

6. 保密性

对于沟通过程中涉及个人隐私或组织秘密的信息应当严格保密,只能在必要的情况下与特定的人员之间进行传递。

7. 连续性

沟通是一个持续的过程,信息需要不断地传递、反馈、确认和调整,以确保沟通的有效。

二、沟通的技巧

(一)有效倾听技巧

有效倾听可帮助人们更好地理解别人及建立信任。在沟通过程中,个体更关注自己的观点和想法,从而忽略了对方的发言,因此在沟通时应尽可能保持专注和耐心,不要急于打断对方,表达自己的观点。

有效倾听的第一步是认真倾听对方的想法。只有认真倾听对方的想法,才能更好理解对方的观点和情感,做出有效的回应,取得别人的认可和信任。

有效倾听的第二步是理解对方的真实意图。个体在沟通过程中应尽可能地理解对方言语下的深层次意思,而不是仅仅听他们说的话。同时也应了解对方的背景、经历和情感,以便更好地理解他们的观点和行为。在沟通过程中个体应避免自己的偏见和情感,以便更好地理解对方所想表达的内容。

有效倾听的第三步是表达自己的理解。个体在理解对方的真实观点后,需要尽可能完整地表达自己的理解,只有这样才能帮助双方更好地建立信任。在交谈中可以通过重复对方的观点来确认对他们的理解,或者通过提出问题来表示自己有认真倾听,通过这样的方式可帮助双方更好地建立共识。

（二）表达技巧

首先，个体在沟通过程应使用简洁明了的语言阐述自己的观点和看法，避免使用复杂专业的词汇或冗长的句子，这样能使对方更容易理解其真实意思，提高双方的沟通效率。

其次，应使用正面的语言，以积极和肯定的语言来表达自己的想法，避免使用负面或攻击性的言辞。正面和肯定的表达有助于营造和谐的沟通氛围，从而促进双方的合作。

再次，在沟通过程中可运用非语言沟通的方式，如肢体语言、面部表情和眼神交流等。非语言沟通方式同样可传达个体的想法和情感，有时比语言更为丰富和直观。因此，在沟通中可充分运用这些非语言方式，以增强表达的效果。

最后，在沟通过程中还应表示理解对方的感受和立场，这有助于拉近沟通双方的距离，增强双方信任感，使沟通过程更加顺畅，沟通结果更加有效。

（三）情感管理技巧

个体在沟通过程中可使用同理心去理解对方的情感和立场，如全神贯注地倾听，通过保持眼神接触、点头等方式表示关注，这有助于拉近双方的距离并加深理解。在进行情感表达时，可尝试准确、清晰地表达自己的感受和需求，应注意避免使用攻击性或情绪化的语言，学会控制自己的情绪，保持冷静和理智，避免因情绪波动而影响沟通的效果。同时，在面对冲突或负面情绪时，应保持冷静并尝试以合理的方式解决问题，避免将个人情绪带入和别人的沟通中，以免影响沟通效果和双方关系。

（四）书面沟通技巧

在进行书面沟通之前，个体应先明确沟通的目的和内容，这样可确保信息准确、清晰地传达给对方。在具体工作安排上，需要明确具体的沟通内容和要点（如工作安排、绩效考核、福利待遇等），避免产生误解和歧义。

书面沟通过程中应注重书面语言表达和写作格式规范。书面沟通需要使用准确、简洁、明了的语言来进行表达，避免使用复杂或模糊的词汇和句子。在格式方面，应使文档结构清晰、易于阅读，这就需要注意段落、标题、字体、字号等规范。

为了确保书面沟通的效果，需要建立确认和反馈机制。个体在发送重要邮件或文件进行信息的传递后，应确认对方是否收到并理解相关信息。另外，管理者也可以定期或不定期地与员工进行书面沟通的反馈交流，了解员工对沟通内容的看法和建议，以便不断改进和优化沟通的渠道和方式。

在进行书面沟通时，个体需要注意信息的保密性和安全性，避免在公共场合或不安全的网络环境下泄露敏感信息。组织需要采取加密、限制访问等安全措施确保个人隐私或组织机密等信息不被泄露或滥用。

（五）跨文化沟通技巧

随着全球一体化进程加快，跨文化沟通技巧在全球化的工作环境中备受关注。在跨文化沟通前，个体应深入了解不同国家和地区的历史文化背景、价值观念、沟通习惯等，尊重彼此的文化差异，避免在沟通中因为误解而产生文化冲突。个体在跨文化沟通时应使用简洁明了的语言以降低沟通障碍，避免使用俚语等可能对某些不同文化背景的人来说难以理解的语言表达方式。在不同文化背景下，人们的沟通风格可能存在不同的情况，例如，有的文化可能更倾向于直接回答，而有的文化则可能更加细化委婉的表达方式。由于不同文化背景的人往往具有不同的思维方式和创新能力，所以管理者在进行跨文化沟通时可通过充分利用这些多元文化差异来激发团队的创新能力，提高其解决问题的效率和质量。

三、冲突管理

由于组织内部的不同个体之间的存在观点和利益冲突，有可能会导致不必要的紧张和误解，因此冲突管理是每个管理者都需要掌握的重要技能之一。

冲突管理的第一步是识别冲突。冲突是指两个或多个个体之间存在的不同观点、利益、价值观或目标的不一致。因此，管理者需要仔细观察团队成员之间的互动，并识别潜在的冲突并提前采取措施避免冲突的发生。

当管理者确定了冲突的存在就需要采取适当的措施来避免或解决冲突。解决冲突的方法取决于冲突的性质和严重性。对于较小的冲突可通过协调、沟通和妥协的方式来解决，而对严重的冲突则需要采取如重新分配任务或调整团队成员的角色和职责等更严厉的措施来化解。

冲突管理需要管理者具备良好的沟通技巧。沟通是解决冲突的关键方法，管理者需要鼓励团队成员之间进行有效沟通，以便表达自己的观点和意见，并理解双方的立场。此外，管理者还需确保沟通是双向有效的，在与员工沟通时不但需要认真听取对方的意见，还需要正确表达自己的观点。

四、团队协作

（一）团队角色与职责

团队角色与职责涉及团队成员的任务分配，在团队中，每个成员都有自己的角色和职责，这些角色和职责是确保团队高效运转的关键，是避免团队成员之间的职责混淆和重复劳动的重要因素。

1.团队角色

团队角色指在团队中每个成员所扮演的角色。这些角色可以是执行者，也可能是决策者。团队中的每个角色都有其特定的职责和任务，这些职责和任务通常与角色的特点和能力有关。

2. 团队职责

团队职责指在团队中每个成员所承担的职责。这些职责通常与角色相关,如计划制定、资源协调、进度监督、团队管理等。

3. 团队角色与职责的分配

团队在分配角色和职责时需考虑团队成员的能力和特点,以及大家的总体目标和任务。一般而言,团队领导者应根据团队成员的特点和能力为其分配合适的角色和职责以达到团队协作的效果最大化。

4. 团队角色与职责的沟通

团队成员应清楚了解自己的角色和职责,并清晰知道如何与其他团队成员进行协作。在这个过程中,团队成员应保持定期沟通以确保彼此角色和职责的清晰及一致。

5. 团队角色与职责的评估

评估可帮助管理者了解每个成员的工作表现及团队的工作效率和工作质量。团队在协作时通常需要定期进行评估和反馈,这样才能确保角色和职责的分配和执行的有效性。

（二）团队建设

团队建设涉及团队成员之间的沟通和合作,是企业达成发展目标重要方式。一个高效的团队需要明确团队的目标,通过明确的分析协作,提高团队成员共同面对困难时的问题处理能力。在团队建设过程中通过有效的沟通渠道增进成员间的相互了解和相互信任,以提升团队的凝聚力和执行力。团队成员的个人发展和成长对于团队建设不可或缺,组织可以通过提供培训等方式来确保团队成员能够不断学习和提高自己的技能和知识,以提高团队成员的工作效率和协作能力,同时增强团队成员的自信心和创造力。

（三）团队沟通

良好的沟通机制是团队沟通的基础,能够促进团队成员之间的协作,提高团队的工作效率和工作质量。组织可通过建立专门的沟通机制,如定期召开会议、建立在线沟通平台等方式来达成团队成员间的有效沟通。这个过程中组织需要制定明确的议程和时间表,这样才能保证团队成员能够及时参与和了解最新的相关信息。

（四）团队决策

团队决策指团队成员在共同目标的指引下,通过协商、讨论和实施等环节达成共识并采取行动的过程。用简单的话来说,团队决策就是团队作出决定或选择的过程。和个人决策相比,团队决策往往能集思广益,考虑到更多的变量和可能性,减少因个人偏见或信息不足而导致的决策失误。

由于决策是为了解决某一个问题或达到某一个目标,所以团队决策需要有明确的目标,而且目标必须十分具体,不然决策将是盲目的。团队决策实质是团队选择行动方案的过程,因此团队成员在面临问题时需要有两个及以上的备选解决方案,才能从中进行比较进而确定大家都同意的方案作为行动指南。决策不仅是一个认识过程,还是一个行动过程,在决定行动方案后,团队必须将其付诸行动,否则做了决定也等于没做。

在团队决策过程中,每个团队成员都应该有平等的发言机会和参与机会,管理者应鼓励团队成员在尊重其他团队成员意见的基础上充分表达自己的观点和意见,通过协商和讨论达成共识。在团队进行决策时,成员要注意避免个人的主观意愿,以团队整体利益为重,才能得到团队其他成员的支持与赞同。决策需要按照一定的流程和标准以避免可能会出现的随意性和不确定性,所以组织在制定决策流程和决策标准时应充分考虑团队成员个体的特点和需求,以确保决策的正确性和有效性。有效的反馈和沟通机制在团队决策时也不容忽视,管理者需及时向团队成员反馈决策的结果和执行情况,并且根据实际情况来进行相应调整,以避免决策的偏差和错误,从而提高决策的正确性和效率。

（五）团队问题解决

团队成员之间的差异和矛盾是无法避免的,沟通的不畅会导致信息传递的失真,进而造成成员之间的误解甚至冲突。在这种情况下,沟通、合作和决策是有效的解决手段。有效的沟通应建立在团队成员相互尊重和信任的基础上,沟通过程中应避免使用批评和指责的语气,积极地倾听对方的意见,尝试理解对方的观点,并清晰地表达自己的想法和意见,以便其成员能够更好地理解自己的观点。

除沟通外,团队成员应积极地合作,共同努力解决面对的问题并实现团队目标。在合作过程中,成员应避免个人主义和以自我为中心的行为,要关注团队合作和集体利益,相互支持和鼓励,共同面对困难和挑战。

决策是管理活动的基础,是团队做任何事情的首要步骤。决策是团队行动指南,当团队面临问题时,团队成员需要共同决定做什么以及怎么做。团队决策应该基于客观事实和科学的数据,而不是个人情感和偏见,在决策过程中应避免带入个人感情色彩,充分发挥各自的专业知识和经验与其他成员进行充分的讨论和协商,同时尽可能避免决策的风险和错误。

（六）跨部门沟通

组织中的各个部门之间需要密切合作,共同完成任务和达成目标。为了实现这种合作,部门之间必须进行有效的沟通,才能共同协调行动、分享信息和解决问题。

1. 跨部门沟通的重要性

（1）促进部门协作。

组织中的各个部门都有不同的职责和任务,如果没有良好的沟通,各个部门之间的任务可能会存在时间上或内容上的冲突,进而导致整体工作效率的降低。通过跨部门沟通,员工可以了解其他部门的任务和需求,协调各自的工作,从而提高整个组织的工作效率。

（2）提高组织效率。

跨部门沟通可以促进部门间信息和资源的共享,通过分享各自的知识和经验,整个组织的水平及效率可以得到有效提高。

（3）提升绩效。

良好的跨部门沟通可增强组织的凝聚力和士气。通过沟通,各个部门可以更好地理解组织的目标,更好地协作,从而进一步提升组织整体绩效。

2. 跨部门沟通的技巧

（1）明确目标和期望。

在跨部门沟通时须明确沟通的目标和期望,确保所有参与者都理解其需要完成的任务,并引导他们朝着共同的目标努力。

（2）建立信任。

信任可以帮助部门之间更好地理解对方的观点和需求,建立更好的信任和协作关系。员工在建立信任方面需要遵循诚实、透明和尊重等基本原则。

（3）尊重不同的观点和意见。

不同部门间往往存在不同的观点和意见,因此员工需要尊重彼此的想法,即使这些想法与自己存在差异。员工在表达自己的见解时,需要尊重对方的观点,并尝试理解对方的立场。

（4）高效沟通。

高效沟通指员工在清晰表达自己的观点和需求的同时能有效地倾听和理解他人的意见和建议。参与者在沟通过程中应使用简单明了的语言,避免使用专业术语和行话,这样才可以更好地与不同背景的人进行有效的信息传递。

（5）协调时间。

在跨部门沟通时,需要确保所有参与者都有足够的时间来准备和参与会议,避免临时通知及召开紧急会议。在安排会议时,需要考虑每个人的日程安排和可用时间,以确保最大程度地让每个人都参与其中。

（6）维护沟通记录。

管理者在跨部门沟通时需要记录所有会议和决策,并保证每个人都了解最新的进展。维护沟通记录可让所有参与者都了解他们的任务和目标,以避免误解和混淆。

（七）员工沟通与协作的发展趋势

1. 远程办公和远程协作

远程办公和远程协作已经成为现代企业重要的工作方式。随着5G技术的发展，远程办公和远程协作的效率越来越高。未来员工将更加依赖远程办公和远程协作，可使企业的管理更加灵活，同时更能适应快速变化的市场需求。

2. 人工智能

人工智能是未来员工沟通与协作的重要支撑技术。通过使用人工智能技术，企业可以更加高效地管理员工，减轻员工的工作负担，提高员工的工作效率。

3. 虚拟现实和增强现实

虚拟现实和增强现实是未来员工沟通与协作的重要工具。通过使用虚拟现实和增强现实技术，员工可以更加直观地了解工作内容和流程，提高员工的工作效率。利用虚拟现实技术来进行员工培训，可帮助其提高自身的工作技能和专业知识。

4. 数据分析和智能决策

数据分析和智能决策将成为未来员工沟通与协作的重要技术。通过使用数据分析和智能决策技术，企业可以更加准确地了解员工的工作表现，制定更加合理的激励机制，提高员工的工作满意度和对组织的忠诚度。

第四节　劳动关系管理

一、劳动关系管理概述

（一）劳动关系管理的定义

劳动关系管理指在企业正常运营的前提下，通过规范化、制度化的管理手段调整和缓和劳资关系，规范劳资双方的行为及保障劳资双方的合法权益，旨在构建和谐稳定的劳动关系，进而推动企业持续健康发展。

企业劳动关系涵盖了企业与员工在日常生产经营活动中形成的各类责权关系，包含且不限于企业所有者与企业员工、企业管理人员与普通员工之间的关系。劳动关系管理的核心目的是构建和维护和谐的劳动关系，保障员工和企业的合法权益，确保企业的健康稳定地发展。

（二）劳动关系管理的重要性

1. 保障劳资双方权益

企业通过规范化、制度化的劳动关系管理手段,如通过签订劳动合同来明确双方的权利和义务,来确保员工和企业的权益得到保护,防止劳动纠纷的发生。

2. 提高工作效率

良好的劳动关系可以提高员工的工作效率。当员工感到自己的权益得到保障时,才能没有任何后顾之忧地投入工作中。

3. 促进企业稳定发展

和谐的劳动关系有助于企业的稳定发展。通过有效的劳动关系管理,企业可以避免或及时解决与员工之间的矛盾和问题,以维持企业的稳定运营。

4. 减少劳动争议

通过有效的劳动关系管理,企业可以及时预防和解决劳动争议,避免劳动争议对企业的声誉和正常的运行造成影响。

5. 提升企业形象

良好的劳动关系管理能够提升企业的社会形象和品牌价值,从而吸引人才和留住人才,进而提升企业在市场中的竞争力。

6. 保障企业合规经营

企业遵守劳动法规,合理处理劳动关系,能够有效避免因违法违规而面临的法律风险和经济损失。

二、劳动关系管理的主要内容

1. 劳动合同管理

劳动合同管理是指根据国家法律法规和政策的要求,通过组织、指挥、协调、实施职能等环节对劳动合同的订立、履行、变更和终止各个方面进行规范化管理工作的总称。进行劳动合同管理的目的在于确保劳动合同的合法性和有效性,保障劳动者和用人单位双方的合法权益,促进劳动关系的和谐稳定。

（1）保障双方权益。

劳动合同是劳动者和用人单位之间的法律约定,劳资双方在合同中明确约定了双方的权利和义务。通过合同管理,双方可以确保这些权利和义务得到妥善履行,从而保护各自的合法权益不受侵害。清晰、规范的劳动合同能够最大程度地减少因合同条款不清晰或双方理解不一致而导致的劳动纠纷,及时发现并解决潜在的问题。

（2）提高员工满意度和忠诚度。

公平合理的劳动合同能够增强员工对企业的信任感和归属感,从而提高员工的工作满意度和忠诚度,有助于企业留住人才,降低员工流失率。

（3）确保企业合规经营。

劳动合同管理不但关系到企业和员工的利益,也关系到企业是否遵守国家劳动法律法规的问题。通过规范的劳动合同管理,企业可以确保自身的经营行为符合相关法律法规的要求,避免因违规行为而面临的法律风险和经济损失。

（4）提升企业管理效率。

规范的劳动合同管理有助于企业建立完善的人力资源管理制度,降低企业管理成本,提高人力资源管理的效率,进而提升企业的整体运营效率。

2. 劳动岗位管理

劳动岗位管理是指在管理过程中对各个工作岗位进行合理设置、分析和评估,以确保资源的合理配置,达到适人适岗,提高工作效率和员工满意度的一系列管理活动。劳动岗位管理主要包括岗位设置、岗位分析、岗位描述等方面的管理。

（1）岗位设置。

企业根据业务需求和发展战略,合理设置工作岗位,明确各岗位的职责和要求。岗位设置应遵循因岗择人、人岗匹配的原则,以确保员工的能力与岗位要求相匹配。

（2）岗位分析。

企业应对组织内部每个岗位的工作内容、工作职责、资格要求等方面进行详细分析,以更准确地了解各岗位的工作要求和人员任职需求。

（3）岗位描述。

岗位描述指企业根据岗位分析的结果,编写工作说明书,明确岗位的主要职责、工作条件、素质要求等相关内容。岗位描述有助于员工了解自己的工作职责和组织的期望,更好地制定工作目标和工作计划,并有效完成本职工作。

（4）岗位评估。

企业应定期对岗位工作强度、难度、责任大小等进行评估,这有助于其制定合理的薪酬制度和晋升制度,激励员工更好地参与到工作中。

（5）岗位培训与发展。

企业应根据岗位需求,有计划地为员工提供必要的培训和发展机会,这样才可提高员工的专业技能和职业素养,更好地适应岗位需求。

（6）岗位监控与调整。

企业应对岗位的工作情况进行实时监控,确保员工按照工作说明书履行职责,并根据企业发展需求和员工表现及时调整岗位设置和人员配置。此外,企业还需根据自身业务需求与员工能力进行匹配,确保员工能够在适合的岗位上发挥其最大价值。

3. 劳动纪律管理

劳动纪律是组织为维护正常生产秩序和工作环境而制定的规章制度,要求全体员工在集体劳动、工作及与劳动紧密相关的其他工作过程中必须共同遵守的规则。劳动纪律管理是践行社会主义核心价值观的需要,是推动企业各项工作正常开展的基本要求。

劳动纪律涵盖多个方面的内容,包括履约纪律(严格履行劳动合同及违约应承担的责任)、考勤纪律(按规定的时间、地点到达工作岗位,并按要求请休各类假期)、工作纪律(根据生产、工作岗位职责及规则,按质按量完成工作任务)、安全卫生纪律(严格遵守技术操作规程和安全卫生规程)、保密纪律(保守用人单位的商业秘密和技术秘密)、奖惩制度(遵纪奖励与违纪惩罚规则等)。

4. 劳动安全卫生管理

劳动安全卫生管理,又称劳动保护或者职业安全卫生管理,指企业为确保员工在生产和工作过程中的生命安全和身体健康所采取的一系列措施。进行劳动安全卫生管理的主要目的是预防伤亡事故和职业病的发生,保障员工在安全、健康的环境中工作。

劳动安全指确保劳动场所不发生危及劳动者生命安全的伤害性事故,包括工作场所的合理布局、设施设备的维护保养、安全生产操作规范的制定等。劳动卫生指劳动场所无危及劳动者身体健康的慢性职业危害的发生。

在劳动安全卫生管理过程中,企业应制定安全生产责任制度,明确企业领导及各级管理人员和员工在安全生产方面的职责;完善规章制度,制定与劳动安全卫生相关的规章制度,规范员工的工作行为;制定安全技术要求和操作指南,为员工提供安全的工作环境;制定健康保护措施,落实职业病防治、提供个体防护用品等,确保员工身体健康;建立监督检查机制,及时发现问题并采取相应措施。

5. 劳动争议处理

劳动争议处理是指在劳动关系中出现冲突或争议时,通过一定的程序和机制来保护劳动者的合法权益。劳动争议处理旨在通过公正、公平、公开的方式解决雇主与雇员之间的分歧和矛盾,确保劳动者的合法权益得到保障,同时也有助于维护企业的正常运营和劳资关系的和谐统一。

当劳动争议发生时,首先可以尝试使用调解的方式解决问题,如求助于第三方调解机构协助双方进行沟通以达成和解。在调解无果的情况下可以申请劳动仲裁,劳动仲裁委员会将根据法律规定和争议双方提供的证据进行裁决。当仲裁结果不被接受时,争议双方有权向人民法院提起诉讼,通过法律途径解决争议。

需要注意的是,第三方调解机构在处理劳动争议时,应尊重和保护劳动者的工资支付权、工作条件权等基本权利。同时,也需要尊重和保护用人单位的用工自主权等合法权益。

三、员工援助计划

员工援助计划是指由组织提供的,针对所有员工及其家属的一项专业和系统的咨询服务计划。其主要目的是改善员二的工作和生活质量,在促进员工的个人成长的司时提高组织的工作绩效。

员工援助计划涵盖了多项健康与心理支持服务,主要包括定期健康咨询、心理咨询、压力管理和心理健康指导,旨在促进员工的身心健康。此外,该计划还提供了金融咨询服务,如理财规划、投资建议和税务咨询,以及法律咨询服务,解答员工可能遇到的法律问题。同时,员工的职业发展和培训也是计划的重要组成部分,包括提供培训、进修及继续教育机会,以及职业发展相关的资源和指导。为了帮助员工更好地平衡工作与家庭生活,计划还包含了家庭支援和儿童护理服务,如家庭护理、育儿咨询及托儿安排等。员工援助计划鼓励员工参与社区和义工活动,旨在提升员工的社交技能,并培养对他人的帮助与关怀。

在实施员工援助计划时,通常可按照以下步骤进行,如图9-2所示。

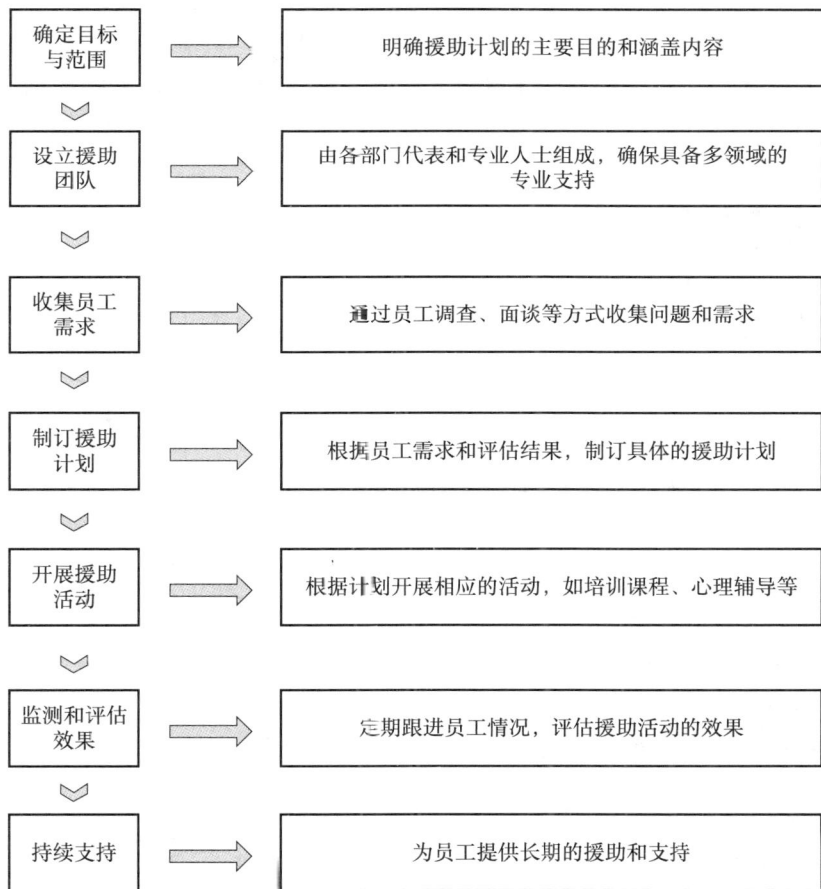

确定目标与范围	→	明确援助计划的主要目的和涵盖内容
设立援助团队	→	由各部门代表和专业人士组成,确保具备多领域的专业支持
收集员工需求	→	通过员工调查、面谈等方式收集问题和需求
制订援助计划	→	根据员工需求和评估结果,制订具体的援助计划
开展援助活动	→	根据计划开展相应的活动,如培训课程、心理辅导等
监测和评估效果	→	定期跟进员工情况,评估援助活动的效果
持续支持	→	为员工提供长期的援助和支持

图9-2　员工援助计划步骤

第十章
国际人力资源管理

本章概要

国际人力资源管理是在全球化背景下,跨国公司对其全球员工进行有效管理和开发的重要战略手段。它旨在确保员工能够充分发挥其才能和技能,以实现企业的国际化和全球化发展目标。本章将深入探讨国际人力资源管理的定义、重要性及相关管理策略。

学习目标

知识目标

1.掌握国际人力资源管理的概念及特征。
2.理解跨文化管理的挑战与策略。
3.熟悉国际人力资源管理的各个环节。

能力目标

1.培养跨文化沟通和协商能力。
2.拓宽全球视野和锻炼战略思维能力。
3.提高国际人力资源管理实践能力。
4.培养创新精神和终身学习能力。

素质目标

1.树立爱国主义情怀和国际主义精神。
2.践行社会主义核心价值观,坚持以人为本的管理理念。
3.增强社会责任感和公民意识,关注全球性问题。
4.培养跨文化理解和包容精神。
5.坚定文化自信。

本章导入

习近平总书记指出,坚定中国特色社会主义道路自信、理论自信、制度自信,说到底是要坚定文化自信,文化自信是更基本、更深沉、更持久的力量。文化自信作为一个国家和民族对自身文化价值的充分肯定和积极践行,能够为企业跨国经营提供强大的精神支撑。企业在跨国经营过程中需要深入理解本国文化、尊重他国文化、制定适应本土文化的管理政策、建立国际化人才库、加强内部文化建设和传播。只有这样,跨国经营的企业才能增强其竞争力和凝聚力,促进跨文化交流和融合,提升企业的国际形象和声誉。

第一节 国际人力资源管理概述

全球化步伐的加快促使跨国公司数量与规模急剧膨胀,随之而来的是日益激烈的商业竞争格局。为了在全球市场上取得竞争优势,企业必须强化人力资源战略,致力于吸引、保留并激励顶尖人才,通过提升员工效率与满意度,进而优化组织绩效,增强其在行业中的竞争优势。

一、国际人力资源管理的含义

国际人力资源管理是指在全球化背景下,组织根据发展战略的要求,在全球范围内对人力资源进行合理配置和管理的过程。这个过程涉及多个方面,包括但不限于员工的招聘、培训、使用、考核、激励和调整等一系列活动,旨在调动员工的积极性,发挥员工的潜能,优化组织的整体表现,并借此强化企业在激烈市场竞争中的优势地位,以实现企业的战略目标。

二、国际人力资源管理的特点

(一)跨国性

国际人力资源管理涉及跨国或跨地区企业在不同国家或地区之间进行的人力资源管理活动,因此具有跨国性的特点。在全球化背景下,企业必须顺应各国法律差异、文化多样性和独特的人力资源挑战,灵活调整其管理策略,以适应跨国或跨地区的复杂环境。

(二)多样性

国际人力资源管理涵盖内容广泛,其核心在于有效应对跨国界所带来的多样性挑战,这些多样性体现在语言、文化、宗教、法律及政治等多方面的异质性上。因此,企业需要采取不同的管理策略来管理不同国家或地区的人力资源,以适应不同的文化差异。

(三)竞争性

国际人力资源管理涉及跨国或跨地区企业的竞争,主要是因为不同国家或地区之间的人力资源市场竞争激烈。因此,企业需要采取不同的管理策略来吸引和留住关键人才,以提高企业的竞争力和市场占有率。

(四)复杂性

国际人力资源管理涉及跨国或跨地区企业的复杂性,包括跨国或跨地区企业的组织结构、人力资源管理流程、人力资源信息系统等方面的复杂性。

(五)战略性

在跨国背景下,国际人力资源管理必须具备全球视野,制定并执行人力资源策略。这不仅涉及人才招聘、培训、使用和评估,还包括对全球人才市场的洞察和对企业国际化战略的支持。

三、影响国际人力资源管理的因素

(一)经济因素

全球各地的经济发展呈现出明显的不均衡性,这直接影响各国员工的薪酬待遇、消费能力及对工作环境的期望。在发达经济体中,普遍追求更高的薪酬待遇与更优质的办公环境;相比之下,发展中国家的劳动者可能对这类需求抱有相对较低的期待。尤其是在经济高度发达的区域,往往具备更为健全的人力资源体系和先进的管理思维,然而相比之下,那些发展较为落后的地区可能会遭遇人力资源的不足及管理理念相对较滞后带来的困境。因此,跨国经营企业的人力资源管理需要考虑到不同国家的经济发展水平,以制定合理公正的薪酬和福利政策。

对跨国企业来说,汇率波动是一个不容忽视的经济因素。汇率的变化可能会影响企业的成本、收入和利润,进而影响企业在人力资源管理方面的投入。例如,当本土货币遭遇汇率下滑时,企业常常不得不考虑在人力成本方面缩减开支。

(二)文化因素

不同的国家有着不同的文化背景,这些差异塑造了人们不同的价值观、日常行为模式和跨文化交流方式。举例来说,中国文化深深地扎根于重视人际关系和集体协作的价值观,相比之下,日本文化倾向于强调纪律性和遵循规则的精神。在全球化的国际人力资源管理中,必须深入理解和尊重存在的多元文化差异。

Note

多元的文化背景塑造了员工对工作期望与需求的独特性。在中国,员工普遍倾向于寻求具有竞争力的薪酬和丰富的职业发展路径,而在日本,员工往往更加重视企业对其的归属感和长久的职业稳定性。深入理解这些差别对于企业来说至关重要,它能帮助企业精准设计符合员工多元化需求的福利制度,并有效规划其职业发展路径。

不容忽视的是,文化多样性在很大程度上塑造了团队内部的交流与合作模式。在某些文化中,直接和坦率的沟通方式可能被视为有效和必要的,而在其他文化中,这种方式可能被视为不礼貌或侵犯性的。因此,国际人力资源管理需要考虑到不同文化背景下的有效沟通策略。

另外,独特的文化环境在很大程度上塑造了企业的组织架构和管理层级特征。在亚洲文化中,对长辈和权威的尊重可能导致组织结构更加层级分明,而在西方文化中,可能更注重平等和自由,组织结构相对扁平化。在构建组织结构和设计管理流程时,必须充分评估和考虑这些差异性。

(三)劳动力成本因素

全球各地的劳动力成本呈现出明显的地域性差异。劳动力成本通常包含员工的薪酬、各种福利待遇及法定的社会保险等各种支出。在发达国家,由于生活水平较高,劳动力成本普遍呈现出相对高的态势;而在发展中国家,由于经济条件相对较差,劳动力成本往往保持着较低的水平。这种成本差异直接影响企业在国际人力资源管理中的预算和策略。除了基本工资外,劳动力成本还包括各种津贴、奖金、培训费用等。这些附加成本的构成和比例因国家和地区而异,会影响企业的总体劳动力成本。比如,在一些国家,企业必须面对相对严格的员工福利政策,这直接导致了劳动力成本的显著提升。

随着经济发展和人口结构变化劳动力成本有攀升的可能性正在逐步显现。企业需要密切关注劳动力成本的变化趋势,以便灵活调整人力资源管理策略以适应市场变化。例如,在面临劳动力成本上涨的压力时,企业可能需要考虑提高生产效率、优化人员配置或寻找替代性资源等措施来降低成本。

此外,各国的劳动法规和政策对劳动力成本也有重要影响。比如,最低工资标准、加班政策、社会保险缴纳比例等诸多因素,皆对企业的劳动力成本产生直接影响。跨国公司在扩展业务至不同国家时,需要遵守东道国的法规和政策,并确保在合规的前提下优化劳动力成本。

(四)劳资关系因素

不同国家和地区的劳资法律法规差异显著,这对国际人力资源管理产生直接影响。企业需要遵守当地的劳动法规,包括劳动合同签订、工资支付、工作时间、解雇程序等方面的规定。某些国家可能对解雇员工有严格的限制和补偿要求,这会增加企业在人力资源管理上的复杂性和成本。

　　此外,在许多国家,工会是代表员工利益的重要组织,对劳资关系具有重要影响。工会可能会与企业进行集体谈判,以确定工资水平、工作条件等。跨国经营企业需要关注东道国工会组织的动态,并与之建立良好的沟通机制,以维护和谐的劳资关系。

　　劳动争议是劳资关系中不可避免的问题。不同国家和地区有不同的劳动争议解决机制,如劳动仲裁、法院诉讼等。跨国经营企业需要了解并遵守当地的劳动争议解决程序,以妥善处理员工纠纷,维护企业声誉和稳定运营。

　　劳资关系中,员工福利和权益保护是核心议题。跨国经营企业需要确保提供符合当地法规的员工福利,如健康保险、退休金计划等。同时,企业也需关注员工的工作环境安全和健康保护,以防范潜在的法律风险和道德风险。

第二节　跨国企业的员工招聘

　　跨国企业员工招聘的含义是指在全球化背景下,跨国企业为满足其业务需求和战略目标,从世界各地寻找、吸引、评估和录用合适人才的过程。这一过程不仅涉及传统的人力资源招聘活动,还特别强调对多元文化背景的考虑和跨文化沟通能力的重视。

一、跨国企业员工招聘策略

　　跨国企业在实施员工招聘策略时,首要关注点在于在全球范围内进行人才发掘与搜寻。跨国企业不局限于某一地区或国家,而是积极在全球范围内寻求拥有多元化技能、丰富经验和巨大发展潜力的国际化人才。在招聘过程中,应注重候选人的文化背景多样性,努力构建一个文化包容性强的工作环境,以促进创新和全球业务的成功。由于跨国企业业务涉及全球范围,通常对员工的英语沟通能力、跨文化适应能力、专业技能和团队协作能力有较高要求,因此招聘过程中会采用多种评估方法,如面试、能力测试、实战案例等,来确保录用到的人才符合企业的期望。在跨国招聘中,企业必须遵守各国的劳动法规、签证规定及国际劳动标准,确保招聘流程的合法性和规范性。

二、跨国企业员工选拔标准

(一)专业知识与技能

　　候选人应具备岗位所需的基础理论和专业知识。例如,申请金融岗位的候选人需要掌握金融市场的基本原理、金融产品知识等。对于技术性岗位,如IT、研发等,候选人应具备相应的技术背景,熟悉行业内的最新技术趋势和工具。在选拔过程中,理想的候选人不仅需拥有扎实的理论知识,还应具备实际应用的业务操作技能及丰富的相关工作经验。有相关工作经验的候选人通常更受青睐,因为他们能够更快地适应岗位,减少企业的培训成本。

(二)跨文化沟通能力

跨国企业的员工需要了解不同国家和地区的文化背景、社会习俗、价值观念等。这种意识有助于员工预测和理解不同文化背景下的行为和沟通方式,从而避免误解和冲突。除了母语之外,员工通常需要掌握至少一种国际通用语言(如英语),以有效与来自不同国家的同事、客户和业务伙伴沟通。良好的语言技能是跨文化沟通的基础。员工需要学会如何在多元文化环境中进行有效的口头和书面沟通,重要的是,他们还需要学会如何调整自己的沟通风格以适应不同文化背景的人。在全球化商业环境中,跨国企业的员工需高度具备文化敏感性,能理解和尊重各种文化差异,以防止无意中造成可能的冒犯行为。

(三)团队协作能力

由于跨国企业的员工是在多元文化的环境中履行职责,所以需具备能有效地与来自不同背景、国籍和文化的团队成员共事,共同推动团队效率和组织目标的达成。在员工选拔过程中重要的是考察个体是否具备在多元化文化环境中能否高效实时地共享与接收信息,以确保团队内部沟通的即时性和准确性,促进协作无间。员工应能够理解和认同团队的共同目标,并愿意为之付出努力。在面对冲突或分歧时,能够妥善处理,寻求最佳解决方案。另外,员工应能够根据团队的需要和项目的变化灵活调整自己的角色和策略。最后,员工应学会在团队中建立信任关系,尊重团队成员的多样性和差异。这种信任和尊重有助于增强团队的凝聚力和向心力,提高团队协作的效率和质量。

(四)持续学习与适应能力

由于跨国企业经常面对多变的市场环境和业务需求,员工需要具备快速适应新环境和学习新知识的能力。一是员工需要具备主动学习的意愿和动力,能够认识到学习是职业发展的关键,并愿意投入时间和精力去获取新知识、新技能,更重要的是,他们还能将这些知识灵活地应用到实际工作中,发挥其价值。二是员工需要能够迅速适应新的工作环境、工作任务和工作要求。这包括对新技术、新工具、新流程等的快速上手,以及在面对变革时能够保持积极的心态和灵活的思维方式。三是在持续学习和适应的过程中,员工需要具备良好的问题解决能力,能够独立思考、分析问题,并找到有效的解决方案。四是持续学习与适应能力还体现在员工是否具备创新精神,能否在学习和适应的过程中发现新的机会、提出新的想法,并勇于尝试和实践。

(五)国际视野

国际视野强调的是员工对国际环境、市场趋势、文化差异等方面的了解和认识,以及其在全球背景下进行工作、交流和决策的能力。对于跨国企业而言,选拔具备国际视野的员工至关重要。这样的专业人才不仅能够帮助企业更好地融入全球市场,更能为企业在国际竞争中获得优势地位提供有力保障。在员工选拔过程中,企业可以通过考察候选人的海外经历、语言能力、对国际事务的了解程度等方面来评估其国际视野。

具备国际视野的员工通常能够洞察全球市场,了解不同国家和地区的经济状况、市场趋势以及消费者需求,可为企业制定合适的国际化战略提供有力支持。在国际商务活动中,能够与来自不同文化背景的人员进行有效沟通,避免因文化差异造成的误解和冲突。他们对全球竞争对手有清晰的认识,能够分析并借鉴其成功经验,以提升企业自身在国际市场上的竞争力。他们目光犀利,能敏锐地发现并利用国际市场上的商机,为企业开拓新的业务领域和市场份额。他们熟悉国际贸易、投资等相关法律法规,能确保企业在跨国经营过程中合规操作,降低法律风险。

三、跨国企业员工来源

(一)母公司员工

跨国企业中的母公司员工,指的是在跨国企业的总部或原始公司(即母公司)中已经有一定工作经验的员工。这些员工在母公司内部可能已经担任过各种职务,积累了与公司业务、文化和运营相关的深入知识和经验。当跨国企业拓展到海外市场或设立分支机构时,这些母公司员工可能会被派遣到新的地区,以支持业务的扩展和运营。

母公司员工在跨国企业海外拓展中扮演了非常重要的角色,他们凭借深入理解企业的核心价值观、运营模式及独特的管理风格,为企业海外发展提供了坚实的支持。他们在新的地区可以作为企业文化的传播者,确保分支机构或新设立的办公室能够秉承母公司的文化传统进行运营管理。这些员工在母公司中积累了大量与业务相关的专业知识和经验,这使得他们能够快速理解新市场的需求,并可根据以往的经验为海外业务提供有价值的建议。母公司员工能够确保母公司与海外分支机构之间的信息流通和策略一致性,从而维护全球业务的连贯性和效率。除此之外,母公司员工可以帮助培训和指导新地区的员工,将母公司的最佳实践和业务知识转移到新的分支机构。作为连接母公司与新设立机构的纽带,他们扮演着至关重要的角色,不但强化了两者间的互信,而且有效地协助排除潜在的沟通难题。

尽管全球化为母公司员工提供了海外工作的机会,但他们往往会遭遇文化适应的难题,比如理解新环境、逾越语言壁垒,以及在异地管理分布式团队所带来的额外复杂性。因此,对于即将被派往海外的母公司员工,充分的跨文化适应培训和全面准备工作显得尤为关键。

(二)东道国员工

跨国企业中的东道国员工指的是在跨国企业位于某个国家的分支机构中工作的

当地员工,这些员工通常是该国的公民或居民,并且在当地招聘入职。他们通常对当地市场有深入的了解,这有助于企业更好地融入当地商业环境。

东道国员工熟悉当地文化、习俗和商业惯例,这有助于减少文化冲突并促进与当地客户和供应商的沟通,他们对当地市场需求和消费者行为有深入的了解,能够为企业提供有针对性的市场策略建议。重要的是,东道国员工能够流利地使用当地语言,这对于与本地客户、供应商和政府机构的交流至关重要。相较于从母公司派遣员工,雇佣东道国员工通常成本更低,因为他们不需要额外的海外派遣费用和生活成本补贴。同时,东道国员工在跨国企业的本地化战略中扮演关键角色,他们是企业与当地市场之间的桥梁。通过他们的努力,企业可以更好地理解当地市场动态,并据此调整业务策略。

然而,东道国员工可能需要适应跨国企业的全球文化和标准,同时保持与本地市场的紧密联系。除此之外,他们还可能需要与来自不同文化背景的同事合作,这要求具备一定的跨文化沟通能力。

(三)第三国员工

第三国员工,指的是那些来自除母公司和东道国之外的其他国家的员工,他们既不是母公司所在国的公民,也不是跨国企业海外分支机构所在国(东道国)的公民。这些员工通常因为具备特定的专业技能、工作经验、语言能力或其他企业所需的优势而被跨国企业聘用。

第三国员工往往能够为企业带来新的视角和思考方式,促进企业的创新和发展。他们的加入有助于增加企业文化的多样性,这种多样性可以激发团队的创新性和适应性。许多第三国员工在其专业领域拥有丰富的经验和独特的技能,这些都能为企业的运营和发展提供宝贵的支持。某些第三国员工可能掌握多种语言,或对不同的文化有深入的了解,这在跨国企业的国际业务交流中非常有价值。

然而,雇用第三国员工也可能带来一些挑战,如文化差异导致的沟通障碍、适应新环境所需的时间和资源等。因此,跨国企业在招聘和管理第三国员工时,需要采取相应的策略来克服这些潜在的问题,如提供跨文化培训、加强团队沟通等。

第三节 跨国企业的员工绩效评估

一、母公司员工的绩效评估标准

在跨国公司中,对于母公司派遣至海外的员工,其绩效评估体系同样严谨且多元化。这不仅涉及硬性的业务成果,如设定的销售额和增长率目标,这些都是衡量他们市场开发和销售策略有效性的重要依据。员工需达成的销售业绩,包括既定的销售额及其增长速度,被视为评价其商业拓展和销售能力的关键指标。

同时,客户满意度也是考核的一大板块,主要通过对客户反馈的收集和分析来进行评价。这反映出外派员工在服务质量和客户关系管理上的专业程度。他们与客户的互动及满足度,直接体现了他们的客户导向和服务质量。

此外,项目执行效率和质量同样受到密切关注。这包括评估他们在项目管理中的表现,比如项目进度的控制、质量保证等方面的能力,这些都是衡量外派员工全面工作效能的重要组成部分。

另外,专业技能能力、异国文化适应能力、与本土员工互动的能力、团队合作与沟通能力、责任心与敬业精神及职业操守等均为评价外派员工的标准。

二、母公司员工工作绩效高低的影响因素

(一)文化差异

在多元文化的工作环境中,来自不同背景的员工持有独特的价值观和思考模式,这可能导致他们在决策制定、问题解决及团队协作中出现分歧或沟通障碍,直接影响了海外派遣人员的工作效率和表现。文化差异还包括语言使用上的差异,以及非语言沟通方式(如肢体语言、面部表情等)的不同。这些沟通障碍可能导致信息传递不畅或误解,进而对工作效率和最终成果产生负面影响。

在不同文化中,人们的行为习惯和社交礼仪也有显著差异。外派人员如果不了解并适应东道国的风俗习惯,可能会在商务场合或社交活动中出现尴尬或冒犯的情况,对绩效产生负面影响。

(二)东道国环境

1. 政治与法律环境

东道国的政治稳定性和法律环境会直接影响外派人员的工作和生活。政治动荡或法律不健全可能导致跨国企业业务运营受阻,从而影响绩效。

2. 经济环境

东道国的经济状况,如通货膨胀率、汇率波动等,会对企业的经营成本和收益产生影响,进而影响到外派人员的业绩考核和奖励。同时,市场需求和消费者购买力也是经济环境中的重要因素,它们直接影响外派人员销售策略和业绩。

3. 社会文化环境

东道国的社会文化习俗对外派人员融入当地社会和开展工作有重要影响。对当地文化的了解和尊重程度,往往决定了外派人员与本土员工、客户和供应商的沟通效

果。此外,语言障碍也是社会文化环境中的一个重要因素。如果外派人员不熟悉东道国的语言,可能会导致沟通困难,进而影响工作效率和绩效。

4. 自然环境

东道国的自然条件和地理位置也可能影响外派人员的绩效。例如,气候条件、时差及地理距离都可能给工作和生活带来挑战。

5. 基础设施与资源

东道国的基础设施(如交通、通信、电力等)的完善程度,会影响企业的运营效率和外派人员的工作便利度。同时,资源的可获得性,包括原材料、劳动力等,也是影响母公司外派人员工作绩效的重要因素。

（三）家庭因素

外派工作往往意味着员工需要长时间在国外工作,这可能导致与家人分离。家庭成员是否理解和支持这种分离,对于外派人员的心理状态和工作表现有重要影响。如果家庭成员不理解或不支持,可能会给外派人员带来额外的压力和焦虑,这些负面情绪往往会对他们的工作效率产生负面影响。

对于携带家属到东道国的外派人员而言,配偶在东道国的工作问题和子女的学习及适应情况都是重要的考量因素。例如,配偶可能需要找工作,而子女需要适应新的教育环境和文化。这些问题如果处理不当,会分散外派人员的精力,影响其工作绩效。

家庭经济状况也可能影响外派人员的绩效。如果家庭经济压力大,外派人员可能会在工作中分心,寻求更高的收入或更好的职业发展机会来缓解经济压力。相反,如果家庭经济状况稳定,外派人员可能更加专注于工作。

家庭成员的期望和外派人员的职业生涯规划也是影响因素之一。如果家庭成员对外派人员的职业发展有高度期望,这可能会激励外派人员更加努力工作以提高绩效。

（四）总部的支持

在外派前,总部是否为外派人员提供了充分的跨文化培训、语言培训及业务技能培训,这些都会直接影响外派人员在东道国的适应能力和工作效率。外派人员的工作成效,会在很大程度上受到总部是否能为其提供必要的资源支持的影响,这些支持包括市场信息、技术援助以及人力资源等。一个强大的支持网络可以帮助外派人员更好地应对各种挑战。来自总部的关怀行为,如定期慰问、关注外派人员的心理和生活状态,以及合理的激励机制,都能提高外派人员的工作积极性和绩效。

（五）薪酬制度

薪酬是激励员工努力工作的重要因素,外派人员的薪酬水平是否合理,直接影响他们的工作热情和业绩表现。如果薪酬水平过低,可能会导致员工缺乏动力,影响工作效率;相反如果薪酬过高,则可能增加企业成本,且并不一定能带来相应的绩效提升。

薪酬制度是否能够将员工的绩效与薪酬紧密挂钩,也是影响绩效的重要因素。如果薪酬与绩效无关,员工可能缺乏提高绩效的动力。因此,企业在设计薪酬制度时需要考虑如何将员工的实际贡献与薪酬相结合。

外派人员往往会将自己的薪酬与同事、同行或当地员工进行比较。如果他们认为自己的薪酬存在不公平现象,可能会产生不满和抵触情绪,从而影响工作绩效。因此,薪酬制度的公平性也是影响绩效的关键因素。

除了基本工资外,奖金、津贴等激励措施也是薪酬制度的重要组成部分。这些激励措施能否有效激发员工的工作热情和创新精神,对于提高绩效至关重要。例如,一些跨国企业会设立国外服务奖金,以激励员工接受国外任命并补偿他们在异国他乡生活和工作的不便。

薪酬制度中的税收和福利政策也会对员工绩效产生影响。合理的税收政策可以降低员工的税务压力,而完善的福利政策则能增强员工的归属感和满意度,从而促进工作效率的提升。

三、东道国员工的绩效评估

在对东道国员工进行绩效评估时,应综合考虑多个方面,以确保考评的公正性、透明性和有效性。应根据东道国的文化背景和企业实际情况,制定或调整绩效考评标准。考评标准应涵盖员工的工作质量、效率、团队合作能力、创新能力等方面。考评过程应公开透明,确保员工了解考评标准和程序。避免主观偏见,以客观数据和事实为依据进行考评。在对东道国员工进行考评时,要充分考虑文化差异对考评结果的影响。在必要情况下,可对考评体系进行文化适应性调整,以符合东道国的文化背景和价值观。在考评结束后,及时向员工提供反馈,指出其优点和不足,鼓励员工对考评体系提出意见和建议,以便不断完善和优化。将考评结果与员工的薪酬、晋升、培训等方面挂钩,激励员工提升绩效,并针对考评中发现的问题,制订改进计划并帮助员工实施。在进行绩效考评时,应遵守东道国的劳动法律法规,确保考评过程的合法性和合规性。

在对东道国员工进行绩效评估时通常应更加注重战略方向和企业的长远发展,也就是说除了关注员工的业绩,还应强调员工行为与企业整体战略的高度契合。除此之外,在跨国企业中,员工来自不同的文化背景,因此在绩效考评时需要充分考虑文化差异对考评结果的影响。这可能需要对考评体系进行文化适应性调整,以确保考评的公正性和有效性。

第四节　跨国企业的员工培训

　　跨国企业的员工培训不仅有助于提高员工的专业知识和技能,还能增强员工的跨国素质,使其更好地适应不同文化背景下的工作环境。

一、外派人员的培训

　　跨国企业对外派人员的培训可以帮助其深入了解东道国的市场环境、商业习惯和文化特点,借此强化他们的专业素质和国际交流素养。通过培训,外派员工可以学习到如何在多元文化环境中有效沟通和协作,这对于提高团队整体的执行力和解决问题的能力具有重要意义。通过培训,外派人员能够更好地了解和适应当地市场,为企业发掘新的商机,进而提升企业的国际竞争力。同时,充分的培训能够使外派员工更好地应对在异国他乡可能遇到的各种挑战,从而确保外派任务能够顺利且高效地执行。

(一)外派前培训

1. 文化意识培训

　　在跨国企业中,对即将出国外派的员工进行文化意识强化培训尤为关键。这种培训不仅能够有效增进员工对新环境的理解,还能有效预防文化冲突,进而显著提升工作效率。培训内容包括:深入介绍东道国的文化背景,涵盖其丰富的历史渊源、传统习俗和社会规范;提升员工的跨文化交际能力,教授他们如何解读并适应当地的非言语暗示,以及如何灵活调整沟通策略以符合当地习惯;进行文化敏感性训练,以提高外派人员对文化差异的敏感度,确保他们在遭遇文化冲突时能够迅速响应并妥善处理;同时,培训还重点教授识别和处理可能遇到的文化冲突的方法,以确保工作的顺利进行。

　　通过参与文化意识强化课程,外派员工能在新环境中展现出更强的自信心且更加从容,更有效地应对挑战,从而实质性地推动企业全球业务的发展。

2. 跨文化沟通技巧

　　在跨文化沟通中,首先要认识到文化差异的存在,并学会尊重这些差异。文化差异体现在语言、礼仪、习俗、价值观和行为准则等多个方面。同时,掌握东道国的语言是跨文化沟通的基础。为了在国外工作时能有效沟通,外派人员应学习并练习当地语言的日常用语和专业术语,以便在工作中能准确传达信息。对于海外派遣人员而言,重要的是要深入理解并适应各种文化背景下的非语言交际规则,以便能得体地运用它们。在跨文化沟通中,明确共同的目标和利益有助于双方更好地合作,外派人员应学习如何建立共同的目标与利益,尝试与对方达成共识,共同致力于实现企业和个人的目标。

3. 语言培训

跨国企业外派人员启程前的语言培训是确保员工能够在东道国顺利沟通和工作的关键环节。英语作为一种国际通用语言,在跨国企业交流中占据重要地位。对于非英语国家的外派人员来说,英语培训是必不可少的环节。除了英语,外派人员还需要学习东道国的语言。这种培训旨在帮助员工更好地融入当地环境,与当地人进行有效沟通。通过多样化的培训形式和资源,确保外派人员具备一定的语言沟通能力,以应对即将面临的跨国工作挑战。

4. 业务与技能培训

为了确保外派员工在异国他乡能顺利履行职责,提供必要的业务和专业技能培训是不容忽视的。在业务培训方面,应聚焦于东道国所在行业的市场状况、竞争格局以及发展趋势,并掌握行业相关的法规政策,确保业务操作的合规性。另外,重要的是要充分了解目标市场的需求,从而灵活调整和推广产品或服务。在技能培训方面,应关注学习如何识别和解决工作中可能遇到的问题,培养独立思考和应变能力。同时,要强化团队合作意识,学习如何在多元文化背景下与团队成员有效协作。通过对相关业务及技能方面的培训,外派人员将能够更好地适应东道国的工作环境,有效地执行公司战略,并为企业创造更大的价值。

5. 安全与健康培训

对外派人员进行安全与健康方面的培训,主要是为了确保其在异国工作期间能有效保护自身安全,维持良好的身体状态。在安全培训方面,首要任务是提升风险认知能力,特别是识别和评估海外工作中的潜在威胁,如政治不稳定性、社会治安隐患及自然灾害等,以确保能迅速并准确地做出应对策略。此外,紧急情况下的自救互救技巧也是必不可少的,比如学习在危急时刻如何逃生、实施自我防卫,并能有效联络到当地领事馆或应急服务部门。同时,信息安全教育同样关键,员工需掌握如何保护企业敏感信息,防止数据泄露等相关知识和技能,以保障组织的信息资产安全。

健康教育方面,不仅强调疾病预防,比如提供针对东道国普遍疾病的防治信息,还要熟悉当地的医疗资源和紧急医疗救助途径,确保在突发状况下能迅速妥善处理。同时,外派员工还应学习如何应对文化冲击、孤独感和工作压力,以保持心理健康等。通过进行安全与健康培训,外派员工将更加了解如何在海外保护自己的安全和健康,从而更好地适应新环境并专注于工作任务。

6. 实地访问与模拟

在启程前,如果条件允许,可以组织外派人员进行一次实地访问,以便他们更直观地了解即将工作的环境。实地访问通常包含参观工作环境,即外派人员会参观他们未来工作的具体场所,包括办公室、工厂、仓库等,以了解工作环境的布局、设施和条件等,其目的是能使外派人员深入理解这些环境的结构、设备配置以及工作条件详情。在实地访问期间,外派人员有机会与未来的同事或团队成员进行面对面的交流,这不但有利于初期人际关系的建构,而且能使外派人员更深入地体验团队的工作氛围,并获取有关工作期望和合作方式的第一手信息。通过实地访问,外派人员可以观察到实际的工作流程,包括日常操作、沟通方式、决策过程等。这有助于他们更好地融入新环境,并快速适应未来的工作任务。

除了工作层面的了解,实地访问还提供了体验东道国文化的机会。外派人员可以借此机会观察并学习当地的社会习俗、商务礼仪等,以避免文化差异带来的误解和冲突。在实地访问中,外派人员可能会发现一些潜在的问题或挑战,如语言障碍、工作环境差异等,这就为他们在出行前制定详尽的应对措施和问题解决预案创造了条件。

(二)外派人员抵达东道国后的培训

在派遣员工出国前,严格的培训是必不可少的,而在他们到达目的地国家后,后续的适应性培训也同样重要。第一,确保他们了解所处环境的详细信息,如地理位置、气候特征以及交通状况,这样有助于他们更快地融入新环境。第二,对外派员工进行详尽的入职引导,他们将与未来的团队或部门进行深度接触,认识团队成员,明确各自的职责范围,以及熟悉工作流程,这样的目标是为了加速他们的融入,确保他们能迅速找准自己的工作角色。第三,应对其进行实际工作情况的介绍,包括项目详情、工作目标、合作伙伴及具体的工作要求等。这有助于外派人员更快地投入工作。第四,要针对东道国的文化背景,为外派人员提供文化适应培训,包括了解当地的文化习俗、商务礼仪及沟通方式等,以帮助他们更好地与当地人进行交流和合作。

(三)外派结束回国后的培训

外派人员往往能逐渐适应并融入当地的风俗文化和日常生活习惯。当回归祖国后,他们必须逐渐适应国内特有的文化氛围,如社交规范和工作习惯等。此时,培训成为了帮助他们顺利度过这一过渡时期的重要手段。此外,由于海外的工作经验和技能可能与国内存在差异,外派人员回国后需要通过培训来更新他们的专业技能和知识,以适应国内的工作环境和市场需求,以更好地融入国内的工作环境。外派人员回国后,他们往往需应对"逆向文化冲击"这一系列的心理调整过程。培训可为其提供心理辅导,帮助他们调整心态,克服心理障碍。企业采取回归培训策略,将海外员工的知识和技能更新与企业战略同步,以此强化团队的整体适应力和竞争优势。

二、东道国员工的培训

跨国公司在设计培训策略时,应兼顾东道国员工的独特需求和企业的业务目标,定制个性化的发展方案,同时提供充足的支持与资源,以帮助员工顺利融入异国文化,

Note

提升其适应能力,从而最大限度地提升他们的工作效能和对公司整体价值的贡献度。

首先,跨国公司在寻求全球扩展时,必须深入理解各国独特的文化特性及员工多元的背景,以此为基础来设计定制化的培训方案。这可以通过对员工进行调查和面试来实现,以了解他们的语言水平、技能和相关工作经验。尤其重要的是,跨国公司在设计培训项目时,必须充分考虑并满足员工的多元化需求,灵活选择适宜的培训内容和教学方法。这可以通过分析员工的职位和工作职责、公司的业务需求和行业趋势等因素来确定。员工通常需要全面理解公司的企业文化、核心价值观和长远业务规划,同时还需要不断提升专业技能,如语言能力、技术知识和计算机操作技能等。其次,跨国公司需要确保培训计划的有效性和可持续性。为了持续激发员工的学习动力,公司应实施周期性的学习成效评估,积极收集他们的反馈意见,关注其参与程度,并确保为其提供充足的支援与资源。另外,跨国公司应积极创造条件,让员工能在实际工作中实践和运用所学的知识与技能,从而增强他们的自信心并提升工作效率。最后,对于跨国公司而言,关键在于与员工建立起无缝的沟通和协作机制,以确保他们能顺利适应并融入新的工作环境和文化背景。为促进员工的顺利融入,公司可以采取多种策略,如提供语言辅导、安排住宿与生活指导、组织社交活动及实施持续的职业培训计划等。

第五节　跨国公司的薪酬福利管理

在全球化的背景下,跨国企业数量急剧增长,在跨文化背景下的人力资源管理变得更加复杂。良好的薪酬福利管理有助于吸引和留住人才。在全球竞争激烈的市场环境下,企业需要吸引和留住优秀的人才,以保持竞争优势。合理的薪酬福利可以提高企业的吸引力,吸引更多的人才加入。有效的薪酬福利管理可以提升员工的工作积极性和业绩表现。当员工感受到自己的工作得到公平的回报,他们会更有动力去提高工作效率和绩效。反之,如果员工的薪酬福利不合理,可能会激发他们的不满情绪,进而导致工作效率下降,消极怠工,从而对企业的整体业绩产生负面影响。合理的薪酬福利管理制度有助于企业树立良好的品牌形象。企业的薪酬福利政策直接影响员工的工作体验和企业文化。如果企业的薪酬福利政策不合理,可能导致员工对企业的负面评价,影响企业的品牌形象。

需要注意的是,企业在跨国经营的过程中,由于文化背景和社会制度等方面的差异,在其员工薪酬福利管理方面面临着巨大的挑战,主要体现在:每个国家和地区都有其独特的劳动法律、税收政策和薪资规定,管理人员需要了解和遵守当地的相关法律法规,以避免潜在的法律风险。而且,全球化的背景下,文化多样性显著影响国际人力资源的薪酬管理,因为不同的国家或地区可能拥有独特的薪酬习俗和期望,如支付模式、时机等,这就要求薪酬管理者需要具备一定的文化敏感性和适应性。

一、外派人员的薪酬方案

（一）基本工资

基本工资，是指员工在海外工作期间所获得的固定薪资部分，它是外派人员薪酬福利体系中的核心组成部分。基本工资通常与员工在母国相似职位的基本工资水平保持一致，以确保员工不会因被外派而遭受经济损失。

基本工资的设定考虑了多个因素，包括员工的职位、级别、工作经验及市场薪资水平等。它是员工收入的主要来源，用于保障员工的基本生活需求。在跨国企业外派人员的薪酬福利中，基本工资是相对稳定的部分，不受业绩波动或其他非固定因素的影响。

（二）驻外补贴

驻外补贴是一种特殊的经济福利，旨在补偿员工在海外工作期间可能面临的额外生活成本和工作挑战。这种补贴通常基于员工的基本工资，并表现为基本工资的一定比例，一般在5%～40%之间。补贴的具体金额和内容会根据公司的薪酬政策、外派地的经济条件、生活成本及工作环境的艰苦程度等多个因素进行综合考虑。

驻外补贴可能包括住房补贴、生活成本补贴、艰苦环境补贴等，以确保外派员工在海外的生活水平与工作积极性不会因外派而受到影响。不同的跨国企业会有不同的驻外补贴政策，补贴的具体金额、比例和内容会因实际情况而异。这种补贴制度有助于激励员工接受外派任务，提高他们在海外的工作满意度和绩效。

（三）津贴

津贴，指的是跨国企业为了补偿员工在海外工作期间可能面临的额外开销或特殊环境条件而提供的一种经济补贴。这些津贴是除了基本工资之外的额外福利，旨在确保外派人员能够在海外维持与在母国相似的生活水平和工作条件，同时提高他们的工作积极性和满意度。

津贴的种类和金额会根据外派地点的经济情况、生活环境、工作条件及公司的薪酬政策等多种因素来确定。常见的外派人员津贴包括商品与服务津贴、住房津贴、教育津贴、探亲补贴及艰苦津贴等。这些津贴不仅有助于外派人员更好地适应海外环境，还能激励他们更加努力地工作，为公司的国际化发展做出贡献。

商品与服务津贴通常在跨国公司所在地的商品与服务价格高于母公司所在地时提供，以确保外派人员能够维持相似的生活水平。住房津贴是为了帮助外派人员解决海外住房问题，鼓励员工保留原有住房或在外派期间租用住房。为体现对外派员工的关怀，公司在考虑其家庭需求时，特别为有子女的员工提供教育津贴，以支持其子女在本国语言环境下的学校就读，进一步减轻他们的经济压力。探亲补贴是跨国公司为其外派人员提供每年一次或多次的回国费用,旨在帮助他们缓解工作或生活压力。艰苦环境津贴是针对被派往条件较为艰苦的国家或地区的员工提供一次性或按月支付的艰苦津贴,金额可能在基本工资的15%~50%之间,具体根据外派地点的实际情况而定。

这些津贴是跨国企业为了保障外派人员在海外的工作和生活质量,提高其工作积极性而设定的特殊补贴。具体的津贴金额和方式会根据公司的薪酬政策、外派地点的经济条件及员工的实际情况来确定。

二、外派人员的福利方案

外派人员的福利指的是企业为这些员工提供的一系列非工资性待遇和补偿,旨在确保他们在海外工作期间的生活品质和工作动力。这些福利通常有保险与健康保障,包括医疗保险、人身意外险等,为外派人员在异国他乡提供必要的健康和安全保障;税务与法律支持,包括协助处理海外税务问题,提供法律咨询和支持;职业发展机会,包括提供专业培训、晋升机会等,以促进外派人员的职业成长;假期与回国探亲政策,包括额外的带薪休假、往返机票等,以便外派人员能够定期回国与家人团聚。这些福利的具体内容和标准会根据企业的政策、外派地点的实际情况以及员工的需求而有所不同。

Note

参考文献

[1] 《人力资源管理》编写组.人力资源管理[M].北京:高等教育出版社,2023.

[2] 黄维德,董临萍.人力资源管理[M].5版.北京:高等教育出版社,2020.

[3] 陈秋萍.旅游人力资源管理[M].武汉:华中科技大学出版社,2021.

[4] 夏兆敢.人力资源管理[M].2版.上海:上海财经大学出版社,2011.

[5] 杨百寅,韩翼.战略人力资源管理[M].北京:清华大学出版社,2012.

[6] 刘建华.人力资源培训与开发[M].北京:中国电力出版社,2014.

[7] 刘英娟.人力资源管理概论[M].北京:中国铁道出版社,2014.

[8] 迪凯.人才倍出:人力资源战略规划实战·策略·案例[M].北京:经济管理出版社,
2014.

[9] 赵永乐,李海东,张新岭 等.人力资源规划[M].2版.北京:电子工业出版社,2014.

[10] 李志敏,朱自龙.人力资源规划开发与管理实务[M].西安:西北工业大学出版社,
2012.

[11] 王慧敏.员工招聘[M].北京:清华大学出版社,2015.

[12] 李旭旦,吴文艳.员工招聘与甄选[M].2版.上海:华东理工大学出版社,2014.

[13] 李志畴.新型员工关系管理实务[M].北京:清华大学出版社,2015.

[14] 董克用.人力资源管理概论[M].4版.北京:中国人民大学出版社,2015.

[15] 程延园.劳动关系[M].3版.北京:中国人民大学出版社,2011.

[16] 孟祥林.人力资源管理——理论·故事·案例[M].北京:机械工业出版社,2014.

[17] 葛玉辉.人力资源管理[M].3版.北京:清华大学出版社,2012.

[18] 郑晓明,吴志明.工作分析实务手册[M].北京:机械工业出版社,2002.

[19] 郑晓明.现代企业人力资源管理导论[M].北京:机械工业出版社,2002.

[20] 赵涛.跟我学做人力资源经理[M].北京:北京工业大学出版社,2003.

[21] 李诚.人力资源管理的12堂课[M].北京:中信出版社,2002.

[22] 亚瑟·W·小舍曼,乔治·W·勃兰德,斯科特·A·斯耐尔.人力资源管理[M].11版.
张文贤,主译.大连:东北财经大学出版社,2001.

[23] 王一江,孔繁敏.现代企业中的人力资源管理[M].上海:上海人民出版社,1998.

[24] 余凯成.人力资源开发与管理[M].北京:企业管理出版社,1997.

[25] 洛丝特.人力资源管理[M].北京:中国人民大学出版社,1999.

[26] 赵曙明.国际人力资源管理[M].南京:南京大学出版社,1992.

[27] 杰弗里·H·格林豪斯,杰勒德·A·卡拉南,维罗妮卡·M·戈德谢克.职业生涯管理
[M].3版.王伟,译.北京:清华大学出版社,2006.

[28] 乔纳森·斯迈兰斯基.新人力资源管理[M].孙晓梅,译.大连:东北财经大学出版社,1999.

[29] 胡君辰,郑绍濂.人力资源开发与管理[M].2版.上海:复旦大学出版社,1999.

[30] 刘英涛,陈晓平,赵中利.管理心理学[M].北京:警官教育出版社,1994.

[31] 秦志华.人力资源的开发与管理[M].北京:经济管理出版社,1997.

[32] 凯茨·大卫斯.组织行为学[M].欧阳大丰,译.北京:经济科学出版社,1989.

[33] 彭剑锋.人力资源管理概论[M].上海:复旦大学出版社,2003.

[34] 陈维政,余凯成,程文文.人力资源管理[M].北京:高等教育出版社,2002.

[35] 戚艳萍,程水香,金燕华.现代人力资源管理[M].杭州:浙江大学出版社,2002.

[36] 安鸿章.现代企业人力资源管理[M].2版.北京:中国劳动社会保障出版社,2003.

[37] 傅夏仙.人力资源管理[M].杭州:浙江大学出版社,2003.

[38] 徐培新.现代人力资源管理[M].青岛:青岛出版社,2003.

[39] 董克用,叶向峰.人力资源管理概论[M].北京:中国人民大学出版社,2003.

[40] 张碧雄,柳博.现代人力资源管理[M].广州:华南理工大学出版社,2003.

[41] 李燕萍.人力资源管理[M].武汉:武汉大学出版社,2002.

[42] 李剑锋.人力资源管理:原理与技术[M].北京:电子工业出版社,2002.

[43] 李桂萍.现代企业人力资源管理[M].北京:中国物价出版社,2003.

[44] 王先玉,王建业,邓少华.现代企业人力资源管理学[M].北京:经济科学出版社,2003.

[45] 姚裕群.人力资源开发与管理概论[M].北京:高等教育出版社,2003.

[46] 廖泉文.人力资源管理[M].2版.北京:高等教育出版社,2011.

[47] 龙立荣,李晔.职业生涯管理[M].北京:中国纺织出版社,2003.

[48] 赵曙明.人力资源战略与规划[M].3版.北京:中国人民大学出版社,2012.

[49] 刘昕.薪酬福利管理[M].北京:对外经济贸易大学出版社,2003.

[50] R·韦恩·蒙迪、罗伯特·M·诺埃.人力资源管理[M].6版.葛新权,郑兆红,王斌,等,译.北京:经济科学出版社,1998.

[51] 加里·德斯勒.人力资源管理[M].6版.刘昕,吴雯芳,等,译.北京:中国人民大学出版社,1999.

[52] 劳伦斯 S·克雷曼.人力资源管理——获取竞争优势的工具[M].孙非,等,译.北京:机械工业出版社,1999.

[53] 詹姆斯·W·沃克.人力资源战略[M].吴雯芳,译.北京:中国人民大学出版社,2001.

[54] 陈关聚.人力资源管理信息化全攻略[M].北京:中国经济出版社,2008.

[55] 罗伯特·马西斯,约翰·杰克逊.人力资源管理精要[M].4版.魏青江,译.北京:电子工业出版社,2007.

[56] 孟庆伟.人力资源管理通用工具[M].北京:清华大学出版社,2007.

[57] 谌新民.人力资源管理概论[M].3版.北京:清华大学出版社,2005.

[58] 张德.人力资源开发与管理[M].3版.北京:清华大学出版社,2007.

[59] 胡八一.人力资源规划实务[M].北京:北京大学出版社,2008.

[60] 马新建,时巨涛,孙虹,等.人力资源管理与开发[M].2版.北京:北京师范大学出版社,2008.

[61] 赵耀.人力资源战略[M].北京:中国劳动社会保障出版社,2007.

[62] 文跃然.人力资源战略与规划[M].上海:复旦大学出版社,2007.

[63] 刘如冰.人力资源部门岗位绩效考核与薪酬设计模板[M].北京:中国海关出版社,2006.

[64] 迈克尔·洛赛,苏·麦辛言,达夫·尤里奇.人力资源管理的未来[M].傅继军,董丽平,译.北京:高等教育出版社,2006.

[65] 仇雨临.员工福利管理[M].上海:复旦大学出版社,2004.

[66] 赵曙明,周路路.人力资源管理(中国版)[M].13版.北京:电子工业出版社,2012.

[67] 赵曙明,刘洪,李乾文.CEO人力资源管理与开发[M].北京:北京大学出版社,2011.

[68] 周文成.人力资源管理:技术与方法[M].北京:北京大学出版社,2010.

[69] 萧鸣政.人力资源开发与管理[M].北京:科学出版社,2009.

[70] 张德.人力资源开发与管理[M].4版.北京:清华大学出版社,2012.

[71] 石金涛.绩效管理[M].北京:北京师范大学出版社,2007.

[72] 约翰·布里顿,杰弗里·高德.人力资源管理——理论与实践[M].3版.徐芬丽,吴晓卿,孙涛,等,译.北京:经济管理出版社,2011.

[73] 加里·德斯勒,曾湘泉.人力资源管理[M].10版(中国版).北京:中国人民大学出版社,2007.

[74] 郝红,姜洋.绩效管理[M].北京:科学出版社,2012.

[75] 孙海法.绩效管理[M].北京:高等教育出版社,2010.

[76] 于秀芝.人力资源管理[M].4版.北京:中国社会科学出版社,2009.

[77] 王长城,关培兰.员工关系管理[M].武汉:武汉大学出版社,2010.

[78] 程延园.员工关系管理[M].2版.上海:复旦大学出版社,2008.

[79] 菲利普·李维斯,阿德里安·桑希尔,马克·桑得斯.雇员关系——解析雇佣关系[M].高嘉勇,曹金华,邓小涛,等,译.大连:东北财经大学出版社,2005.

[80] 彭剑锋.人力资源管理概论[M].2版.上海:复旦大学出版社,2011.

[81] 杨河清.人力资源管理[M].3版.大连:东北财经大学出版社,2013.

[82] 夏兆敢,杨喜梅,彭良平.人力资源管理教程[M].北京:北京大学出版社,2014.

[83] Shockley-Zalabak P S. Fundamentals of Organizational Communication[M]. New York: Longman Inc.,1988.

教学支持说明

　　为了改善教学效果,提高教材的使用效率,满足高校授课教师的教学需求,本套教材备有与纸质教材配套的教学课件和拓展资源。

　　我们将向使用本套教材的高校授课教师赠送教学课件或者相关教学资料,烦请授课教师通过电话、邮件或加入旅游专家俱乐部QQ群等方式与我们联系,获取"电子资源申请表"文档并认真准确填写后发给我们,我们的联系方式如下:

地址:湖北省武汉市东湖新技术开发区华工科技园华工园六路

邮编:430223

电话:027-81321911

E-mail:lyzjjlb@163.com

旅游专家俱乐部QQ群号:758712998

旅游专家俱乐部QQ群二维码:

群名称:旅游专家俱乐部5群
群　号:758712998

电子资源申请表

填表时间：_____年___月___日

1. 以下内容请教师按实际情况填写，★为必填项。
2. 根据个人情况如实填写，相关内容可以酌情调整提交。

★姓名		★性别	□男 □女	出生年月		★职务	
						★职称	□教授 □副教授 □讲师 □助教
★学校				★院/系			
★教研室				★专业			
★办公电话			家庭电话			★移动电话	
★E-mail （请填写清晰）						★QQ号/微信号	
★联系地址						★邮编	

★现在主授课程情况	学生人数	教材所属出版社	教材满意度
课程一			□满意 □一般 □不满意
课程二			□满意 □一般 □不满意
课程三			□满意 □一般 □不满意
其 他			□满意 □一般 □不满意

教材出版信息		
方向一		□准备写 □写作中 □已成稿 □已出版待修订 □有讲义
方向二		□准备写 □写作中 □已成稿 □已出版待修订 □有讲义
方向三		□准备写 □写作中 □已成稿 □已出版待修订 □有讲义

　　请教师认真填写表格下列内容，提供索取课件配套教材的相关信息，我社将根据每位教师填表信息的完整性、授课情况与索取课件的相关性，以及教材使用的情况赠送教材的配套课件及相关教学资源。

ISBN（书号）	书名	作者	索取课件简要说明	学生人数 （如选作教材）
			□教学 □参考	
			□教学 □参考	

★您对与课件配套的纸质教材的意见和建议，希望提供哪些配套教学资源：